AF125979

FORUM
ARBEITS- UND SOZIALRECHT

Herausgegeben von
Prof. Dr. Meinhard Heinze und Prof. Dr. Horst Konzen

Band 13

Grenzen gesetzlicher Mitbestimmung

Eine Untersuchung neuerer Tendenzen der Rechtsprechung zur Mitbestimmung in Arbeitszeitfragen

Eva Lohse

Centaurus Verlag & Media UG 1995

Die Deutsche Bibliothek – CIP-Einheitsaufnahme

Lohse, Eva:
Grenzen gesetzlicher Mitbestimmung : eine Untersuchung
neuerer Tendenzen der Rechtsprechung zur Mitbestimmung in
Arbeitszeitfragen / Eva Lohse. – Pfaffenweiler : Centaurus-
Verl.-Ges., 1995
  (Forum Arbeits- und Sozialrecht ; 13)
  Zugl.: Giessen, Univ., Diss., 1995
  ISBN 978-3-8255-0053-5   ISBN 978-3-86226-411-7 (eBook)
  DOI 10.1007/978-3-86226-411-7
NE: GT

ISSN 0936-028X

Alle Rechte, insbesondere das Recht der Vervielfältigung und Verbreitung sowie der Übersetzung, vorbehalten. Kein Teil des Werkes darf in irgendeiner Form (durch Fotokopie, Mikrofilm oder ein anderes Verfahren) ohne schriftliche Genehmigung des Verlages reproduziert oder unter Verwendung elektronischer Systeme verarbeitet, vervielfältigt oder verbreitet werden.

© *CENTAURUS-Verlagsgesellschaft mit beschränkter Haftung, Pfaffenweiler 1995*

Satz: Vorlage der Autorin

Meiner Familie

Inhaltsverzeichnis

Literaturverzeichnis

Albers, Hartmut, Anmerkung zur Entscheidung des Bundesverwaltungsgerichts vom 27.07.1990, ZBR 1990, 354.

Altvater, Lothar, Zum Personalvertretungsgesetz Baden-Württemberg, PersR 1987, 91.

Ders., Das Urteil des Hessischen Staatsgerichtshofs zum Hessischen Personalvertretungsgesetz, PersR 1986, 123.

Altvater, Lothar, Bacher, Eberhard, Hörter, Georg, Sabottig, Giovanni, Schneider, Wolfgang, Bundespersonalvertretungsgesetz mit Wahlordnung und ergänzenden Vorschriften, Kommentar für die Praxis, 3. Auflage 1990.

Altvater, Lothar, Wendeling-Schröder, Ulrike, Gibt es einen "verfassungsrechtlichen Generalvorbehalt" für Personalratsrechte? RiA 1984, 73.

Anzinger, Rudolf, Das neue Arbeitszeitgesetz, AuA 1994, 5.

Arndt, Hans-Wolfgang, Köpp, Klaus, Oldiges, Martin, Schenke, Wolf-Rüdiger, Seewald, Otfried, Steiner, Udo, Besonderes Verwaltungsrecht, 4. Auflage 1992.

Aufhauser, Rudolf, Die verfahrensrechtliche Struktur des Personalvertretungsrechts, in: Festschrift für Albert Gnade zum 65. Geburtstag, Arbeit und Recht, S. 255, 1992.

Azzola, Axel u.a., Kommentar zum Grundgesetz für die Bundesrepublik Deutschland in 2 Bänden, Reihe Alternativkommentare, 2. Auflage 1989 (zit. AK-GG-Bearbeiter).

Badura, Peter, Mitbestimmung und Gesellschaftsrecht - Verfassungsrechtliches Korollarium zur Rolle des Privatrechts in der Rechtsordnung, in: Festschrift für Fritz Rittner zum 70. Geburtstag, S. 1, 1991.

Badura, Peter, Paritätische Mitbestimmung und Verfassung, Rechtsgutachten im Auftrag der deutschen Arbeitgeberverbände, 1985.

Badura, Peter, Rittner, Fritz, Rüthers, Bernd, Mitbestimmungsgesetz 1976 und Grundgesetz, Gemeinschaftsgutachten, 1976 (zit. Kölner Gutachten).

Battis, Ulrich, Zum schleswig-holsteinischen Mitbestimmungsgesetz, RdA 1992, 12.

Ders., Inwieweit ist der in den einzelnen Landespersonalvertretungsgesetzen festgeschriebene Einfluß der Gewerkschaften mit der Verfassung vereinbar? DÖV 1987, 1.

Ders., Personalvertretung und Verfassung, PersV 1987, 394 = NVwZ 1986, 884 = DVBl. 1986, 608.

Ders., Streikeinsatz von Beamten, PersV 1986, 154.

Battis, Ulrich, Gusy, Christoph, Einführung in das Staatsrecht, 2. Auflage 1986.

Bayer, Detlef, Die "restriktive Verwaltungspraxis" als ein Motiv für die Novellierung des nordrhein-westfälischen Personalvertretungsgesetzes, PersV 1986, 481.

Becker, Hans-Joachim, Zur Änderung des Bundespersonalvertretungsgesetzes, ZBR 1989, 129.

Ders., Personalvertretung und Verfassung, RiA 1988, 1.

Ders., Das Personalvertretungsrecht in den Jahren 1986 und 1987, ZBR 1988, 241.

Beckerle, Klaus, Das neue Personalvertretungsgesetz von Rheinland-Pfalz - ein neuer Fall für die Verfassungsgerichte, PersV 1993, 337.

Benda, Ernst, Maihofer, Werner, Vogel, Hans-Joachim, Handbuch des Verfassungsrechts der Bundesrepublik Deutschland, 1983.

Berger-Delhey, Ulf, Mitbestimmung bei der Arbeitszeit von Redakteuren, AP § 118 BetrVG 1972 Anm. zu Nr. 44.

Beuthien, Volker, Die Unternehmensautonomie im Zugriff des Arbeitsrechts, ZfA 1988, 1.

Bieback, Karl-Jürgen, Die Mitwirkung der Beschäftigten in der öffentlichen Verwaltung, Schriften zum öffentlichen Recht Band 451, 1983.

Biedenkopf, Kurt, Mitbestimmung, Beiträge zur ordnungspolitischen Diskussion, 1972.

Ders., Anmerkungen zum neuen Betriebsverfassungsgesetz, in: Festschrift für Heinz Kaufmann zum 65. Geburtstag, S. 91, 1972.

Biedenkopf, Kurt, Säcker, Franz-Jürgen, Grenzen der Mitbestimmung im kommunalen Versorgungsunternehmen, ZfA 1971, 222.

Bieler, Frank, Der Dienstleistungsabend personalvertretungsrechtlich gesehen, PersV 1990, 248.

Bobke, Manfred, Grenzen der betrieblichen Mitbestimmung im öffentlichen Dienst, PersR 1985, 4.

Böckenförde, Ernst-Wolfgang, in: Handbuch des Staatsrechts der Bundesrepublik Deutschland in 7 Bänden, hrsg. v. Isensee, Josef und Kirchhof, Paul, Band I, 1987.

Breunig, Norbert: Zur Entstehungsgeschichte des Mitbestimmungsgrundrechts im Lande Hessen, ArbuR 1987, 20.

Brosette, Josef, Der Zweck als Grenze der Mitbestimmungsrechte des Betriebsrats, ZfA 1992, 379.

Däubler, Wolfgang, Grundrecht auf Mitbestimmung, PersR 1988, 65 = Mitbestimmung 1987, 775.

Ders., Das Grundrecht auf Mitbestimmung, Habilitationsschrift, 4. Auflage 1976.

Ders., Weniger Mitbestimmung im öffentlichen Dienst, ArbuR 1973, 233.

Däubler, Wolfgang, Kittner, Michael, Klebe, Thomas, Schneider, Wolfgang, Betriebsverfassungsgesetz, Kommentar, 3. Auflage 1992.

Damkowski, Wulf, Mitbestimmung im öffentlichen Dienst als Forderung des Grundgesetzes, RiA 1975, 21 und 41.

Dammann, Klaus, Vierzig ungeschriebene Mitbestimmungsschranken im öffentlichen Dienst, ArbuR 1988, 171.

Dannhäuser, Wolfgang, Anmerkung zum Beschluß des Bundesverwaltungsgerichts vom 02.02.1990, PersV 1991, 23.

Ders., Noch immer umstritten: Streit über den Umfang der Mitbestimmung und Einigungsverfahren, PersV 1990, 145.

Ders., Umfang der Mitbestimmung, kollektive und individuelle Schutzfunktion der Personalvertretung, einseitiger Abbruch von Mitbestimmungsverfahren, PersV 1990, 409.

Ders., Die unbeachtliche Zustimmungsverweigerung der Personalvertretung, PersV 1987, 403.

Ders., Anmerkung zum Beschluß des Bundesverwaltungsgerichts vom 12.03.1986, PersV 1986, 420.

Denninger, Erhard, Verfassungsrechtliche Schlüsselbegriffe, in: Festschrift für Rudolf Wassermann zum 60. Geburtstag, S. 279, 1985.

Dietz, Rolf, Richardi, Reinhard, Bundespersonalvertretungsgesetz, Kommentar unter Berücksichtigung der Landespersonalvertretungsgesetze, 2. Auflage 1978.

von Doetinchen de Rande, Vera, Der dienstliche Einsatz von Beamten während eines Streiks von Tarifkräften im öffentlichen Dienst aus beamten- und arbeitsrechtlicher Sicht, Dissertation, 1986.

Dütz, Wilhelm, Erzwingbare Verpflichtungen des Arbeitgebers gegenüber dem Betriebsrat, DB 1984, 115.

Ders., Verfassungsmäßige Gewährleistung eines vorbeugenden Rechtsschutzes im Betriebsverfassungsrecht, Rechtsgutachten erstattet für die Hans-Böckler-Stiftung, 1984.

Düwell, F.J., Mehr Zuständigkeiten für die Arbeitsgerichtsbarkeit, NZA 1991, 929.

Dzikus, Franz-Viktor, Die Mitbestimmung des Betriebsrates im Bereich der sozialen Angelegenheiten nach § 87 BetrVG in Eil- und Notfällen, Dissertation, 1980.

Ehlers, Dirk, Die Grenzen der Mitbestimmung in öffentlichen Unternehmen, JZ 1987, 218.

Eich, Rolf-Achim, Der SPD-Entwurf zur Änderung des Betriebsverfassungsgesetzes, DB 1985, 1993.

Ellwein, Thomas, Zehnder, Alois, Minde, Johannes, Betzmair, Ludwig, Mitbestimmung im öffentlichen Dienst, 1969.

Ensch, Jürgen, Institutionelle Mitbestimmung und Arbeitnehmereinfluß, Dissertation, 1989.

Etzel, Gerhardt, Betriebsverfassungsrecht, 4. Auflage 1990.

Faber, Joachim, Personalvertretung und Mitbestimmung im öffentlichen Dienst in der Bundesrepublik Deutschland und in Frankreich, Dissertation, 1979.

Fabricius, Fritz, Kraft, Alfons, Thiele, Wolfgang, Wiese, Günther, Kreutz, Peter, Betriebsverfassungsgesetz, Gemeinschaftskommentar, 4. Auflage Band I 1987, Band II 1990 (zit. GK-BetrVG-Bearbeiter).

Fabricius, Fritz, Matthes, Hans-Christoph, Naendrup, Peter-Hubert, Rumpff, Klaus, Schneider, Uwe, Westerrath, Heribert, Mitbestimmungsgesetz, Gemeinschaftskommentar, 1976 (zit. GK-MitbestG-Bearbeiter).

Fabricius, Fritz, Naendrup, Peter-Hubert, Schwerdtner, Peter, Arbeitsrecht und juristische Methodenlehre, 3 Aufsätze, 1980.

Feldmann, Ralf, Das Personalvertretungsrecht des Bundes und der Länder, Ein Rechtsvergleich unter besonderer Berücksichtigung der Beteiligungsrechte, Dissertation, 1982.

Fischer, Alfred, Goeres, Hans-Joachim, Personalvertretungsrecht des Bundes und der Länder, Band V des Gesamtkommentars Öffentliches Dienstrecht, 1974 (zit. GKÖD).

Fitting, Karl, Auffarth, Fritz, Kaiser, Heinrich, Heither, Friedrich, Betriebsverfassungsgesetz, Kommentar, 17. Auflage 1992.

Fitting, Karl, Wlotzke, Otfried, Wißmann Hellmut, Mitbestimmungsgesetz, Kommentar, 2. Auflage 1978.

Forsthoff, Ernst, von Münch, Ingo, Schick, Walter, Thieme, Werner, Ule, Carl-Herrmann, Mayer, Franz, Verfassungsrechtliche Grenzen einer Reform des öffentlichen Dienstrechts, 1973.

Fuhrmann, Hans-Gerhard, Neues Personalvertretungsrecht in Schleswig-Holstein, PersV 1991, 124.

Galperin, Hans, Der Regierungsentwurf eines neuen Betriebsverfassungsgesetzes, 1971.

Galperin, Hans, Löwisch, Manfred, Kommentar zum Betriebsverfassungsgesetz, 6. Auflage 1982.

Gamillscheg, Franz, Die Grundrechte im Arbeitsrecht, RdA 1992, 50.

Gamillscheg, Franz u.a., Mitbestimmung der Arbeitnehmer in Frankreich, Großbritannien, Schweden, Italien, den USA und der Bundesrepublik Deutschland, 1978.

von Gizycki, Detlef, Anmerkung zum Beschluß des Bundesverwaltungsgerichts vom 14.07.1986, PersV 1987, 177.

Grabendorff, Walter, Die Personalvertretungsgesetze im Rechtsvergleich, PersV 1960, 73.

Ders., Die Personalvertretungsgesetze der Länder, Rechtsvergleichender Bericht, PersV 1959, 105.

Ders., Sollten nach dem Personalvertretungsgesetz die Arbeitsgerichte oder die Verwaltungsgerichte zuständig sein? ZBR 1955, 135.

Grabendorff, Walter, Windscheid, Clemens, Ibertz, Wilhelm, Widmaier, Ulrich, Bundespersonalvertretungsgesetz mit Wahlordnung, Kommentar, 7. Auflage 1991.

Großmann, Ruprecht, Mönch, Ronald, Rohr, Ulrich, Bremisches Personalvertretungsgesetz, Kommentar, 1979.

Haas, Manfred, Nochmals: Einstweilige Verfügung im personalvertretungsrechtlichen Beschlußverfahren, PersV 1992, 145.

Hanau, Peter, Betriebliche Mitbestimmung in überbetrieblichen Einrichtungen? DB 1987, 2356.

Ders., Die arbeitsrechtliche Bedeutung des Mitbestimmungsurteils des Bundesverfassungsgerichts, ZGR 1979, 524.

Hanau, Peter, Ulmer, Peter, Mitbestimmungsgesetz, Kommentar, 1981.

Haneberg, Eva, § 75 BetrVG - Rechte und Pflichten, Dissertation, 1986.

Havers, Hans, Personalvertretungsgesetz für das Land Nordrhein-Westfalen, Kommentar, 7. Auflage 1987.

Ders., Personalvertretungs- und verfassungsrechtliche Fragen nach dem Änderungsgesetz Nordrhein-Westfalen vom 18.12.1984, PersV 1987, 305.

Heinze, Meinhard, Verfahren und Entscheidung der Einigungsstelle, RdA 1990, 262.

Ders., Inhalt und Grenzen betriebsverfassungsrechtlicher Rechte, ZfA 1988, 53.

Ders., Die Mitbestimmungsrechte des Betriebsrates bei Provisionsentlohnung, NZA 1986, 1.

Ders., Einstweiliger Rechtsschutz im arbeitsgerichtlichen Verfahren, RdA 1986, 285.

Helmes, Manfred, Jacobi, Volker, Küssner, Udo, Personalvertretungsgesetz für Rheinland-Pfalz, Kommentar, 2. Auflage 1991.

Hergt, Siegfried, Mitbestimmung, 35 Modelle und Meinungen zu einem gesellschaftspolitischen Problem, 2. Auflage 1974.

Hesse, Konrad, Grundzüge des Verfassungsrechts der Bundesrepublik Deutschland, 17. Auflage 1990.

Heussen, Benno, Funktion und Grenzen des Personalvertretungsrechts unter verfassungsrechtlichem Aspekt, Dissertation, 1972.

Hörter, Georg, Anmerkung zum Beschluß des Bundesverwaltungsgerichts vom 27.07.1990, PersR 1990, 297.

Hoffmann-Riem, Wolfgang, Die grundrechtliche Freiheit der arbeitsteiligen Berufsausübung, in: Festschrift für Hans-Peter Ipsen zum 70. Geburtstag, Hamburg-Deutschland-Europa, S. 385, 1977.

Hoschke, Klaus-Peter, Mitbestimmungskonkurrenzen im öffentlichen Dienst, Dissertation, 1977.

Ders., Konkurrenzprobleme der Mitbestimmung im öffentlichen Dienst, ZBR 1978, 221.

von Hoyningen-Huene, Gerrick, Betriebsverfassungsrecht, 2. Auflage 1990.

Ders., Die fehlerhafte Beteiligung des Betriebsrats in sozialen Angelegenheiten - Rechtsfolgen und Handlungsmöglichkeiten des Betriebsrats, DB 1987, 1426.

von Hoyningen-Huene, Gerrick, Meier-Krenz, Ulrich, Flexibilisierung des Arbeitsrechts durch Verlagerung tariflicher Regelungskompetenzen auf den Betrieb, ZfA 1988, 293.

Hueck, Alfred, Nipperdey, Hans Carl, Lehrbuch des Arbeitsrechts, Band I, 7. Auflage 1967, Band II, 7. Auflage 1970.

Hueck, Alfred, Nipperdey, Hans Carl, Dietz, Rolf, Nachschlagewerk des Bundesarbeitsgerichts, Arbeitsrechtliche Praxis (zit. AP).

Ibertz, Wilhelm, Personalvertretungsrecht des Bundes und der Länder, Schriftenreihe des deutschen Beamtenbundes Nr. 86, 1988.

Ders., Personalvertretungsrecht, 1. Auflage 1978.

Jarass, Hans, Pieroth, Bodo, Grundgesetz für die Bundesrepublik Deutschland, Kommentar, 1992.

Jestaedt, Matthias, Demokratieprinzip und Kondominalverwaltung, Entscheidungsteilhabe Privater an der öffentlichen Verwaltung auf dem Prüfstand des Verfassungsprinzips Demokratie, Schriften zum öffentlichen Recht, Band 635, 1993.

Joost, Detlev, Betrieb und Unternehmen als Grundbegriffe des Arbeitsrechts, Habilitation, 1988.

Ders., Betriebsverfassungsrechtliche Mitbestimmung bei Arbeitszeitfragen und betrieblichen Öffnungszeiten, DB 1983, 1818.

Kappus, Matthias, Sonntagsarbeit und Mitbestimmung, DB 1990, 478.

Kempen, Otto Ernst, Grundgesetz, technischer Wandel und betriebliche Mitbestimmung, ArbuR 1988, 271.

Ders., Demokratieprinzip, Grundrechtssystem und Personalvertretung, ArbuR 1987, 9.

Ders., Das grundrechtliche Fundament der Betriebsverfassung, ArbuR 1986, 129.

Ders., Grund und Grenze gesetzlicher Personalvertretung in der parlamentarischen Demokratie, Rechtsgutachten für die ÖTV, 1985.

Kiessel, Walter Benno, Gemeinsamkeiten und Unterschiede der Landespersonalvertretungsgesetze, Dissertation, 1962.

Kippels, Gabriele, Die Betriebs- und Personalvertretung, Vergleich und Analyse der Organisationsstrukturen sowie der Stellung der Beteiligten, Dissertation, 1990.

Kirsch, Hans, Mitbestimmung bei der Polizei, PersV 1976, 455.

Kisker, Gunter, Mitbestimmung total, Zur Neuordnung des Personalvertretungsrechts in Schleswig-Holstein, PersV 1992, 1.

Ders., Ein Grundrecht auf Teilhabe an Herrschaft? Zur verfassungsrechtlichen Fundierung von Mitbestimmung, in: Festschrift für Willi Geiger zum 80. Geburtstag, S. 243, 1989.

Ders., Ausweitung der Mitbestimmung, Zum Streit um die Novellierung des hessischen Personalvertretungsgesetzes, PersV 1985, 137.

Ders., Grenzen der Mitbestimmung im öffentlichen Dienst, Gutachten im Auftrag des Bundes der Steuerzahler Hessen e.V., 1984.

Klabunde, Klaus, Auswirkungen des Zustimmungsersetzungsverfahrens nach dem Mitbestimmungsgesetz Schleswig-Holstein auf den Ablauf von Fristen bei Kündigungen, PersV 1993, 1.

Klein, Hans, Die Rechtsprechung des Bundesverfassungsgerichts zum Personalvertretungsrecht, PersV 1990, 49.

Klevemann, Joachim, Die neuere Rechtsprechung des Bundesarbeitsgerichts zur Mitbestimmung des Betriebsrats über die Arbeitszeit und ihre Konsequenzen für die betriebliche Praxis, DB 1988, 334.

Kraft, Alfons, Betriebliche Mitbestimmung und unternehmerische Entscheidungsfreiheit in der Rechtsprechung des Bundesarbeitsgerichts, in: Festschrift für Fritz Rittner zum 70. Geburtstag, S. 285, 1991.

Kremer, Eduard, Die Arbeitszeit des Beamten, Historische Entwicklung und aktueller Meinungsstand, Dissertation, 1988.

Kreutz, Peter, Grenzen der Betriebsautonomie, Habilitationsschrift, Schriften des Instituts für Arbeits- und Wirtschaftsrecht an der Universität Köln, Band 42, 1979.

Krieg, Erwin, Orth, Klaus, Welkoborsky, Horst, Landespersonalvertretungsgesetz für Nordrhein-Westfalen, Kommentar für die Praxis, 4. Auflage 1987.

Krüger, Hartmut, Das nordrhein-westfälische Personalvertretungsgesetz aus verfassungsrechtlicher Sicht, PersV 1990, 241.

Krüger, Herbert, Der Regierungsentwurf eines Betriebsverfassungsgesetzes vom 29.01.1971 und das Grundgesetz, 1971.

Kübel, Klaus, Mitbestimmung in personellen Angelegenheiten, PersV 1990, 505.

Ders., Neue Akzente im Personalvertretungsrecht, Bemerkungen zum Urteil des hessischen Staatsgerichtshofs zum hessischen Personalvertretungsgesetz, PersV 1987, 217.

Ders., Verfassungsrechtliche Fragen zur Mitbestimmung des Personalrats, PersV 1986, 129.

Ders., Personalrat und Personalmaßnahmen, Zur Beteiligung des Personalrats bei der Einstellung und Entlassung von Mitarbeitern, Dissertation, 1986 (zit. Dissertation).

Kübler, Friedrich, Schmidt, Walter, Simitis, Spiros, Mitbestimmung als gesetzgebungspolitische Aufgabe, Zur Verfassungsmäßigkeit des Mitbestimmungsgesetzes 1976, 1978 (zit. Frankfurter Gutachten).

Kunze, Helmuth, Die vorläufige Regelung durch den Dienststellenleiter, PersV 1988, 417.

Larenz, Karl, Methodenlehre der Rechtswissenschaft, 6. Auflage 1991.

Lecheler, Helmut, Personalvertretung und Verfassung, NJW 1986, 1079.

Leisner, Walter, Mitbestimmung im öffentlichen Dienst, Godesberger Taschenbücher, Wissenschaftliche Reihe Band 3, 1970.

Lemcke, Martin, Die schleichende Einschränkung der Personalratsrechte durch das Bundesverwaltungsgericht, PersR 1986, 10.

Lerche, Peter, "Systemverschiebung" und verwandte verfassungsrechtliche Argumentationsformeln, in: Festschrift für Wolfgang Zeidler zu seinem Ausscheiden aus dem Amt des Präsidenten des Bundesverfassungsgerichts, Band 1, S. 557, 1987.

Löwisch, Manfred, Mitwirkung und Mitbestimmung der Personalvertretung bei Einführung von Datenverarbeitungsanlagen, PersV 1987, 360.

Ders., Anmerkung zur Ladenschlußentscheidung des Bundesarbeitsgerichts, SAE 1983, 134.

Lorenzen, Uwe, Schmitt, Lothar, Haas, Manfred, Bundespersonalvertretungsgesetz, Kommentar, Stand 1993 (zit. Lorenzen u.a.).

Loritz, Karl-Georg, Sinn und Aufgabe der Mitbestimmung heute, ZfA 1991, 1.

Ders., Rechtsprobleme der tarifvertraglichen Regelung des "freien Wochenendes", ZfA 1990, 133.

Lüerßen, Werner, Mitbestimmung für die Personalvertretung in Schleswig-Holstein, PersV 1991, 293.

Malz, Heinrich, Das Personalvertretungsrecht des Bundes und der Länder, Rechtsvergleichende Übersicht über die vom Bundesrecht abweichenden Länderregelungen, 1960.

Martens, Klaus-Peter, Unternehmerische Mitbestimmung mit den Mitteln des Betriebsverfassungsrechts, RdA 1989, 137.

Ders., Das Bundesverfassungsgericht und das Gesellschaftsrecht, ZGR 1979, 493.

Maunz, Theodor, Dürig, Günter, Herzog, Roman, Kommentar zum Grundgesetz, 1991 (zit. Maunz u.a.).

Meesen, Karl-Matthias, Das Mitbestimmungsurteil des Bundesverfassungsgerichts, NJW 1979, 833.

Mengel, Horst, Die betriebliche soziale Mitbestimmung und ihre Grenzen, DB 1982, 43.

Menges, Karl, Novellierung des bayerischen Personalvertretungsgesetzes, PersV 1986, 495.

Menzel, Hans-Joachim, Legitimation staatlicher Herrschaft durch Partizipation Privater, Schriften zum öffentlichen Recht, Band 385, 1980.

Mertens, Hans-Joachim, Die Grundrechtsfähigkeit der juristischen Person und Gesellschaftsrecht, JuS 1989, 857.

Mönch, Ronald, Anmerkung zum Beschluß des Bundesverfassungsgerichts vom 27.03.1979, DVBl. 1979, 462.

Mückenberger, Ulrich, Für eine erweiterte Mitbestimmung bei der Einführung neuer Technologien, Mitbestimmung 1988, 335.

Müller, Gerhard, Zum Verhältnis zwischen Betriebsautonomie und Tarifautonomie, ArbuR 1992, 257.

Ders., Das Mitbestimmungsurteil des Bundesverfassungsgerichts vom 1. März 1979, DB 1979, Beilage 5.

Müller, Gerhard, Zur Frage der gerichtlichen Zuständigkeit für die Erledigung von Streitigkeiten aus dem Personalvertretungsgesetz, ArbuR 1955, 143.

von Münch, Ingo, Grundgesetz, Kommentar, 1992.

Nagel, Bernhard, Paritätische Mitbestimmung und Grundgesetz, 1. Auflage 1988.

Nagel, Bernhard, Abel, Uwe, Mitbestimmung in öffentlich-rechtlichen Unternehmen und Grundgesetz, ArbuR 1987, 15.

Nagel, Bernhard, Bauers, Uwe, Mitbestimmung in öffentlich-rechtlichen Unternehmen und Verfassungsrecht, Rechtsgutachten für die Hans-Böckler-Stiftung, 1. Auflage 1990.

Neumann, Peter, Sieweke, Hans, Vom Personalvertretungs- zum Mitbestimmungsgesetz, PersR 1989, 114.

Nipperdey, Hans Carl, Das Mitbestimmungsrecht im öffentlichen Dienst, Rechtsgutachten herausgegeben von der Gewerkschaft ÖTV, 1952.

Obermayer, Klaus, Verfassungsrechtliche Bedenken gegen den Regierungsentwurf eines Betriebsverfassungsgesetzes, DB 1971, 1715.

Ortwein, Heinz-Walter, Mitbestimmungsmechanismen im öffentlichen Dienst, Dissertation, 1983.

Ossenbühl, Mitbestimmung und Mitverantwortung - ein verfassungsrechtliches Junktim, PersV 1989, 409.

Ders., Grenzen der Mitbestimmung im öffentlichen Dienst, Gutachten für die Stadt Frankfurt, 1. Auflage 1986.

Ders., Erweiterte Mitbestimmung in kommunalen Eigengesellschaften, Rechtsgutachten erstattet für die Gewerkschaft ÖTV, 1972.

Otto, Hansjörg, Die Mitbestimmung des Betriebsrats bei der Regelung von Dauer und Lage der Arbeitszeit, NZA 1992, 97.

Papier, Hans-Jürgen, Der verfassungsrechtliche Rahmen für Privatautonomie im Arbeitsrecht, RdA 1989, 139.

Ders., Einführung neuer Techniken, Verfassungsfragen zur Erweiterung der betrieblichen Mitbestimmung, NJW 1987, 988.

Ders., Das Mitbestimmungsurteil des Bundesverfassungsgerichts - Eine kritische Würdigung aus verfassungsrechtlicher Sicht, ZGR 1979, 444.

Peiseler, Manfred, Personalvertretungsgesetz in der DDR, PersR 1990, 220.

Pernthaler, Peter, Ist Mitbestimmung verfassungsrechtlich meßbar? Eine Analyse der Entscheidung des Bundesverfassungsgerichts über das Mitbestimmungsgesetz, Schriften zum öffentlichen Recht, Band 376, 1980.

Ders., Qualifizierte Mitbestimmung und Verfassungsrecht, Schriften zum öffentlichen Recht Band 202, 1972.

Peter, Christoph, Personalvertretungsrecht und Verfassung, ZBR 1986, 266.

Pfennig, Gerhard, Mitbestimmung bei der Polizei, PersV 1976, 161.

Philippen, Leo, Anmerkung zum Beschluß des Bundesverwaltungsgerichts vom 17.07.1987, PersR 1987, 222.

Pieper, Rainer, Möglichkeiten und Grenzen vorläufiger Regelungen gemäß § 69 Abs. 5 BPersVG, PersR 1990, 123.

Ders., Mitbestimmung des Personalrats bei Arbeitszeitregelungen, PersR 1987, 4.

Ders., Anmerkung zur Entscheidung des Bundesverwaltungsgerichts vom 01.06.1987, PersR 1987, 246.

Ders., Arbeitsbereitschaft, Bereitschaftsdienst und Rufbereitschaft im öffentlichen Dienst, PersR 1986, 213.

Plander, Harro, Arbeitsrecht: Instrument zur Verwirklichung von Grundrechten der Arbeitnehmer, in: Festschrift für Albert Gnade zum 65. Geburtstag, Arbeit und Recht, S. 79, 1992.

Ders., Verfassungsfragen aus Anlaß des Entwurfs eines schleswig-holsteinischen Mitbestimmungsgesetzes, PersR 1990, 345.

Ders., "Allzuständigkeit" des Personalrats und parlamentarische Regierungsverantwortung, Rechtsgutachten auf Bitten der Hans-Böckler-Stiftung und der Gewerkschaft ÖTV, PersR 1989, 238.

Ders., Mitbestimmung durch Personalvertretungen als Verfassungsproblem, ArbuR 1987, 1.

Ders., Verbindliche Entscheidung der Einigungsstelle in Personalangelegenheiten hoheitlich tätiger Angestellter, PersR 1987, 13.

Pühler, Karl-Peter, Das Personalvertretungsrecht im Freistaat Bayern, Bilanz und Ausblick im Jahr 1990, PersV 1991, 49.

Püttner, Günter, Die öffentlichen Unternehmen, Habilitationsschrift, 2. Auflage 1985.

Ders., Zur Mitbestimmung in öffentlich-rechtlich organisierten Unternehmen, DVBl. 1984, 165.

Raiser, Thomas, Mitbestimmungsgesetz, Kommentar, 2. Auflage 1984.

Ders., Das Unternehmen in der verfassungsrechtlichen Ordnung der Bundesrepublik nach dem Mitbestimmungsurteil des Bundesverfassungsgerichts, JZ 1979, 489.

Ders., Grundgesetz und paritätische Mitbestimmung, Die Vereinbarkeit der Entwürfe eines Gesetzes über die Mitbestimmung der Arbeitnehmer mit dem Grundgesetz, 1975.

Rehbinder, Eckard, Das Mitbestimmungsurteil des Bundesverfassungsgerichts aus unternehmensrechtlicher Sicht, ZGR 1979, 471.

Reinhard, Rolf, Gramlich, Ludwig, Die aktuelle Rechtsprechung des Bundesverwaltungsgerichts zur vorläufigen Regelung nach § 69 Abs. 5 BPersVG, PersV 1991, 382.

Reuter, Dieter, Die Mitbestimmung des Betriebsrats über die Lage der Arbeitszeit von Ladenangestellten, ZfA 1981, 165.

Richardi, Reinhard, Zum Verhältnis zwischen Betriebsverfassungs- und Personalvertretungsrecht, PersR 1993, 49.

Ders., Mitbestimmung des Personalrats bei der Arbeitszeitverkürzung im öffentlichen Dienst, Inhalt und Bedeutung des § 13 AZO, 1990.

Ders., Anmerkung zum Beschluß des Bundesarbeitsgerichts vom 31.08.1982, EzA § 87 BetrVG 1972 -Arbeitszeit- Nr. 13.

Richter, Helmut, Auslegung gleichlautender und vergleichbarer Vorschriften des Betriebsverfassungs- und des Personalvertretungsrechts, PersR 1993, 54.

Richter, Ingo, Schuppert, Gunnar Folke, Casebook Verfassungsrecht, 2. Auflage 1991.

Riedel, Ingo, Das Grundrecht der Berufsfreiheit im Arbeitsrecht, Dissertation, 1987.

Riedel-Ciesla, Heidi, Wittmann, Dieter, Das Grundrecht auf Mitbestimmung nach der hessischen Verfassung, 1985.

Riedmaier, Karl, Die Mitbestimmung des Personalrats, PersV 1991, 148.

Rittner, Fritz, Mitbestimmung der Arbeitnehmer oder der Gewerkschaften? in: Festschrift für Winfried Werner zum 65. Geburtstag, S. 729, 1984.

Ders., Begründungsdefizite im Mitbestimmungsurteil des Bundesverfassungsgerichts? JZ 1979, 743.

Rooschütz, Gerhart, Killinger, Albrecht, Schwarz, Manfred, Landespersonalvertretungsgesetz für Baden-Württemberg, Kommentar, 6. Auflage 1985.

Ruppert, Ernst, Personalvertretungsrecht Rheinland-Pfalz, Handkommentar, 6.
Auflage 1985.

Sabottig, Giovanni, Anmerkung zum Beschluß des OVG Saarland vom 12.07.1989,
PersR 1990, 15.

Ders., Mitbestimmung und Verfassung, PersR 1988, 93.

Ders., Anmerkung zum Beschluß des Bundesverwaltungsgerichts vom 12.03.1986,
PersR 1986, 117.

Ders., Der Gesetzesvorschlag des DGB zur Weiterentwicklung des Bundespersonalvertretungsgesetzes, PersR 1985, 153 und 173, PersR 1986, 13.

Säcker, Franz-Jürgen, Zehn Jahre Betriebsverfassungsgesetz 1972 im Spiegel
höchstrichterlicher Rechtsprechung, 1982.

Ders., Gruppenautonomie und Übermachtkontrolle im Arbeitsrecht, 1972.

Säcker, Franz-Jürgen, Oetker, Hartmut, Alleinentscheidungsbefugnisse des Arbeitgebers in mitbestimmungspflichtigen Angelegenheiten aufgrund kollek-
tivrechtlicher Dauerregelungen, RdA 1992, 16.

Schenke, Wolf-Rüdiger, Zur Verfassungswidrigkeit des schleswig-holsteinischen
Gesetzes über die Mitbestimmung des Personalrats vom 11.12.1990,
PersV 1992, 289.

Ders., Personalvertretung und Verfassung, JZ 1991, 581.

Schinkel, Manfred-Carl, Die Entwicklung des Personalvertretungsrechts in der Gesetzgebung und in der Rechtsprechung des Bundesverwaltungsgerichts, NZA
1986, 314, NZA 1987, 697, NZA 1988, 825.

Schlachter, Monika, Auslegungsmethoden im Arbeitsrecht am Beispiel von § 87
Abs. 1 BetrVG, Dissertation, 1986.

Schmalz, Dieter, Staatsrecht, 2. Auflage 1990.

Schmidt-Aßmann, Verwaltungslegitimation als Rechtsbegriff, AöR 1991, 330.

Schneider, Hans, Anmerkung zur Entscheidung des Staatsgerichtshofs der Freien
Hansestadt Bremen vom 03.05.1957, ZBR 1957, 239.

Schneider, Hans-Peter, Lecheler, Helmut, Artikel 12 GG - Freiheit des Berufs und
Grundrecht auf Arbeit, VVDStRL Band 43, 1985.

Schneider, Wolfgang, Änderung des Bundespersonalvertretungsgesetzes - Anhörung vor dem Bundestagsinnenausschuß, PersR 1988, 171.

Schnoor, Herbert, Mitbestimmungpolitik für den öffentlichen Dienst, Rede vor der
Personalrätekonferenz der ÖTV am 07.05.1990, PersR 1990, 221.

Schnupp, Günther, Beteiligung der Bundesgrenzschutzpersonalvertretungen bei Regelungen über den Streifendienst, PersV 1989, 468.

Scholz, Rupert, Verdeckt Verfassungsneues zur Mitbestimmung? NJW 1986, 1587.

Ders., Die Berufsfreiheit als Grundlage und Grenze arbeitsrechtlicher Regelungssysteme, ZfA 1981, 265.

Ders., Mitbestimmungsgesetz, Mitbestimmungsurteil und öffentlicher Dienst, ZBR 1980, 297.

Ders., Paritätische Mitbestimmung und Grundgesetz, Schriften zum öffentlichen Recht, Band 257, 1974.

Schroeder, Hartwig, Verfassung und Mitbestimmung im öffentlichen Dienst, Zum Verfassungsstreit um das hessische Personalvertretungsgesetz, PersR 1985, 115.

Schuppert, Gunnar Folke, Zur Legitimation der Mitbestimmung im öffentlichen Dienst, PersR 1991, 1.

Schwerdtfeger, Gunther, Die Mitbestimmung bei Überstunden nach dem Bundespersonalvertretungsgesetz, ZBR 1977, 176.

Ders., Unternehmerische Mitbestimmung der Arbeitnehmer und Grundgesetz, Habilitationsschrift, 1972.

Schwerdtner, Peter, Anmerkung zum Beschluß des Landesarbeitsgerichts vom 28.02.1980, EzA § 87 BetrVG 1972 -Initiativrecht- Nr. 4.

von Simson, Werner, Kriele, Martin, Das demokratische Prinzip im Grundgesetz, VVDStRL, Band 29, 1971.

Söllner, Alfred, Der verfassungsrechtliche Rahmen für Privatautonomie im Arbeitsrecht, RdA 1989, 144.

Ders., Die Personalvertretungen im Spannungsfeld zwischen sozialem Schutzauftrag und demokratischer Regierungsverantwortung, RdA 1976, 64.

Söllner, Alfred, Reinert, Hans-Jochen, Personalvertretungsrecht, 1. Auflage 1985.

Steiner, Harald, Das Bundespersonalvertretungsgesetz und das Betriebsverfassungsgesetz, PersV 1987, 134.

Ders., Der besondere Stellenwert der Mitbestimmung im öffentlichen Dienst in der Mitbestimmungsdiskussion vor dem Hintergrund der Entwicklungsgeschichte gesetzlich normierter Mitbestimmungsregelungen, PersV 1986, 143.

Ders., Die Grenzen der Mitbestimmung im öffentlichen Dienst, ZBR 1985, 184.

Ders., Die Mitbestimmung als Konfliktregelung, Die soziale Funktion des Bundespersonalvertretungsgesetzes, Dissertation, 1984.

Stern, Klaus, Das Staatsrecht der BRD, 2. Auflage 1984.

XXVI

Struck, Gerhard, Prozessökonomie als Argument gegen Mitbestimmung? PersR 1986, 224.

Stumpf, Reinhart, Mitbestimmung in den Betrieben der öffentlichen Hand, Dissertation, 1973.

Stüer, Bernhard, Demokratische Legitimation der Mitglieder des Sparkassenverwaltungsrats, PersV 1987, 98.

Ders., Bericht über den achten deutschen Verwaltungsrichtertag in Saarbrücken, DÖD 1986, 648.

Summer, Rudolf, Die hergebrachten Grundsätze des Berufsbeamtentums - ein Torso, ZBR 1992, 1.

Teuteberg, Hans, Geschichte der industriellen Mitbestimmung in Deutschland, 1961.

Thiele, Willi, Gefährdungen verfassungs- und verwaltungsrechtlicher Grundprinzipien durch neuere Entwicklungen im Personalvertretungsrecht, PersV 1993, 97.

Ders., Personalratliche Mitbestimmung - eine Schraube ohne Ende? PersV 1990, 290.

Ders., Personalvertretungsrecht ist öffentliches Recht, PersV 1990, 99.

Ders., Personalvertretung und öffentlicher Dienst, DÖD 1989, 201.

Ders., Zur Frage, ob Personalvertretungen Grundrechtsträger sein können, PersV 1980, 41.

Vallendar, Willi, Vorläufiger Rechtsschutz für Personalräte, PersR 1993, 61.

Vetter, Heinz Oskar, Das neue Mitbestimmungsgesetz: Probleme und Aufgaben für die Gewerkschaften, ArbuR 1976, 257.

Wacke, Gerhard, Grundlagen des öffentlichen Dienstrechts, 1957.

Wahlers, Wilhelm, Personalvertretungsrecht in Mecklenburg-Vorpommern, PersV 1994, 1.

Ders., Anordnung und Abgeltung von Überstunden und Bereitschaftsdienst von Ärzten im Spiegel der Rechtsprechung, PersV 1991, 10.

Ders., Neues Personalvertretungsrecht in Nordrhein-Westfalen, PersV 1985, 177.

Walter, Bernd, Einschränkungen der Beteiligungsrechte der Bundesgrenzschutzpersonalvertretungen - die Vorschriften eines besonderen Verwaltungszweiges im Spannungsverhältnis zwischen Partizipation und Aufgabenerfüllung, PersV 1992, 147.

Weber, Hansjörg, Vorliegen eines Mitbestimmungsrechts des Betriebsrats in Eilfällen, insbesondere bei der Arbeitszeitverlängerung wegen technischer Störungen, SAE 1982, 307.

Weiss, Klaus, Steinmeier, Karl, Arbeitsrecht für den öffentlichen Dienst, 1984.

Wendeling-Schröder, Ulrike, Mitbestimmung im öffentlichen Dienst und das Demokratieprinzip, ArbuR 1987, 381.

Dies., Anmerkung zum Beschluß des Gemeinsamen Senats vom 12.03.1987, PersR 1987, 265.

Wendeling-Schröder, Ulrike, Spieker, Wolfgang, Das Mitbestimmungsurteil des Bundesverfassungsgerichts und seine Auswirkungen auf die Praxis des Mitbestimmungsgesetzes, NJW 1981, 145.

Widmaier, Ulrich, Aktuelles zum Personalvertretungsrecht unter besonderer Berücksichtigung aus den Bereichen der §§ 69, 75, 76 BPersVG, PersV 1989, 421.

Ders., Automatisierung und Mitbestimmung im Personalvertretungsrecht unter Berücksichtigung der Regelung des Betriebsverfassungsgesetzes und dessen Unterschiede zum Personalvertretungsrecht, PersV 1985, 305.

Ders., Zur Abgrenzung des Arbeitsrechts vom öffentlichen Dienstrecht, PersV 1978, 299.

Ders., Die nach dem Personalvertretungsrecht bindende Entscheidung der Einigungsstellen in der Staatsverwaltung aus verfassungsrechtlicher Sicht, PersV 1975, 412.

Ders., Die Spannungen zwischen den Gruppeninteressen und dem Interesse des Staates in der Mitbestimmung der Organe der Personalvertretung, Dissertation, 1975 (zit. Dissertation).

Wiedemann, Herbert, Anmerkung zum Mitbestimmungsurteil, AP § 1 MitbestG Nr. 1.

Wiese, Günther, Anmerkung zum Beschluß des BAG vom 04.03.1986, AP § 87 BetrVG 1972 -Kurzarbeit- Nr. 3.

Ders., Das Initiativrecht nach dem Betriebsverfassungsgesetz, 1977.

Windbichler, Christine, Grenzen der Mitbestimmung in einer marktwirtschaftlichen Ordnung, ZfA 1991, 35.

Windscheid, Clemens, Anmerkung zum Beschluß des Bundesverwaltungsgerichts vom 27.07.1979, PersV 1981, 165.

Ders., Läßt sich die Rechtsprechung des Bundesarbeitsgerichts zur Auslegung des Bundespersonalvertretungsgesetzes heranziehen? PersV 1977, 287.

Worzalla, Michael, Die Mitbestimmung des Betriebsrats nach § 87 BetrVG in Eil- und Notfällen, Dissertation, 1992.

Ders., Anmerkung zum Beschluß des Bundesarbeitsgerichts vom 19.02.1991, SAE 1992, 320.

Wulf-Matthies, Monika, Betriebliche Mitbestimmung im öffentlichen Dienst - Entwicklungstendenzen und Perspektiven, PersR 1993, 193.

Zapf, Ewald, Mitbestimmung der Personalvertretung bei Anordnung von Dienstbereitschaft, Mehrarbeit und Überstunden, PersV 1978, 177.

Zöllner, Wolfgang, Loritz, Karl-Georg, Arbeitsrecht, 1992.

Zöllner, Wolfgang, Seiter, Hugo, Paritätische Mitbestimmung und Art. 9 Abs. 3 GG, 1970.

Abkürzungsverzeichnis

aA	anderer Ansicht
aaO	am angegebenen Ort
Abs	Absatz
aE	am Ende
ÄndG	Änderungsgesetz
aF	alte Fassung
AG	Aktiengesellschaft
AK	Alternativkommentar
AktG	Aktiengesetz
aM	anderer Meinung
Amtsbl	Amtsblatt
Anm	Anmerkung
AP	Arbeitsrechtliche Praxis, Nachschlagewerk des BAG
ArbGG	Arbeitsgerichtsgesetz
AO	Anordnung
AöR	Archiv für öffentliches Recht
ArbG	Arbeitgeber
ArbN	Arbeitnehmer
AuA	Arbeit und Arbeitsrecht
Art	Artikel
AVO	Ausführungsverordnung
AZO	Arbeitszeitordnung
B-	Bundes-
BAG	Bundesarbeitsgericht
BAGE	Entscheidungen des Bundesarbeitsgerichts
Ba-Wü	Baden-Württemberg
Bay	Bayern
BB	Betriebsberater
BBG	Bundesbeamtengesetz
BBesG	Bundesbesoldungsgesetz
Bd	Band
ber	bereinigt

GVOBl	Gesetz- und Verordnungsblatt
HdbdStR	Handbuch des Staatsrechts
Hess	Hessen
HH	Hamburg
hM	herrschende Meinung
idF	in der Fassung
idR	in der Regel
iVm	in Verbindung mit
JA	Juristische Arbeitsblätter
JR	Juristische Rundschau
JuS	Juristische Schulung
JZ	Juristen-Zeitung
KR	Kontrollrat
KSchG	Kündigungsschutzgesetz
L-	Landes
LAG	Landesarbeitsgericht
lit	littera, Buchstabe
mwN	mit weiteren Nachweisen
MDR	Monatsschrift für Deutsches Recht
MitbestG	Mitbestimmungsgesetz
MitbestEG	Mitbestimmungsergänzungsgesetz
M-V	Mecklenburg-Vorpommern
Nds	Niedersachsen
NJW	Neue Juristische Wochenschrift
NRW	Nordrhein-Westfalen
NVwZ	Neue Zeitschrift für Verwaltungsrecht
NZA	Neue Zeitschrift für Arbeitsrecht
PersR	Der Personalrat
PersV	Die Personalvertretung
PersVG	Personalvertretungsgesetz
RdA	Recht der Arbeit
Rdn	Randnummer
Rdz	Randziffer
RGBl	Reichsgesetzblatt
Rh-Pf	Rheinland-Pfalz

RiA	Recht im Amt
S	Satz
S-A	Sachsen-Anhalt
Saar	Saarland
Sach	Sachsen
so	siehe oben
SparkG	Sparkassengesetz
su	siehe unten
SAE	Sammlung arbeitsrechtlicher Entscheidungen der Vereinigung der Arbeitgeberverbände
S-H	Schleswig-Holstein
StGH	Staatsgerichtshof
Thür	Thüringen
TVG	Tarifvertragsgesetz
VerfGH	Verfassungsgerichtshof
VerwRspr	Verwaltungsrechtsprechung
VG	Verwaltungsgericht
VGH	Verwaltungsgerichtshof
vgl	vergleiche
VO	Verordnung
VVDStRL	Veröffentlichungen der Vereinigung der Deutschen Staatsrechtslehrer
zB	zum Beispiel
ZBR	Zeitschrift für Beamtenrecht
ZfA	Zeitschrift für Arbeitsrecht
Ziff	Ziffer
ZGR	Zeitschrift für Unternehmens- und Gesellschaftsrecht
zT	zum Teil
zit	zitiert

Siehe im übrigen Kirchner, Hildebert, Abkürzungsverzeichnis der Rechtssprache, 1983.

Einleitung

I. Neuere Entwicklungen zur Mitbestimmung in Arbeitszeitfragen

Seitdem es eine Kodifikation von Mitbestimmungsrechten gibt,[1] gehören

"Beginn und Ende der täglichen Arbeitszeit und der Pausen sowie die Verteilung der Arbeitszeit auf die einzelnen Wochentage"[2]

zu den Angelegenheiten, bei denen die Mitarbeitervertretungen mitzubestimmen haben.

Auch nachdem sich das Betriebsverfassungsrecht aufgespaltet hat in dasjenige der Arbeitnehmer im Betrieb einerseits und in das öffentliche Dienstrecht der Bediensteten des öffentlichen Dienstes andererseits,[3] zählte die Lage der Arbeitszeit zu den Mitbestimmungsrechten, die den Betriebs- bzw. Personalvertretungen eingeräumt wurden.

Die Mitbestimmungsvorschrift über die Arbeitszeiteinteilung gehört zu den bedeutendsten Vorschriften sowohl der Personalvertretungsgesetze als auch des Betriebsverfassungsgesetzes. Dies ergibt sich aufgrund der Tatsache, daß jede gesetzliche Arbeitszeitänderung, jede organisatorische Maßnahme, jede auch noch so kurzfristige Personalbewegung unmittelbar auf die Arbeitszeit der Mitarbeiter Einfluß nimmt bzw. Arbeitszeitänderungen mit sich bringt und damit das Mitbestimmungsverfahren auslöst. So wird dieses Beteiligungsrecht sogar als "Auffangtatbestand" tituliert, mit dessen Hilfe viele mit einer anderen Zielrichtung verfolgte Maßnahmen der Mitbestimmung unterworfen werden könnten.[4]

Mit der zentralen Bedeutung dieser Mitbestimmungsvorschrift läßt sich auch die Tatsache erklären, daß es um dieses Beteiligungsrecht die meisten Auseinandersetzungen zwischen Dienststellen bzw. Arbeitgebern und Personal- und Betriebsräten gab und demzufolge eine Fülle von Entscheidungen aller Instanzen der Verwaltungs- und Arbeitsgerichtsbarkeit vorliegt.[5]

Aus diesen Entscheidungen läßt sich zum einen erkennen, welche Sachverhalte im Sinne der Regelung über die Arbeitszeiteinteilung mitbestimmungspflichtig sind, d.h. welchen Umfang das Mitbestimmungsrecht hat. Zum anderen werden neuere

---

1   Ab dem Ende des 19. Jahrhunderts, s.u. 1. Kap. I ausführlich zur Historie dieses Mitbestimmungstatbestands.
2   So wörtlich § 75 Abs. 3 Nr. 1 BPersVG und nahezu wortgleich § 87 Abs. 1 Nr. 2 BetrVG.
3   Dies geschah mit den Kodifikationen des BetrVG 1952 und des BPersVG 1955.
4   Vgl. Lorenzen u.a., BPersVG, § 75 Rdnr. 122.
5   Vgl. Lorenzen u.a., BPersVG, § 75 Rdnr. 114.

Tendenzen in der Rechtsprechung aufgrund der zentralen Bedeutung dieses Mitbestimmungstatbestands vielfach bei dessen Auslegung sichtbar: Sei es, daß durch extensive Auslegung Grenzen gesprengt oder durch restriktive Grenzen gesetzt werden oder daß tatbestandsmäßig gegebene Mitbestimmungsrechte aufgrund allgemeiner Vorbehalte oder verfassungsrechtlicher Bedenken nicht anerkannt werden.

Jede Form der beschriebenen Grenzziehung ist in der jüngeren Rechtsprechung zu diesem Mitbestimmungstatbestand nachweisbar. Die Grenzziehungen erfolgten jedoch für die Bereiche der Personalvertretungsgesetze und des Betriebsverfassungsgesetzes auf sehr unterschiedliche, sogar gegenläufige Art und Weise.

1. Die Entwicklung im Personalvertretungsrecht

Im Bereich des Personalvertretungsrechts ist die Frage nach den Grenzen der Mitbestimmung in Bewegung geraten. Seit der Kodifizierung des Bundespersonalvertretungsgesetzes im Jahre 1955 und dessen Neufassung aus dem Jahre 1974 war bis Mitte der achtziger Jahre diese Gesetzesmaterie relativ resistent gegen grundlegende Neuerungen. Seit Beginn der achtziger Jahre jedoch wurden die Personalvertretungsgesetze in kurzen Abständen novelliert. Um dem Vorhalt zuvorzukommen, das eigene Personalvertretungsgesetz bleibe hinter dem des Bundes oder anderer Länder zurück, wurden durch einige Landesgesetzgeber die Beteiligungsrechte der Personalvertretungen unaufhörlich erweitert. Gefördert wurde diese Entwicklung auch dadurch, daß sich gewerkschaftliche Forderungen insbesondere auf die Beteiligungstatbestände bezogen. Dies führte zu einer unaufhaltsamen Erweiterung von Rechten der Personalräte und wirft infolgedessen die Frage auf, ob sich diese Erweiterungen noch in dem rechtlichen Rahmen halten, den das Grundgesetz dem Gesetzgeber zur Erweiterung von Rechten der Personalräte gibt.

Das Bundesverfassungsgericht hatte sich mit den Grenzen der Mitbestimmung im Personalvertretungsrecht bereits im Jahre 1959 auseinandergesetzt.[6] Zu einer weiteren Entscheidung des Gerichts zu diesen grundlegenden Fragen kam es in der Folgezeit nicht mehr. Jedoch hatte der Hessische Staatsgerichtshof am 30.04.1986 über die Verfassungsmäßigkeit einzelner Regelungen des hessischen Personalvertretungsgesetzes zu entscheiden.[7] Die dieser Entscheidung zugrunde liegende umstrittene Novellierung des hessischen Personalvertretungsgesetzes hat zu einer Vielzahl kaum mehr zu überblickender Veröffentlichungen zu diesem Problemkomplex geführt.

---

6   BVerfG, Urteil vom 27.04.1959, BVerfGE 9, 268.
7   Hess StGH, Urteil vom 30.04.1986, PersV 1986, 227.

Selbst die restriktive Rechtsprechung des Hessischen Staatsgerichtshofs hat nicht zu einer Selbstbeschränkung der Landesgesetzgeber beigetragen. Vielmehr haben alle folgenden Novellierungen zu einer weiteren Ausweitung der Beteiligungsrechte geführt. Ein Ende dieser Entwicklung ist nicht abzusehen. Jüngste Beispiele sind die personalvertretungsrechtlichen Normierungen in Schleswig-Hostein und Rheinland-Pfalz. Der Landesgesetzgeber in Schleswig-Holstein hat sich entschlossen, sich von dem bisherigen Kodifikationsmodell von Beteiligungsrechten gänzlich zu lösen und eine Generalklausel zu schaffen, die sämtliche Entscheidungen der Dienststelle, die die Beschäftigten insgesamt, Gruppen von ihnen oder einzelne Beschäftigte betreffen oder sich auf sie auswirken, der Mitbestimmung des Personalrats unterwirft.[8] Dieses Gesetzeswerk verläßt auch die bisherige Terminologie, indem es den Namen "Mitbestimmungsgesetz Schleswig-Holstein" trägt. Ähnliche Entwicklungen wurden nach dem Regierungswechsel in Rheinland-Pfalz verfolgt.

Diese Novellierungen betreffen auch den Mitbestimmungstatbestand der Arbeitszeiteinteilung. Zum einen dadurch, daß gesetzlich normierte Einschränkungen der Mitbestimmung bei Arbeitszeitfragen wegfielen, zum anderen, daß der Tatbestand gänzlich entfiel - wie durch das MBG S-H geschehen. Als Folge dieser Gesetzesänderungen sind die Fragen nach den Grenzen personalvertretungsrechtlicher Mitbestimmung unter dem heutigen Regelungsstand erneut umfassend aufgeworfen worden, was auch für die Mitbestimmung bei der Arbeitszeiteinteilung Bedeutung erlangt.

Nicht nur die Literatur, auch die Rechtsprechung hat diesen Erweiterungen der Mitbestimmung durch die Gesetzgeber Grenzen gesetzt. Der Hessische Staatsgerichtshof und der Verfassungsgerichtshof NRW haben einzelne Vorschriften der novellierten Gesetze für verfassungswidrig erklärt. Auch die Instanzen der Verwaltungsgerichtsbarkeit haben in ihren Entscheidungen grundsätzliche Bedenken gegen eine ausufernde Erweiterung von Mitbestimmungsrechten zum Ausdruck gebracht.

Im Bereich des Mitbestimmungstatbestands der Arbeitszeiteinteilung hat das Bundesverwaltungsgericht beispielsweise ein Mitbestimmungsrecht bei der Aufstellung von Rufbereitschaftsplänen abgelehnt, indem es diese Arbeitszeitmaßnahme nicht unter den Tatbestand des § 75 Abs. 3 Nr. 1 BPersVG subsumierte und Rufbereitschaft nicht als Arbeitszeit bewertete.[9] Eindrucksvoll belegen diese Tendenz auch die Entscheidungen des Gerichts zur Gemengelage. Eine solche Situation liegt vor, wenn mit einer Maßnahme verschiedene Beteiligungsrechte ausgelöst werden.

8   So § 51 Abs. 1 Satz 1 MBG S-H; MBG S-H vom 11.12.1990, GVBl. S. 577.
9   BVerwG, Beschluß vom 01.06.1987, ZBR 1987, 346; a.A das BAG für den Bereich des BetrVG; a.A. ebenso Pieper, PersR 1987, 246; Richter, PersR 1993, 54. Kritiker sehen hierin ein Beispiel für die Spruchpraxis des Bundesverwaltungsgerichts, den materiellen Inhalt von Mitbestimmungsrechten des Personalrats einschränkend auszulegen.

Zur Konkurrenz unterschiedlich weitgehender Beteiligungsrechte hat das Bundesverwaltungsgericht zwar in Anlehnung an die Rechtsprechung des Bundesarbeitsgerichts ausgeführt, daß diese nebeneinander gegeben seien, hat jedoch eine gewichtige Einschränkung angefügt. Ergebe sich aus dem Wortlaut, dem systematischen Zusammenhang oder der Entstehungsgeschichte von Beteiligungsvorschriften, daß der Gesetzgeber aus verfassungsrechtlichen Gründen das stärkere Beteiligungsrecht nicht gewähren wolle, könne sich der Personalrat im Mitbestimmungsverfahren nicht darauf berufen.[10] Verfassungsrechtliche Gründe und die aus § 104 Satz 3 BPersVG folgenden Grundsätze zur Wahrung der Funktionsfähigkeit der Verwaltung begrenzen somit nach Ansicht des Bundesverwaltungsgerichts tatbestandlich gegebene Mitbestimmungsrechte.

Trotz vielfacher Kritik[11] (aber auch Zustimmung[12]) an dieser Entscheidungspraxis hat das Bundesverwaltungsgericht diesen Weg nicht verlassen und auch die Möglichkeiten vorläufiger Regelungen des Dienststellenleiters bei laufendem Mitbestimmungsverfahren zur Garantie der Funktionsfähigkeit der Verwaltung erweitert.[13] Die Entscheidungen der Verfassungsgerichtshöfe über das MBG S-H und das LPersVG Rh-Pf werden deshalb mit Spannung erwartet.

2. Die Entwicklung im Betriebsverfassungsrecht

Die Entwicklung im Bereich des Betriebsverfassungsrechts ist ebenfalls geprägt von den Fragen nach den Grenzen der Mitbestimmung. Sie sind jedoch nicht durch Gesetzesnovellierungen veranlaßt, sondern durch Tendenzen in der Rechtsprechung, die dem Anwendungsbereich betrieblicher Mitbestimmung kaum noch Grenzen setzt.

Aufgrund der zentralen Bedeutung des Mitbestimmungstatbestands bei Arbeitszeitfragen verwundert es nicht, daß die extensive Interpretation von betrieblicher Mitbestimmung in diesem Bereich ihren Anfang nahm. Die erste, diese Tendenz aufweisende Entscheidung ist die weithin diskutierte "Kaufhausentscheidung" des Bundesarbeitsgerichts.[14] Hier wurde die Mitbestimmung bei Arbeitszeitfragen auch dann gewährt, wenn damit massiv in die unternehmerische Entscheidungsfreiheit eingegriffen wird. Diese Entscheidung hat eine umfassende Auseinandersetzung mit

---

10 BVerwG, Beschluß vom 17.07.1987, PersR 1987, 220; dazu Becker, ZBR 1988, 241 (253); kritisch Philippen, PersR 1987, 222.
11 Beispielhaft Altvater, Wendeling-Schröder, RiA 1984, 73.
12 Vgl. Becker, ZBR 1988, 241 (253).
13 BVerwG, Beschluß vom 22.08.1988, PersV 1989, 269.
14 BAG, AP § 87 BetrVG 1972 - Arbeitszeit - Nr. 8 = BAGE 40, 107.

dem verfassungsrechtlich garantierten Kernbereich der Unternehmensautonomie einerseits sowie dem Spannungsverhältnis zwischen Unternehmensautonomie und betrieblicher Mitbestimmung andererseits initiiert. Trotz der umfassenden Kritik an der Lösung des Bundesarbeitsgerichts hat dieses den eingeschlagenen Weg nicht verlassen und auch bei anderen Beteiligungstatbeständen eine extensive Interpretation vorgenommen, die die Unternehmensautonomie berührt und dadurch zu einer Einschränkung der Handlungsfreiheit des Arbeitgebers als Unternehmer führt.[15] Zu nennen sind hier die sog. "Kurzarbeitsentscheidung"[16] und die "Zulagenentscheidung".[17]

Gemeinsam ist diesen Judikaten, daß der betrieblichen Mitbestimmung nicht mehr nur betriebliche Angelegenheiten unterworfen sind, sondern auch unternehmerische Entscheidungen. Diese Situation tritt immer dann auf, wenn das legitime Mitbestimmungsbegehren des Betriebsrats gleichzeitig eine Unternehmensentscheidung beinhaltet. Das Bundesarbeitsgericht hat auch bei diesen Gemengelagen dem Betriebsrat ein unbeschränktes Mitbestimmungsrecht eingeräumt. Die Tatsache, daß der Betriebsrat damit auf "betriebsverfassungsrechtlichem Weg" Einfluß auf Unternehmensentscheidungen nimmt, ließ das Bundesarbeitsgericht unberücksichtigt.

II. Die Kritik an den gegenläufigen Entwicklungen

Während die Rechtsprechung für den personalvertretungsrechtlichen Bereich Mitbestimmungsrechte eher restriktiv interpretiert, bei Zusammentreffen von zwei Beteiligungsrechten oftmals nur das schwächere zur Anwendung kommen läßt oder übergesetzliche Prinzipien als Begrenzung von eigentlich gegebenen Mitbestimmungsrechten anerkennt und - als Reaktion auf den die Mitbestimmung unaufhörlich ausweitenden Gesetzgeber - befürwortet, ist in der Rechtsprechung der Arbeitsgerichte eine andere, eher entgegengesetzte Tendenz erkennbar. Beteiligungsrechte werden weit ausgelegt, Gemengelagen von mehreren Beteiligungsrechten führen nicht zu einem Vorrang des schwächeren Rechts, selbst in Eilfällen gibt es keine Ausnahme von der Durchführung eines Mitbestimmungsverfahrens und vorläufige Maßnahmen bis zu einer Einigung der Betriebspartner sollen nicht zulässig sein. Folgerichtig blieben die Kritiken an dieser Rechtsprechung nicht aus:

Der verwaltungsgerichtlichen Rechtsprechung wird entgegengehalten, sie korrigiere auf eklatante Weise gesetzgeberische Entscheidungen und nivelliere auf diesem

---

15 Ebenso Kraft, in: Festschr. für Fritz Rittner zum 70. Geburtstag, Betriebliche Mitbestimmung und unternehmerische Entscheidungsfreiheit in der Rechtsprechung des BAG, S. 285 (294).

16 BAG, EzA § 87 BetrVG 1972 - Arbeitszeit - Nr. 17.

17 BAG, EzA § 87 BetrVG 1972 - Betriebliche Lohngestaltung - Nr. 11.

Wege jegliche gesetzliche Verbesserung personalvertretungsrechtlicher Mitbestimmung; durch Rückgriff auf verfassungsrechtliche Grundprinzipien, beispielsweise mit dem Hinweis auf die Funktionsfähigkeit der Verwaltung, würden Mitbestimmungsrechte ausgehebelt.[18] Insbesondere werde die Mitbestimmung bei Arbeitszeitfragen unter extensiver Anwendung von mitbestimmungsausschließenden Vorschriften umgangen.[19]

Die Kritik an der arbeitsgerichtlichen Entscheidungspraxis zur immer extensiveren Interpretation von Mitbestimmungstatbeständen, wonach unbestrittenermaßen in die unternehmerische Entscheidungsautonomie eingegriffen wird, befaßt sich ausführlich mit dem Spannungsverhältnis zwischen betrieblicher Mitbestimmung und unternehmerischer Entscheidungsfreiheit.[20] Letztlich mündet sie in den Vorwurf, daß bei einer Kollision zwischen unternehmerischer Entscheidungsfreiheit und betrieblicher Mitbestimmung, ersterer ein zu niedriger Stellenwert beigemessen werde.[21]

III. Aufgabe der nachstehenden Ausführungen

Vor dem Hintergrund dieser heftig kritisierten Rechtsprechung stellt sich die Frage, ob die Einschränkungen der Rechte des Personalrats einerseits und die Eingriffe in die unternehmerische Entscheidungsfreiheit andererseits im Hinblick auf den Mitbestimmungtatbestand der Arbeitszeiteinteilung rechtlich legitimiert sind.

Hierbei sollen jedoch nicht sämtliche Formen der Begrenzung von Beteiligungsrechten überprüft werden, sondern allein diejenigen, die sich aus den jüngsten Entwicklungen der Rechtsprechung ergeben. Diese ist davon gekennzeichnet, daß aus der Verfassung abgeleitete Prinzipien zur Begrenzung von Mitbestimmung herangezogen oder gerade abgelehnt werden.

Um welche Prinzipien es sich hierbei handelt, woraus sie hergeleitet werden und ob und wieweit sie legitimerweise zur Begrenzung der Mitbestimmung bei Arbeitszeitfragen eingesetzt bzw. verworfen werden dürfen, ist Gegenstand der nachfolgenden Untersuchung.

---

18 U.a. Wulf-Mathies, PersR 1993, 193 (198); Altvater, Wendeling-Schröder, RiA 1984, 73.
19 Ausführungen im Polizeispiegel, Mitteilungsblatt der Polizeigewerkschaft im Deutschen Beamtenbund, 1990, S. 176.
20 Vgl. Kraft, in: Festschr. für Fritz Rittner zum 70. Geburtstag, Betriebliche Mitbestimmung und unternehmerische Entscheidungsfreiheit in der Rechtsprechung des BAG, S. 285; Beuthien, ZfA 1988, 1; Martens, RdA 1989, 164.
21 Vgl. Rath-Glawatz, AP § 87 BetrVG 1972 - Arbeitszeit - Anm. zu Nr. 8; Heinze, NZA 1986, 1 (10 f).

IV. Gang der Darstellung

Ausgangspunkt für die Überprüfung der Grenzen der Beteiligung bei Arbeitszeitfragen ist zunächst die Erläuterung des Normbefunds und dessen historischen Werdegangs sowie der Möglichkeiten seiner Eingrenzung; zur Verdeutlichung der neuesten Tendenzen in der Rechtsprechung zur Begrenzung bzw. Ausweitung von Mitbestimmungsrechten sollen einige exemplarische Beispiele vorgestellt werden. Dies führt weiter zu der Frage, ob Grund und Grenze der gesetzlichen Mitbestimmung für die beiden Regelungsbereiche des Personalvertretungsrechts und des Betriebsverfassungsrechts getrennt oder gemeinsam untersucht werden müssen (= 1. Kapitel).

Die Frage nach der Legitimation der Begrenzung oder der Ausweitung von Mitbestimmungsrechten führt unmittelbar zu der Frage nach der Grundlegung der Mitbestimmung in der Verfassung (= 2. Kapitel). Bevor den Befugnissen der Personal- bzw. Betriebsvertretungen bei der Mitbestimmung in Arbeitszeitfragen nachgegangen werden kann, müssen die sich aus der Verfassung ergebenden Legitimationen und Grenzen der Mitbestimmung aufgezeigt werden. Denn die zur Begrenzung von Mitbestimmung herangezogenen bzw. verworfenen Prinzipien ergeben sich unmittelbar aus der Verfassung. Die unterschiedliche Verortung der Grenzen der Mitbestimmung in der Verfassung erfordert eine getrennte Darstellung für den privaten und den öffentlichen Bereich (= 3. und 5. Kapitel).

Wieweit die verfassungsrechtlich geforderte Einhaltung dieser Grenzen bei der einfach gesetzlichen Auslegung der Mitbestimmung in Arbeitszeitfragen zu berücksichtigen ist und ob sich die Rechtsprechung im Rahmen dieser Erfordernisse hält, wird schließlich hinsichtlich der Befugnisse der Betriebs- und Personalvertretungen bei Arbeitszeitfragen getrennt bestimmt werden. Ob die gegenläufigen Rechtsprechungen legitimierbar sind, wird das Ergebnis der jeweiligen Untersuchung darstellen. Soweit dies nicht der Fall ist, soll der Versuch eines eigenen Lösungsweges aufgezeigt werden (= 4. und 6. Kapitel).

Unter Zugrundelegung der gefundenen Ergebnisse werden dann die eingangs vorgestellten Entscheidungen bewertet werden (= Zusammenfassung).

Erstes Kapitel
Die Mitbestimmung bei Beginn und Ende der Arbeitszeit

I. Die historische Entwicklung dieses Mitbestimmungstatbestands

Die Forderungen, die Arbeitnehmer an der betrieblichen Ordnung zu beteiligen, wurden bereits früh im 19. Jahrhundert artikuliert. Die Anfänge einer gesetzlichen Regelung gehen auf den Entwurf einer Gewerbeordnung zurück, der der Frankfurter Nationalversammlung von 1848 vorlag,[1] der jedoch nicht Gesetz wurde. Wenngleich eine gesetzliche Verpflichtung zur Errichtung von Arbeitnehmervertretungen im 19. Jahrhundert nicht mehr geschaffen wurde, sah eine Novelle zur Gewerbeordnung die fakultative Bildung von Arbeiterausschüssen vor. Dieses sogenannte Arbeiterschutzgesetz vom 01.06.1891[2] hatte zum Inhalt, daß der Arbeiterausschuß, soweit er gebildet wurde, ein Anhörungsrecht bei Erlaß der Arbeitsordnung hatte. Gemäß § 134 b Abs. 1 Satz 1 Nr. 1 der Gewerbeordnung war "Anfang und Ende der regelmäßigen täglichen Arbeitszeit, sowie der für die erwachsenen Arbeiter vorgesehenen Pausen" Inhalt der zu erlassenden Arbeitsordnungen. Somit war dieser Tatbestand bereits Bestandteil der ersten Kodifizierung von Mitbestimmungsrechten.

Aufgrund der fakultativen Einrichtung der Arbeiterausschüsse hatte das Arbeiterschutzgesetz in der Praxis keine Bedeutung, was sich erst um die Jahrhundertwende mit der gesetzlichen Verpflichtung zur obligatorischen Errichtung von Arbeitnehmervertretungen in Bereichen des Bergbaus änderte.[3]

Einen nächsten Schritt auf dem Wege zu einer Mitbestimmung bei Arbeitszeitfragen stellte das Gesetz über den vaterländischen Hilfsdienst vom 05.12.1916[4] dar, in dessen Geltungsbereich in kriegs- und versorgungswichtigen Betrieben die Einrichtung von Arbeitnehmerausschüssen vorgeschrieben war. Die Aufgaben dieser Ausschüsse waren in § 12 des Gesetzes festgelegt, wonach diese das Einvernehmen

---

1   Vgl. Widmaier, Dissertation, S. 4; Kippels, Die Betriebs- und Personalvertretung, S. 3 ff, gibt einen ausführlichen historischen Abriß der Geschichte des Betriebsverfassungs- und Personalvertretungsrechts.

2   RGBl. I 1891, S. 261.

3   Berggesetz für das Königreich Bayern, Gesetz- und Verordnungsblatt für das Königreich Bayern 1890, S. 261 und Novellen zum Preußischen Allgemeinen Berggesetz, Preußische Gesetzessammlung 1905, S. 307 und 1909, S. 677.

4   RGBl. I 1916, S. 1333.

innerhalb der Arbeitnehmerschaft des Betriebes und im Verhältnis zu dem Arbeitgeber fördern sollten. Zwar bestand die Möglichkeit, mit dem Arbeitgeber über die Arbeitsordnung, die Betriebseinrichtungen und die Lohn- und Arbeitsverhältnisse zu verhandeln, im Falle der mangelnden Einigung hatte der Spruch des Schlichtungsausschusses jedoch keine bindende Wirkung.

Durch die Verordnung über Tarifverträge, Arbeiter- und Angestelltenausschüsse und Schlichtung von Arbeitsstreitigkeiten vom 23.12.1918[5] wurden diese Regelungen auf alle Betriebe, Verwaltungen und Büros mit mindestens 20 Arbeitnehmern erweitert. Von diesen Regelungen waren die Beamten nicht erfaßt. Die Reichsregierung und die Landesregierungen hatten bis zu diesem Zeitpunkt alle Versuche, Beamtenvertretungen einzuführen, abgelehnt. Lediglich in einigen deutschen Städten kam es zur Bildung von Beamtenausschüssen.[6]

Der Schritt zu einer umfassenden Mitbestimmung bei Arbeitszeitfragen wurde dann in der Weimarer Republik vollzogen. Die Weimarer Reichsverfassung sah in Art. 165 Abs. 2 WRV vor, daß die Arbeiter und Angestellten zur Wahrnehmung ihrer sozialen und wirtschaftlichen Interessen gesetzliche Vertretungen in Betriebsarbeiterräten sowie in nach Wirtschaftsgebieten gegliederten Bezirksarbeiterräten und in einem Reichsarbeiterrat[7] erhalten sollten. Entsprechend war in Art. 130 Abs. 3 WRV festgelegt, daß nach näherer reichsgesetzlicher Bestimmung besondere Beamtenvertretungen gebildet werden sollten.

Das Betriebsrätegesetz (BRG) vom 04.02.1920[8] regelte erstmalig reichseinheitlich für die Betriebe und Verwaltungen des privaten und öffentlichen Rechts die Bildung von Arbeitnehmervertretungen. Die Betriebsräte stellten eine Fortentwicklung der Arbeiterausschüsse dar und führten zu einer umfassenden Mitbestimmmung in Frage der Arbeitsordnung. Somit unterlag seitdem die Festsetzung von Beginn und Ende der täglichen Arbeitszeit und der Pausen reichseinheitlich der Mitbestimmung. Die Beamten waren von dem Geltungsbereich des Betriebsrätegesetzes ausgeschlossen,[9] in § 65 BRG war jedoch das Zusammenwirken des Betriebsrats mit einer Beamtenvertretung geregelt. Zur Errichtung besonderer Beamtenvertretungen auf gesetzlicher Grundlage, wie in Art. 130 Abs. 3 WRV vorgesehen, ist es in der Zeit der Weimarer Republik jedoch nicht mehr gekommen.[10] Beamtenvertretungen wurden lediglich vereinzelt aufgrund von Verwaltungsvorschriften gebildet.

---

5 RGBl. I 1918, S. 1456.
6 Vgl. Widmaier, Dissertation, S. 6 f.
7 Art. 165 Abs. 2 WRV.
8 RGBl. I 1920, S. 147.
9 § 10 BRG.
10 Vgl. Widmaier, Dissertation, S. 10.

Selbst nach der Beseitigung des Betriebsrätegesesetzes durch das Gesetz zur nationalen Arbeit (AOG) vom 20.01.1934[11] und das Gesetz zur Ordnung der nationalen Arbeit in den öffentlichen Verwaltungen und Betrieben (AOGÖ) vom 23.03.1934,[12] wodurch Betriebsräte und Beamtenausschüsse wegfielen, gehörten "Anfang und Ende der regelmäßigen täglichen Arbeitszeit und der Pausen" zum notwendigen Inhalt der zu schaffenden Betriebsordnungen. Gemäß § 26 AOG war der Arbeitgeber verpflichtet, eine Betriebsordnung zu erlassen, bei deren Gestaltung und Durchführung einem zu bildenden Vertrauensrat, der den Betriebsrat ersetzte, ein Beratungsrecht eingeräumt war. Dies galt jedoch nicht im Geltungsbereich des AOGÖ, d.h. in den Verwaltungen und Betrieben des öffentlichen Dienstes.

Nach dem Zusammenbruch der nationalsozialistischen Herrschaft knüpfte die Entwicklung an dem durch das Betriebsrätegesetz von 1920 geschaffenen Standard an. Das Kontrollratsgesetz Nr. 22 vom 10.04.1946[13] brachte jedoch insoweit eine Änderung, als die Beamten von den Regelungen, die bisher nur für Angestellte und Arbeiter galten, mit umfaßt waren.[14] Denn dieses Gesetz galt sowohl im Bereich der Privatwirtschaft als auch im öffentlichen Dienst. Den Betriebsräten wurde ein Mitbestimmungsrecht in sozialen Angelegenheiten eingeräumt und ein Recht auf eine Mitwirkung bei Entlassungen und Einstellungen. Dies bedeutete, daß die Mitbestimmung in Arbeitszeitfragen als soziale Angelegenheit wiederum vorgesehen war. Dies sahen auch sämtliche Ländergesetze vor, die aufgrund des Kontrollratsgesetzes Nr. 22 und zur Verwirklichung der in den Länderverfassungen verankerten Aufträge zum Erlaß von Mitbestimmungsregelungen zugunsten der Arbeitnehmer ergingen.[15] Daraufhin kam es bis zur Errichtung der Bundesrepublik zu dem Erlaß von Betriebsrätegesetzen der Länder, was eine Rechtszersplitterung bewirkte, die eine bundeseinheitliche Regelung erforderlich werden ließ.

Nachdem mit Art. 74 Ziff. 12 des GG eine Gesetzgebungskompetenz des Bundes geschaffen worden war, wurde im Jahr 1952 das einheitlich für das gesamte Bundesgebiet geltende Betriebsverfassungsgesetz erlassen.[16] Gemäß § 88 Abs. 1 BetrVG 1952 waren aus dessen Anwendungsbereich die Betriebe und Verwaltungen des Bundes, der Länder, der Gemeinden und sonstigen Körperschaften und Anstalten des öffentlichen Rechts ausgeklammert. Für diesen Bereich wurde im Anschluß an das Betriebsverfassungsgesetz im Jahr 1955 das Bundespersonalvertretungsge-

---

11 RGBl. I 1934, S. 45.
12 RGBl. I 1934, S. 220.
13 Kontrollrats-Amtsblatt 1946 Nr. 6, S. 133.
14 Vgl. Söllner, Personalvertretungsrecht, S. 30.
15 Vgl. Stumpf, Mitbestimmung in den Betrieben der öffentlichen Hand, S. 33 f.
16 BetrVG vom 11.10.1952, BGBl. I, S. 681.

setz erlassen;[17] dieses Gesetz galt auch für die Beamten und sah in § 67 Abs. 1 lit. a BPersVG 1955 vor, daß der Personalrat, soweit eine gesetzliche oder tarifliche Regelung nicht bestand - gegebenenfalls durch Abschluß von Dienstvereinbarungen - über Beginn und Ende der täglichen Arbeitszeit und der Pausen mitzubestimmen hatte. Das Bundespersonalvertretungsgesetz folgte damit der Regelung des Betriebsverfassungsgesetzes, das in § 56 Abs. 1 lit. a BetrVG 1952 festlegte, daß der Betriebsrat über Beginn und Ende der täglichen Arbeitszeit und der Pausen mitzubestimmen hat, soweit eine gesetzliche oder tarifliche Regelung nicht besteht.

Bei der Mitbestimmungspflichtigkeit in Arbeitszeitfragen ist es auch nach den Neukodifizierungen des Betriebsverfassungsgesetzes im Jahre 1972[18] und des Bundespersonalvertretungsgesetzes von 1974[19] geblieben, die insoweit keine Änderungen brachten. Gleiches gilt für die einzelnen Länderregelungen, die nach Maßgabe der im Bundespersonalvertretungsgesetz enthalten Rahmenvorschriften für die öffentlichen Verwaltungen und Betriebe der Länder ergingen.

II. Der Normbefund und seine Begrenzungen

1. Die Beteiligungsform

a) Betriebsverfassungsgesetz

Aufgrund der Kompetenzverteilung des Grundgesetzes ergibt sich gemäß Art. 74 Ziff. 12 GG, daß das Arbeitsrecht einschließlich der Betriebsverfassung, des Arbeitsschutzes und der Arbeitsvermittlung sowie die Sozialversicherung einschließlich der Arbeitslosenversicherung Gegenstände der konkurrierenden Gesetzgebung sind. Dies führte, wie oben dargestellt, zu einer Regelung des Bundesgesetzgebers mit der Folge, daß seither mit dem Betriebsverfassungsgesetz in dessen Anwendungsbereich einheitliche Regelungen zur Verfügung stehen.

Die Mitbestimmung in Arbeitszeitfragen ist in § 87 Abs. 1 Ziff. 2 und 3 BetrVG geregelt. Der Grad der Beteiligung entspricht der höchsten Form, d.h. der umfassenden Mitbestimmung. Dies bedeutet, daß keine Seite wirksam ohne die andere handeln kann.

---

17 BPersVG vom 05.08.1955, BGBl. I, S. 477.
18 BetrVG vom 15.01.1972, BGBl. I, S. 13.
19 BPersVG vom 15.03.1974, BGBl. I, S. 693.

b) Bundespersonalvertretungsgesetz bzw. Ländergesetze

Dem gegenüber gehört das Recht der Personalvertretungen im öffentlichen Dienst nicht zum Arbeitsrecht im Sinne des Art. 74 Ziff. 12 GG. Dieses bildet vielmehr einen Teil des öffentlichen Dienstrechtes mit der Folge, daß der Bund nach Art. 73 Ziff. 8 GG nur die Personalvertretung für die im Dienste des Bundes und der bundesunmittelbaren Körperschaften des öffentlichen Rechtes stehenden Personen durch unmittelbar geltende Rechtsvorschriften regeln kann. Gemäß Art. 75 Ziff. 1 GG hat der Bund weiterhin das Recht, für die Personalvertretung der im öffentlichen Dienste der Länder, Gemeinden und anderer Körperschaften des öffentlichen Rechtes stehenden Personen Rahmenvorschriften zu erlassen. Hieraus ergibt sich eine Aufspaltung des öffentlichen Dienstrechtes in eine Bundesregelung und verschiedene Länderregelungen.

Obwohl der Bundesgesetzgeber bei Ergehen der Bundesregelung Rahmenvorschriften gemäß Art. 75 Ziff. 1 GG erließ, ist die Rechtszersplitterung weitergehend als zu erwarten war. Dies ergibt sich zum einen aus der Tatsache, daß die rahmenrechtlichen Vorgaben für die Länder weite Regelungsspielräume offen ließen.[20] Zum anderen sind die Personalvertretungsgesetze immer Gegenstände harter politischer Auseinandersetzungen gewesen. Wechselnde Mehrheiten auf Landesebene brachten neue Regelungen auf dem Gebiet des Personalvertretungsrechts. Jüngste Beispiele sind die Neuregelungen des Personalvertretungsrechts in den Ländern Schleswig-Holstein und Rheinland-Pfalz, die eine kräftige Entwicklung in Richtung einer Gleichstellung der Personalräte mit den Dienststellenleitungen enthalten.[21]

Über diese Rechtszersplitterung darf vor allem nicht Form, Aufbau und Gliederung der Landespersonalvertretungsgesetze täuschen. Bei oberflächlicher Durchsicht könnte der Eindruck entstehen, als seien diese getreue Nachbildungen der Bundesregelung. Die Mitbestimmungstatbestände sind fast sämtlich in Anlehnung an die Bundesregelung als Beteiligungskataloge formuliert, jedoch im Einzelnen mit sehr unterschiedlichen Tatbestandsvoraussetzungen und Intensitäten der Beteiligung ausgestattet.[22] Lediglich das neue Mitbestimmungsgesetz in Schleswig-Holstein

---

20 Grabendorff, PersV 1960, 73 (74), führt aus, daß die große Rechtsverschiedenheit die Folge einer zu geringen rahmenrechtlichen Regelung für die Gesetzgebung der Länder sei. Der Bundestag habe eine wesentlich weitergehende Regelung vor allem der Mindestaufgaben und -befugnisse der Personalvertretungen gewollt. Er sei damit an dem Zustimmungserfordernis des Bundesrats gescheitert, der den Ländern eine möglichst weitgehende, eigene und unabhängige Rechtsgestaltung zu sichern wünschte.

21 So Fuhrmann, PersV 1991, 124.

22 Für sämtliche Beteiligungsrechte hat dies Feldmann 1982 in seiner Dissertation, Das Personalvertretungsrecht des Bundes und der Länder - ein Rechtsvergleich unter besonderer Berücksichtigung der Beteiligungsrechte - aufgezeigt und nachgewiesen.

verläßt die bei den Ländern in Anlehnung an das Bundespersonalvertretungsgesetz formulierten Beteiligungskataloge, indem es nur noch eine Generalklausel kennt.

Der Eindruck der Einheitlichkeit wird auch durch die einheitliche Terminologie hervorgerufen. Die anzutreffenden Beteiligungsformen der Mitbestimmung, Mitwirkung, Beratung und Anhörung werden jedoch nicht einheitlich benutzt und entsprechen nicht dem Regelungsgehalt, den die jeweilige Beteiligungsform im Bundespersonalvertretungsgesetz gefunden hat. Auch werden verschiedene Regelungsgegenstände mit unterschiedlichen Beteiligungsrechten verknüpft.

Die höchste Form der Beteiligung stellt die Mitbestimmung dar. Hierunter wird eine Regelung verstanden, bei der letztlich eine unabhängige Einigungsstelle entscheidet. In diesem Sinne wird die Beteiligungsform der Mitbestimmung von dem Bundespersonalvertretungsgesetz sowie von allen Landespersonalvertretungsgesetzen verstanden. Hinsichtlich des Mitbestimmungstatbestandes bei Arbeitszeitfragen, ergibt eine vergleichende Untersuchung der Bundes- und Länderregelungen, daß dieser Mitbestimmungstatbestand in sämtlichen Regelungen mit dem höchsten Grad der Beteiligung, der Mitbestimmung, ausgestattet ist mit der Folge, daß bei Auseinandersetzungen um Arbeitszeitfragen ein etwaiger Spruch der Einigungsstelle entscheidet.

Trotz dieser Einheitlichkeit bei der Beteiligungsform weisen die verschiedenen Kodifikationen erhebliche Unterschiede in der Tatbestandsformulierung sowie in den bereits gesetzlich festgelegten Ausnahmetatbeständen auf.

2. Die Gesetzesgrundlagen[23]

a) Betriebsverfassungsgesetz

Die Mitbestimmung bei Arbeitszeitfragen ist in § 87 Abs. 1 Nr. 2 und 3 BetrVG geregelt. Danach hat der Betriebsrat, soweit eine gesetzliche oder tarifliche Regelung nicht besteht, in folgenden Angelegenheiten mitzubestimmen:

"Beginn und Ende der täglichen Arbeitszeit einschließlich der Pausen sowie Verteilung der Arbeitszeit auf die einzelnen Wochentage" (Nr. 2); "vorübergehende Verkürzung oder Verlängerung der betriebsüblichen Arbeitszeit" (Nr. 3).

---

23 Gegenstand der Untersuchung ist allein der gesetzliche Normbefund des BetrVG und des BPersVG sowie der Ländergesetze. Andere gesetzliche oder tarifvertragliche Regelungen bleiben unberücksichtigt. Vgl. zum geplanten Arbeitszeitrechtsgesetz, Anzinger, AuA 1994, S. 5.

b) Personalvertretungsgesetze

Nach § 75 Abs. 3 Nr. 1 BPersVG hat der Personalrat, soweit eine gesetzliche oder tarifliche Regelung nicht besteht, gegebenenfalls durch Abschluß von Dienstvereinbarungen mitzubestimmen über

> "Beginn und Ende der täglichen Arbeitszeit und der Pausen sowie die Verteilung der Arbeitszeit auf die einzelnen Wochentage".

Diesen Mitbestimmungstatbestand enthalten alle Länderpersonalvertretungsgesetze, wenngleich die Formulierungen nicht immer wörtlich übereinstimmen.

Nahezu wortgleich abgefaßt ist die Regelung in den Personalvertretungsgesetzen von Baden-Württemberg[24], Bayern[25], Thüringen[26] und Sachsen[27].

Das Personalvertretungsgesetz von Berlin unterstellt zudem in einer Nr.2 des § 85 LPersVG Bln[28] die

> "Anordnung von Mehrarbeit und Überstunden"

der Mitbestimmung des Personalrates. Auch in Niedersachsen wird in § 75 Abs. 1 Nr. 2 LPersVG Nds[29] die Anordnung von Mehrarbeit und Überstunden der Mitbestimmung unterstellt. Die Nr. 1 ist im Verhältnis zur Bundesregelung um die Mitbestimmung betreffend

> "die Festsetzung von Kurzarbeit"

erweitert.

Weitergefaßt ist auch die hamburgische Regelung. Gemäß § 86 Abs. 1 Nr. 1 LPersVG HH[30] hat der Personalrat mitzubestimmen bei der

> "Festsetzung von Beginn und Ende der Dienstzeit und der Pausen, Anrechnung von Pausen und von Dienstbereitschaften auf die Dienstzeit, Anordnung von Mehrarbeit und Überstunden und von Kurzarbeit sowie sonstige Regelungen, die die Dienstdauer beeinflussen."

Ganz ähnlich erweiternd im Verhältnis zur Bundesregelung sind das hessische Personalvertretungsgesetz in § 74 Abs. 1 Nr.9 LPersVG Hess[31], das saarländische Personalvertretungsgesetz in § 78 Abs. 1 Nr. 1 LPersVG Saar[32], die neue rheinland-

---

24 Personalvertretungsgesetz für das Land Baden-Württemberg in der Fassung vom 20.12.1990, GBl. 1991, S. 37.

25 Bayerisches Personalvertretungsgesetz in der Fassung vom 11.11.1986, GVBl. S. 350.

26 Thüringer Personalvertretungsgesetz vom 27.07.1993, GVBl. S. 399.

27 Sächsisches Personalvertretungsgesetz vom 21.01.1993, GVBl. S. 29.

28 Personalvertretungsgesetz von Berlin vom 26.07.1974, GVBl. S. 1669.

29 Personalvertretungsgesetz für das Land Niedersachsen in der Fassung vom 08.08.1985, GVBl. S. 262.

30 Hamburgisches Personalvertretungsgesetz in der Fassung vom 16.01.1979, GVBl.I S. 17.

31 Hessisches Personalvertretungsgesetz vom 24.03.1988, GVBl.I S. 103.

32 Saarländisches Personalvertretungsgesetz in der Fassung vom 02.03.1989, Amtsbl. S. 413.

pfälzische Regelung in § 80 Abs. 1 Nr. 5 und 6 LPersVG Rh-Pf[33] sowie § 65 Abs. 1 Nr. 1 und 2 LPersVG S-A[34].

Eine unterschiedliche Ausformung hat der Mitbestimmungstatbestand im bremischen Personalvertretungsgesetz gefunden. § 63 Abs. 1 lit. f LPersVG Bre[35] erstreckt das Recht der Mitbestimmung auf die

> "Festsetzung der Arbeitszeit, insbesondere bei Verlängerung oder Verkürzung der regelmäßigen Arbeitszeit, sowie Festsetzung von Überstunden, soweit sie nicht zur Beseitigung von Notständen dringend erforderlich sind."

Nach dem Willen des bremischen Gesetzgebers habe die Aufzählung in den Mitbestimmungskatalogen ohnehin nur beispielhaften Charakter, was aus §§ 63 Abs. 2, 65 Abs. 3 und 66 Abs. 3 LPersVG Bre zu entnehmen ist.[36]

Ähnlich wie die Regelung in Bremen nehmen die Länder Nordrhein-Westfalen in § 72 Abs. 4 Nr. 2 LPersVG NRW[37] und Mecklenburg-Vorpommern in § 70 Abs. 1 Nr. 7 LPersVG M-V[38] bereits eine Einschränkung des Mitbestimmungstatbestandes vor, in dem festgelegt ist, daß der Personalrat mitzubestimmen hat über

> "die Anordnung von Überstunden und Mehrarbeit, soweit sie vorauszusehen oder nicht durch Erfordernisse des Betriebsablaufs oder der öffentlichen Sicherheit und Ordnung bedingt sind, sowie allgemeine Regelungen des Ausgleichs von Mehrarbeit."

Gänzlich von dem Wortlaut des Bundespersonalvertretungsgesetzes hat sich das Personalvertretungsgesetz des Landes Schleswig-Holstein gelöst, indem es in § 51 Abs. 1 Satz 1 MBG S-H[39] festlegt:

> "der Personalrat bestimmt mit bei allen personellen, sozialen, organisatorischen und sonstigen innerdienstlichen Maßnahmen, die die Beschäftigten der Dienststelle insgesamt, Gruppen von ihnen oder einzelne Beschäftigte betreffen oder sich auf sie auswirken."

Hierdurch werden die in Anlehnung an die Bundesregelung formulierten Beteiligungskataloge erstmalig aufgegeben.[40]

---

33 Personalvertretungsgesetz für das Land Rheinland-Pfalz vom 08.12.1992, GVBl. S. 333.

34 Landespersonalvertretungsgesetz Sachsen-Anhalt vom 10.02.1993, GVBl. S. 56.

35 Bremisches Personalvertretungsgesetz vom 05.03.1974, GBl. S. 131.

36 Vgl. Altvater u.a., BPersVG, § 75 Rdnr. 91.

37 Personalvertretungsgesetz für das Land Nordrhein-Westfalen vom 03.12.1974, GV S. 1514.

38 Personalvertretungsgesetz für das Land Mecklenburg-Vorpommern vom 24.02.1993, GVOBl. S. 125, ber. S. 176. Im übrigen entsprechen § 72 Abs. 4 Nr. 1 LPersVG NRW und § 70 Abs. 1 Nr. 6 LPersVG M-V der Bundesregelung des § 75 Abs. 3 Nr. 1 BPersVG.

39 Gesetz über die Mitbestimmung der Personalräte (Mitbestimmungsgesetz Schleswig-Holstein) vom 11.12.1990, GVOBl. S. 577.

40 Kritisch zu dieser Regelung Battis, RdA 1992, 12; Kisker, PersV 1992, 1; Schenke, PersV 1992, 289; Lüersen, PersV 1991, 293. Positiv Fuhrmann, PersV 1991, 124; Neumann, Sieweke, PersR 1989, 114.

c)   Vergleich der Regelungen

Soweit die Formulierungen hinsichtlich des Mitbestimmungstatbestands bei den Arbeitszeitregelungen Unterschiede aufweisen, hat dies jedoch, abgesehen von der jüngsten Lösung in Schleswig-Holstein, keine inhaltliche Bedeutung: denn die Erweiterungen stellen sich nur als Konkretisierungen und Ausformungen der "Generalklausel" des Bundespersonalvertretungsgesetzes dar und werden von dessen Fassung mit umfaßt. Wenn neben der Dauer der täglichen Arbeitszeit Mehrarbeit, Überstunden und Kurzarbeit nicht genannt werden, läßt dies nicht den Schluß zu, daß das jeweilige Gesetz insoweit eine Mitbestimmung ausschließen will. Beginn und Ende der täglichen Arbeitszeit sind abhängig von ihrer täglichen Dauer, ihrer Lage, der Anordnung von Mehrarbeit, Überstunden oder Kurzarbeit. Eine Änderung dieser Kriterien bedarf deshalb der Mitbestimmung des Personalrats, ohne daß eine ausdrückliche Erwähnung im Gesetz erforderlich ist.[41] Hierfür spricht auch das Vorhandensein der Ausnahmeregelung des Abs. 4 des § 75 BPersVG, der für unvorhersehbare Erfordernisse eine Einschränkung der Mitbestimmung zuläßt und als Unterfall von "Beginn und Ende der Arbeitszeit" die Anordnung von Dienstbereitschaft, Mehrarbeit und Überstunden eigens erwähnt.[42] Zusammenfassend läßt sich somit feststellen, daß bei Arbeitszeitfragen eine umfassende Mitbestimmung gesetzlich vorgesehen ist, die trotz unterschiedlicher gesetzlicher Formulierungen sämtliche Beginn und Ende der Arbeitszeit betreffenden Maßnahmen umfaßt.

Wie jedoch aus den Gesetzesgrundlagen einiger Länderregelungen ersichtlich, ist auch die Mitbestimmung bei der Arbeitszeiteinteilung nicht unbeschränkt durchgeführt. In Nordrhein-Westfalen, Mecklenburg-Vorpommern und Bremen ist dies bereits unmittelbar aus dem Gesetzeswortlaut zu entnehmen. In Nordrhein-Westfalen und Mecklenburg-Vorpommern ist die umfassende Mitbestimmung bei Fragen des Beginns und des Endes der Arbeitszeit dann ausnahmsweise nicht gegeben, wenn die konkrete, eigentlich der Mitbestimmung unterliegende Maßnahme nicht vorauszusehen oder durch Erfordernisse des Betriebsablaufs oder der Öffentlichen Sicherheit und Ordnung bedingt war. Die bremische Regelung sieht ebenfalls bereits in dem Mitbestimmungstatbestand eine Ausnahme vor, wonach das Mitbestimmungsverfahren dann nicht durchgeführt werden muß, wenn die konkrete, mitbe-

---

41   Ebenso die h.M Lorenzen u.a, BPersVG, § 75 Rdnr. 115a; GKÖD-Fischer, Goeres, BPersVG, § 75 Rdnr. 74; Altvater u.a., BPersVG, § 75 Rdnr. 39.

42   So BVerwG, Beschluß vom 01.06.1987, ZBR 1987, 346; ebenso Lorenzen u.a., BPersVG, § 75 Rdnr. 121 f. Abs. 4 läßt für unvorhersehbare Erfordernisse eine Einschränkung der Mitbestimmung nach § 75 Abs. 3 Nr. 1 BPersVG dahingehend zu, daß die Mitbestimmung auf die Grundsätze für die Aufstellung der Dienstpläne beschränkt wird.

stimmungspflichtige Maßnahme zur Beseitigung von Notständen dringend erforderlich ist.

Aber auch bei der Bundesregelung und anderen Länderregelungen sind Ausnahmevorschriften an anderer Stelle im Gesetz selbst festgelegt; sogar das Betriebsverfassungsgesetz sieht in bestimmten Fällen Ausnahmen von dem umfassenden Mitbestimmungsrecht in Arbeitszeitfragen vor. Somit ergibt sich, daß die gesetzliche Mitbestimmung in Arbeitszeitfragen nicht unbeschränkt gilt, sondern daß bereits gesetzliche Ausnahmetatbestände Einschränkungen bewirken.

Grenzen, Umfang und Inhalt der Mitbestimmung in Arbeitszeitfragen werden jedoch nicht alleine durch diese gesetzlichen Ausnahmetatbestände bestimmt. Vielmehr sind darüber hinaus weitere Kriterien entwickelt worden, die im Ergebnis zu einer weiteren Einschränkung eigentlich gegebener Mitbestimmungsrechte geführt haben.

3. Die normative und judikative Begrenzung der Mitbestimmung in Arbeitszeitfragen

Das Mitbestimmungsrecht hinsichtlich des Beginns und des Endes der täglichen Arbeitszeit kann auf mehrerlei Art und Weise begrenzt werden:

Dies kann normativ zunächst dadurch geschehen, daß bereits im Mitbestimmungstatbestand selbst Einschränkungen vorgesehen sind, wie dies für die Regelungen der Landespersonalvertretungsgesetze in Nordrhein-Westfalen, Mecklenburg-Vorpommern, Bremen und Berlin gilt.

Weiterhin enthalten das Bundespersonalvertretungsgesetz sowie einige Landespersonalvertretungsgesetze die Regelung, wonach eine Beteiligung der Personalvertretung dann entfällt, wenn durch eine Anordnung des Dienstherrn Einsatz oder Einsatzübungen von Polizeivollzugsbeamten geregelt werden.[43] Da eine solche Anordnung unmittelbar den Beginn und das Ende der täglichen Arbeitszeit tangiert, liegt in dieser Regelung eine gesetzliche Einschränkung dieses grundsätzlichen Mitbestimmungsrechts. Vor diesem Hintergrund stellt sich deshalb die Frage, wann ein Einsatz oder eine Einsatzübung von Polizeivollzugsbeamten vorliegt; eine weite Auslegung dieser Begriffe führt unmittelbar zu einer merklichen Einschränkung des Mitbestimmungsrechts der Personalvertretung.

Alle Personalvertretungsgesetze sowie das Betriebsverfassungsgesetz - jedoch nur für die Bordvertretungen auf Schiffen und bei personellen Einzelmaßnahmen -

---

43 So § 85 Abs. 1 Nr. 6 lit. a BPersVG; ebenso § 94 Abs. 4 LPersVG RH-Pf, § 90 Abs. 1 Nr. 6 lit a LPersVG Thür und § 89 Abs. 1 LPersVG Hess.

sehen die Möglichkeit vor, in Angelegenheiten, die der Mitbestimmung unterliegen, vorläufige Maßnahmen zu treffen, bis eine endgültige Einigung oder Entscheidung herbeigeführt ist.[44] Das Bundesverwaltungsgericht hat insbesondere zur Zulässigkeit vorläufiger Regelungen neue Tendenzen aufgezeigt, worin eine gewisse Abkehr von der bisherigen Rechtsprechung deutlich wird. Hierdurch wird mittelbar auch das Mitbestimmungsrecht des Personalrates beschränkt, indem eine nicht mitbestimmte Maßnahme in Kraft gesetzt wird, auch wenn dies nur vorläufig geschieht. Im Geltungsbereich des Betriebsverfassungsgesetzes, soweit nicht die Sonderregelung für die Bordvertretungen bzw. für personelle Einzelmaßnahmen greift, stellt sich weiterhin die Frage, ob dem Arbeitgeber in Eilfällen nicht auch ein Recht auf vorläufige Regelungen eingeräumt werden sollte.

Schließlich werden einem bestehenden, im Gesetz anerkannten Beteiligungsrecht übergesetzliche Prinzipien oder verfassungsrechtliche Gegenrechte entgegengehalten, die im Ergebnis zu einer Einschränkung des Mitbestimmungsrechts führen. Beispielsweise wird die "Funktionsfähigkeit der Verwaltung" in diesem Zusammenhang als Ausfluß des Prinzips des demokratischen Rechtsstaats dem einfach gesetzlich normierten Mitbestimmungsrecht des Personalrats entgegengesetzt, was im Ergebnis zu einer Verneinung der Mitbestimmungspflichtigkeit einer konkreten Maßnahme führten kann.[45] Im Bereich des Betriebsverfassungsrechts andererseits wird gefordert, daß die Unternehmensautonomie der Mitbestimmung des Betriebsrats Grenzen setzen müßte, was jedoch in weitem Umfang von der Rechtsprechung abgelehnt wird.[46]

Anhand einiger Beispiele sowohl aus dem Bereich des Personalvertretungs- als auch des Betriebsverfassungsrechts soll das Maß der Begrenzung der Mitbestimmung durch die Rechtsprechung verdeutlicht und gleichzeitig die neuesten Tendenzen aufgezeigt werden.

4.   Beispiele zur Grenzziehung in der Rechtsprechung

a)   Die Entscheidung des Bundesverwaltungsgerichts vom 09.10.1991[47]

Der Personalrat bei einem Postamt macht ein Mitbestimmungsrecht bei der Anordnung von einer Stunde Überzeit in der Briefverteilung des Postamts geltend, die nur

---

44   Vgl. § 69 Abs. 5 BPersVG sowie §§ 100, 115 Abs. 7 Nr. 4 BetrVG.
45   Kritisch Altvater, Wendeling-Schröder, RiA 1984, 73 (74); Damann, ArbuR 1988, 171, der "Vierzig ungeschriebene Mitbestimmungsschranken im öffentlichen Dienst" beschreibt.
46   S.u. ausführlich 4. Kap I.
47   BVerwG, Beschluß vom 09.10.1991, ZBR 1992, 109.

für einen Tag und für eine bestimmte Uhrzeit erlassen wurde. Dieser Entscheidung zum Umfang der Mitbestimmung lag folgender Sachverhalt zugrunde:

In der Eingangsstelle eines Postamts hatten sich erhebliche Rückstände bei der Verteilung der Kurzbriefe gebildet. Daraufhin ordnete der Dienststellenleiter für den Fastnachtsdienstag im Anschluß an die normale Arbeitszeit eine Überstunde an, ohne den Personalrat um Zustimmung zu bitten. Die Überstunde wurde auch von den Beschäftigten zum vorgesehen Zeitpunkt geleistet. Der Personalrat begehrte nunmehr festzustellen, daß die Anordnung von Überzeit sein Beteiligungsrecht verletzt habe.

Bei der Prüfung der Frage, ob die Anordnung von einer Stunde Überzeit der Mitbestimmung unterliegt, differenziert das Gericht zwischen der Anordnung der Überstunde - dem "ob" der Entscheidung - und dem Zeitpunkt der Überstunden - dem "wie" der Entscheidung. So führt das Gericht aus, daß das Mitbestimmungsrecht gemäß § 75 Abs. 3 Nr. 1 BPersVG dann ausgeschlossen sei, wenn der Zeitpunkt der Überstunde so eng mit deren Anordnung verknüpft sei, daß beides nicht voneinander getrennt werden könne. In Fällen, in denen für zeitliche Dispositionen kein Raum mehr sei, müsse die Mitbestimmung entfallen, da andernfalls unzulässigerweise der Personalvertretung auch die Mitbestimmung über die staatliche Aufgabenerledigung eingeräumt würde.

Da in dem zu entscheidenden Fall der Personalrat nicht die Mitbestimmung darüber begehrte, ob die Anordnung der Überstunde gerechtfertigt war, sondern nur die Festlegung der Überstunde auf den Karnevalsdienstag beanstandete, also lediglich das "wie" der Anordnung, ist nach Ansicht des Gerichts die Mitbestimmung gegeben, da eine andere zeitliche Disposition bezüglich des Zeitpunkts der Ableistung der Überstunde möglich war.

Im Ergebnis verneint das Bundesverwaltungsgericht dennoch das Mitbestimmungsrecht und zwar mit nachfolgender Begründung: Das gemäß § 75 Abs. 3 Nr. 1 BPersVG gegebene Mitbestimmungsrecht des Personalrats sei unter den Voraussetzungen des § 75 Abs. 4 BPersVG eingeschränkt. Diese Vorschrift beschränke die Mitbestimmung auf die Grundsätze für die Aufstellung der Dienstpläne, insbesondere für die Anordnung von Dienstbereitschaft, Mehrarbeit und Überstunden, wenn für Gruppen von Beschäftigten die tägliche Arbeitszeit nach Erfordernissen, die die Dienststelle nicht voraussehen könne, unregelmäßig und kurzfristig festgesetzt werden müsse. Da nach Ansicht des Bundesverwaltungsgerichts die Voraussetzungen des § 75 Abs. 4 BPersVG erfüllt waren, beschränkte sich nach seiner Auffassung das Mitbestimmungsrecht des Personalrats auf die Beteiligung an der Aufstellung von Grundsätzen über die Anordnung von Überstunden. Da diese Grundsätze im Postamt nicht erlassen worden waren, entfiel das Beteiligungsrecht des Personalrats, obwohl die Voraussetzungen des § 75 Abs. 3 Nr. 1 BPersVG erfüllt waren.

Diese Entscheidung belegt beispielhaft, daß das Bundesverwaltungsgericht bei Gemengelagen zwischen dem Mitbestimmungstatbestand der Arbeitszeiteinteilung und der öffentlichen Aufgabenerfüllung der Dienststelle unterscheidet zwischen dem "ob" und dem "wie" der geplanten Maßnahme. Während für das "ob" die Mitbestimmung abgelehnt wird, soll das "wie" dann der Mitbestimmung unterliegen, wenn für zeitliche Dispositionen Raum ist. Weiterhin wird deutlich, daß das Bundesverwaltungsgericht Ausnahmetatbestände, die die Mitbestimmung ausschließen, extensiv auslegt und dadurch zur Mitbestimmungsfreiheit gelangt.

b) Die Entscheidung des Bundesverwaltungsgerichts vom 19.04.1988[48]

Bei dieser Entscheidung nimmt das Bundesverwaltungsgericht zu den Voraussetzungen und Grenzen vorläufiger Regelungen nach § 69 Abs. 5 BPersVG bei mitbestimmungspflichtigen Maßnahmen Stellung. Der Rechtsstreit lag in folgendem Sachverhalt begründet:

Der Dienststellenleiter eines Postamtes legte dem Personalrat Dienstpläne zur Zustimmung vor, die sich auf die Gestaltung der täglichen Arbeitszeit der Beschäftigten des Bahnpostbegleitdienstes während des Sommerfahrplanes 1984 auswirkten. Unbestritten ist zwischen den Beteiligten, daß die Dienstpläne gemäß § 75 Abs. 3 Nr. 1 BPersVG der Mitbestimmung des Personalrats unterliegen. Der Personalrat verweigerte die Zustimmung zu den Dienstplänen mit einer Begründung, die nicht von vornherein unbeachtlich war. Da eine Einigung zwischen den Beteiligten mit Beginn des Sommerfahrplanes nicht erreicht worden war, setzte der Dienststellenleiter die Dienstpläne uneingeschränkt vorläufig in Kraft. Der Personalrat begehrte nun die Feststellung, daß der Dienststellenleiter nicht berechtigt war, die Dienstpläne entsprechend seinen Vorstellung vorläufig in Kraft zu setzen.

In der Entscheidung über die Rechtmäßigkeit dieser vorläufigen Regelung, führt das Bundesverwaltungsgericht zunächst aus, daß außer Zweifel stehe, daß der Bahnpostbegleitdienst nur nach genauen und verbindlichen Dienstplänen geleistet werden könne. Weiterhin stellt das Gericht fest, daß wegen der zeitlichen Dringlichkeit eine vorläufige Regelung gemäß § 69 Abs. 5 BPersVG grundsätzlich erforderlich war, da die Dienstpläne an den neuen Sommerfahrplan anzupassen waren.

Die vorläufige Inkraftsetzung der Dienstpläne durch den Dienststellenleiter widerspreche jedoch dem bei der Anwendung des § 69 Abs. 5 BPersVG zu beach-

---

48 BVerwG, Beschluß vom 19.04.1988, PersV 1988, 528. Diese Argumentation wurde bestätigt in den Beschlüssen des BVerwG vom 22.08.1988, PersV 1989, 269 und vom 14.03.1989, PersV 1989, 359; s. dazu auch Kunze, PersV 1988, 417; Widmaier, PersV 1989, 421; Pieper, PersR 1990, 123; Reinhard, Gramlich, PersV 1991, 382.

tenden Grundsatz, daß durch die vorläufige Regelung weder rechtlich noch tatsächlich vollendete Tatsachen geschaffen werden dürften. Eine vorläufige Regelung im Sinne dieser Vorschrift sei daher sachlich wie zeitlich auf das unbedingt Notwendige zu beschränken und müsse deshalb in aller Regel in der Sache soweit hinter der beabsichtigten endgültigen Maßnahme zurückbleiben, daß eine wirksame Ausübung des Mitbestimmungsrechts möglich bleibe.

Das Gericht führt dann weiter aus, daß diese Grenze der Ausgestaltung vorläufiger Regelungen ausnahmsweise dann überschritten werden dürfe, wenn nicht nur ein unverzügliches Handeln des Dienststellenleiters unabweisbar geboten sei, sondern wenn die von ihm zu ergreifende Maßnahme der Natur der Sache nach Einschränkungen nicht zulasse (z.B. in Katastrophenfällen oder nach unvorhersehbaren Ereignissen, die ein sofortiges Eingreifen bestimmter Dienstkräfte erfordern). Eine solche vorläufige Regelung des Dienststellenleiters sei jedoch nur dann zulässig, wenn die durch die Beteiligung des Personalrats eintretende Verzögerung zu einer Schädigung überragender Gemeinschaftsgüter oder -interessen führen würde, hinter denen der in der Mitbestimmung liegende Schutz der Beschäftigten ausnahmsweise gänzlich zurücktreten müsse.

In dem vorliegenden Fall hat das Gericht das Vorliegen dieser Voraussetzungen nicht bejaht, da die vorläufige Regelung nicht allein erforderlich gewesen sei um den geordneten Dienstbetrieb in der Dienststelle zu gewährleisten. Hier hätte der Dienststellenleiter eine vorläufige Regelung treffen müssen, die hinter seinen Vorstellung zurückbleibt.

Diese Entscheidung belegt, daß das Gericht die strengen von ihm aufgestellten Voraussetzungen für vorläufige Regelungen im Sinne des § 69 Abs. 5 BPersVG aufzuweichen beginnt. Immer dann, wenn die Funktionsfähigkeit der Dienststelle in Gefahr ist und dabei überragende Gemeinschaftsgüter oder -interessen gefährdet sind, soll eine vorläufige Regelung möglich sein, die der endgültigen Regelung des Dienststellenleiters entspricht.

c) **Der Beschluß des Bundesarbeitsgerichts vom 11.11.1986[49]**

Dieser Entscheidung, bei der das Bundesarbeitsgericht über die Mitbestimmung in einem Eilfall zu entscheiden hatte, wenn der Arbeitgeber Überstunden anordnen will, um die gegenüber Dritten vereinbarten Leistungen termingerecht erbringen zu können, lag folgender Sachverhalt zugrunde:

---

49   BAG, Beschluß vom 11.11.1986, EzA § 87 BetrVG 1972 - Arbeitszeit - Nr. 21 = NZA 1987,
     207 = BB 1987, 544.

Die Arbeitgeberin betreibt ein Rechenzentrum, in dessen Entwicklungsbereich rund 70 Mitarbeiter beschäftigt sind. In diesem Rechenzentrum wird unter anderem die Datenverarbeitung für Banken durchgeführt. Teil des Entwicklungsbereiches sind die Gruppen "dezentrale Datenverarbeitung" und "Dialogverkehr" mit 14 Mitarbeitern, in denen Programme entwickelt und geändert werden (Release). Die Programme werden jeweils zu einem bestimmten Termin freigegeben, in der Regel zweimal im Jahr. Im Dezember 1983 wurden in der Gruppe "dezentrale Datenverarbeitung" Mehrarbeiten durchgeführt, die der termingerechten Fertigstellung des Release dienten. Insbesondere wurden Mehrarbeiten zur Fertigstellung der Programme für den Geldausgabeautomaten geleistet, da diese Programme Anfang Januar 1984 bei den Kunden eingesetzt werden sollten. In dem Zeitraum von Januar bis April 1984 wurden weitere Mehrarbeiten zu Fehlersuche und Fehlerbehebung für die freigegebenen Programme durchgeführt. Der Betriebsrat wurde bei der Anordnung dieser Mehrarbeit nicht beteiligt.

Der Betriebsrat hat hiergegen die Auffassung vertreten, alle Mehrarbeiten, die einen betrieblichen Anlaß hätten, seien mitbestimmungspflichtig. Vor einem Release-Termin komme es regelmäßig zu zeitlichen Engpässen, die dazu führten, daß Mehrarbeit geleistet werden müsse, um den Kunden zugesagte Termine einhalten zu können. Durch die spätere Fehlerbehebung komme es auch wiederum regelmäßig zu unvorhersehbaren Mehrarbeiten nach der Freigabe des Programms. Somit ergebe sich ein generelles Regelungsproblem, bei dem zu entscheiden sei, ob die Mehrarbeit erforderlich sei, welcher Mitarbeiter die Mehrarbeit zu leisten habe, ob Einstellungen notwendig seien, wie die Mehrarbeit verteilt werde, wann sie durchgeführt werden solle und ob die Mitarbeiter sich gegebenenfalls abwechseln sollten.

Das Bundesarbeitsgericht hat dem Feststellungsantrag des Betriebsrats stattgegeben und damit festgelegt, daß der Betriebsrat nach § 87 Abs. 1 Nr. 3 BetrVG immer mitzubestimmen habe, wenn der Arbeitgeber Überstunden anordnen wolle, um die mit Dritten vereinbarten Leistungen termingerecht erbringen zu können. Das Vorliegen eines Eilfalles schließt somit die Mitbestimmung nicht aus. Zum Umfang der Mitbestimmung führt das Bundesarbeitsgericht aus, daß sie sich auf die Regelungsfragen beziehe, ob und in welchem Umfang zur Abdeckung des Arbeitsbedarfs Überstunden geleistet werden sollten oder ob die Neueinstellung eines Arbeitnehmers zweckmäßig wäre und weiterhin wann und vom wem die Überstunden geleistet werden müßten.

Das bedeutet, daß der Betriebsrat nicht nur über die Ausgestaltung der Überstunden, wann und vom wem diese erbracht werden sollen, mitbestimmt, sondern auch über die Anordnung selbst, somit über die Frage "ob" die Überstunden geleistet werden sollen. Seine Grenze soll das Mitbestimmungsrecht dort finden, wo es um die Gestaltung konkreter Arbeitsverhältnisse geht, wo besondere, nur den einzelnen

Arbeitnehmer betreffende Umstände die Maßnahme veranlassen oder inhaltlich bestimmen. Diese Rechtsprechung belegt, daß beim Bundesarbeitsgericht eine Tendenz besteht, das Mitbestimmungsrecht des § 87 Abs. 1 Nr. 3 BetrVG extensiv auszulegen, indem der Betriebsrat auch über die Notwendigkeit der Anordnung der Überstunden zu beteiligen ist. Hieran ändert auch das Vorliegen eines Eilfalles nichts; das Mitbestimmungsverfahren ist durchzuführen.

d) Die "Kaufhausentscheidung" des Bundesarbeitsgerichts[50]

Die maßgebliche Entscheidung des Bundesarbeitsgerichts - Ausgangspunkt der jüngeren Tendenzen in der Arbeitsgerichtsrechtsprechung - ist die sog. "Kaufhausentscheidung". Sie belegt, daß im Bereich des Betriebsverfassungsgesetzes bei der Entscheidung zwischen dem Interesse des Arbeitgebers an einer unternehmensorientierten Entscheidung und den Interessen der Arbeitnehmer an der Durchführung der Mitbestimmung, letzteren grundsätzlich der höhere Rang eingeräumt wird. In diesem, auch "Ladenschlußzeitenentscheidung" genannten Beschluß hat das Bundesarbeitsgericht entschieden, daß das Mitbestimmungsrecht des Betriebsrates auch eine solche Arbeitszeitregelung umfaßt, die dem Unternehmer die vollständige Ausschöpfung der gesetzlichen Ladenschlußzeiten nicht mehr ermöglicht. Der zugrundeliegende Sachverhalt stellt sich wie folgt dar.

Die Arbeitgeberin betreibt eine Kette von Kaufhäusern. Mit der Eröffnung eines der Kaufhäuser wurde eine Arbeitszeitregelung für das Verkaufspersonal von der Arbeitgeberin eingeführt, wonach die Arbeitszeit dergestalt festgelegt wurde, daß die Verkaufsstelle während der gesetzlichen Ladenöffnungszeiten geöffnet war. Nachdem in dem Kaufhaus ein Betriebsrat gewählt worden war, begehrte dieser im Rahmen eines Initiativantrags eine Arbeitszeitregelung für alle im Verkauf beschäftigten Arbeitnehmer, die früher endete als die gesetzlich zulässige Ladenöffnungszeit. Da es hierüber mit dem Arbeitgeber zu keiner Einigung kam, wurde die Einigungsstelle angerufen, die im Ergebnis einen Beschluß faßte, der die Vorverlegung der Arbeitszeit im Grundsatz billigte. Die Arbeitgeberin griff diesen Spruch der Einigungsstelle gerichtlich an und trug vor, daß der Spruch der Einigungsstelle unwirksam sei. Dem Betriebsrat stehe hinsichtlich des Beginns und des Endes der Arbeitszeit des Verkaufspersonals kein Mitbestimmungsrecht - jedenfalls kein Initiativrecht - zu, wenn sich die Arbeitszeitregelung unmittelbar auf die Ladenöffnungszeiten auswirke. Mit einer Entscheidung über die Ladenöffnungszeiten greife der Betreibsrat unmittelbar in den Kernbereich der unternehmerischen Entscheidungs-

---

50 BAG, Beschluß vom 31.08.1982, EzA § 87 BetrVG 1972 - Arbeitszeit - Nr. 13 = AP § 87 BetrVG 1972 - Arbeitszeit - Nr. 8.

freiheit ein. Darüber hinaus habe die Einigungsstelle die Grenzen des ihr vorgegebenen Ermessens überschritten. Sie habe berechtigte Belange des Betriebes nicht berücksichtigt, da ein früherer Ladenschluß zu einem erheblichen Umssatzrückgang führen müsse. Dem stünden wesentliche Interessen der Arbeitnehmer an einem früheren Ende der Arbeitszeit nicht entgegen.

Das Bundesarbeitsgericht hat demgegenüber die Wirksamkeit des Spruches der Einigungsstelle bejaht. Dem Betriebsrat stehe ein Mitbestimmungs- und Initiativrecht zu. Dieses würde in seinem Umfang nicht dadurch beschränkt, daß die Festlegung der Arbeitszeit der im Verkauf beschäftigten Arbeitnehmer Einfluß auf die Ladenöffnungszeiten des Verkaufsstellen betreibenden Unternehmers habe. Nach den Ausführungen des Bundesarbeitsgerichts erlaube der Wortlaut des § 87 Abs. 1 Nr. 2 BetrVG eine derartige Arbeitszeitregelung, die der Betriebsrat im konkreten Fall im Wege des Initiativantrages beantragt hatte und die von der Einigungsstelle gering modifiziert bestätigt wurde. Das Bundesarbeitsgericht verneint damit die Frage, ob dem gesetzlich normierten Mitbestimmungsrecht in Arbeitszeitfragen Schranken gesetzt sind.

Fast alle Rezensenten dieser Entscheidung lehnen sie im Ergebnis ab.[51] Dogmatisch treten sie der ausschließlichen Wortlautinterpretation des Bundesarbeitsgerichts entschieden entgegen, indem sie auf Grundentscheidungen der Betriebsverfassung, wie beispielsweise den Grundsatz der Mitbestimmungsfreiheit unternehmerischer Entscheidungen, rekurrieren oder auf die negativen praktischen Folgen dieser Auslegung des Bundesarbeitsgerichts verweisen.

e) Die Problematik dieser Entscheidungen

Was die Rechtsprechung der Gerichte der Verwaltungsgerichtsbarkeit betrifft, belegen die vorgestellten Entscheidungen, wie ein tatbestandlich grundsätzlich gegebenes Mitbestimmungsrecht der Personalvertretung durch extensive Auslegung eines Gegenrechtes außer Vollzug gesetzt werden kann. Wie beide Fälle zeigen, werden hierfür oftmals Gegenargumente von Verfassungsrang - wie die "Funktionsfähigkeit der Verwaltung" - zur Begründung herangezogen, sei es um das "ob" einer Entscheidung mitbestimmungsfrei zu halten, sei es um vorläufige Regelungen zu rechtfertigen.

Die Beispiele der Arbeitsgerichtsrechtsprechung machen deutlich, daß in diesem Bereich dem Mitbestimmungsrecht der Betriebsräte eine Bedeutung beigemessen wird, die weit in die unternehmerische Entscheidungsfreiheit hineinragt. Bei der

---

51 U.a. Joost, DB 1983, 1818; Löwisch, SAE 1983, 141; Rath-Glawatz, AP § 87 BetrVG 1972 - Arbeitszeit - Anm. zu Nr. 8; s. dazu ausführlich u. 4. Kap. I 1.

Konkurrenz zwischen betrieblicher Öffnungszeit als Teil der Unternehmensautonomie und Arbeitszeitmaßnahme, deren Regelung der betrieblichen Mitbestimmung
unterliegt, bleibt es auch dann bei dem gesetzlich normierten Beteiligungsrecht des
Betriebsrats, wenn gravierend in die unternehmerische Entscheidungsfreiheit eingegriffen wird. Selbst in einem Eilfall von betrieblicher Bedeutung gewährt das
Bundesarbeitsgericht keine Ausnahme von der Geltung des Mitbestimmungsrechtes
des Betriebsrats und legt dem Arbeitgeber somit auch in Eilfällen die Verpflichtung
auf, das Mitbestimmungsverfahren durchzuführen.

Diese Rechtsprechung des Bundesarbeitsgerichts ist insoweit für einen Vergleich
mit der Rechtslage im Bereich des Personalvertretungsrechts bedeutsam, als dort
gesetzlich normierte Mitbestimmungsrechte aufgrund als höherwertig erkannter
Interessen des Dienstherrn nicht zum Zuge kommen, somit eine gegenläufige Entscheidungspraxis manifest wird.[52]

Bevor die Frage nach der Legitimation dieser unterschiedlichen Entscheidungspraxis und somit nach den Grenzen der gesetzlichen Mitbestimmung bei Arbeitszeitfragen umfassend untersucht werden kann, soll nachfolgend gezeigt werden,
daß dies für die beiden Regelungsbereiche des Betriebsverfassungs- und des Personalvertretungsrechts getrennt erfolgen muß.

III. Unterschiede zwischen dem Bundespersonalvertretungsgesetz und dem Betriebsverfassungsgesetz

Grenzen, Umfang und Inhalt der Mitbestimmung bei Arbeitszeitfragen wären für die
beiden Regelungsbereiche des Betriebsverfassungsgesetzes und des Personalvertretungsgesetzes unter der Voraussetzung gemeinsam zu untersuchen, daß bei der
Auslegung und Anwendung von Mitbestimmungstatbeständen des Betriebsverfas-
sungs- oder des Personalvertretungsrechts dieselben Kriterien zugrundezulegen
wären.

Hinsichtlich des Mitbestimmungstatbestandes bei Arbeitszeitfragen läge eine solche Vermutung nahe, da die Formulierung im Bundespersonalvertretungsgesetz
derjenigen des Betriebsverfassungsgesetzes fast wortgleich nachempfunden ist.

Im Gegensatz dazu ist zu berücksichtigen, daß das Personalvertretungsrecht gegenüber dem Betriebsverfassungsrecht eine selbständige Gesetzesmaterie darstellt.
Selbst wenn der Schutzzweck der konkreten Norm miteinander vergleichbar wäre,
könnte es sein, daß in den beiden Regelungsbereichen Umfang und Grenzen der

---

52 Vgl. zu dieser Entwicklung Becker, ZBR 1988, 241.

Mitbestimmung aus verfassungsrechtlichen Gründen unterschiedlich bewertet werden müssen.

1. Die Regelungen des Grundgesetzes

Daß es sich bei den Regelungen des Betriebsverfassungsgesetzes und des Bundespersonalvertretungsgesetzes um zwei verschiedene Materien der Gesetzgebung handelt, ergibt sich aus der Kompetenzverteilung des Grundgesetzes. Als Materie der konkurrierenden Gesetzgebungszuständigkeit des Bundes ist in Art. 74 Ziff. 12 GG das Arbeitsrecht einschließlich der Betriebsverfassung, des Arbeitsschutzes und der Arbeitsvermittlung sowie die Sozialversicherung einschließlich der Arbeitlosenversicherung aufgeführt.

Dem gegenüber ist im Grundgesetz die Gesetzgebungszuständigkeit für den öffentlichen Dienst, d.h. für den beamteten und nichtbeamteten, davon abweichend in Art. 73 Ziff. 8 und Art. 75 Ziff. 1 GG geregelt; in diesem Bereich steht dem Bund die ausschließliche bzw. die Rahmengesetzgebung zu für die Rechtsverhältnisse der im öffentlichen Dienst von Bund, Ländern, Gemeinden und Körperschaften des öffentlichen Rechts stehenden Personen.[53]

2. Die Rechtsnatur des Personalvertretungsrechts

Nachdem mit § 88 BetrVG 1952 der Anwendungsbereich dieses Gesetzes zweifelsfrei festgelegt war,[54] entbrannten bei den Beratungen zum Personalvertretungsgesetz 1955 um die Frage, ob Streitigkeiten aus dem Personalvertretungsrecht vor die Arbeitsgerichte oder die Verwaltungsgerichte gebracht werden sollten, heftige Auseinandersetzungen.

Die Zuständigkeit den Arbeitsgerichten zuzuweisen, wurde vor allem damit begründet, daß der Sinn der Personalvertretung in der Interessenvertretung der Bediensteten gegenüber dem Dienststellenleiter liege, weshalb die Interessenlage unmittelbar vergleichbar mit dem Betriebsverfassungsrecht sei. Die Personalvertretung stelle insoweit die Betriebsverfassung für den Bereich des öffentlichen Dienstes dar. Sie erfülle somit eine soziale Gegenfunktion und sei niemals Organ der Verwaltung.

---

53 Vgl. Wacke, Grundlagen des öffentlichen Dienstrechts, S. 19 ff.

54 § 88 BetrVG 1952 entspricht § 130 BetrVG 1972 und besagt: "Dieses Gesetz findet keine Anwendung auf Verwaltungen und Betriebe des Bundes, der Länder, der Gemeinden und sonstiger Körperschaften, Anstalten und Stiftungen des öffentlichen Rechts".

Folgerichtig seien Streitigkeiten aus dem Personalvertretungsgesetz aus Gründen der Rechtssystematik den Arbeitsgerichten zuzuordnen.[55]

Die Kompetenzverteilung des Grundgesetzes stehe dieser Auffassung nicht entgegen. Mit der Zuordnung in Art. 73 Ziff. 8 GG, wonach der Bund die ausschließliche Gesetzgebung über die Rechtsverhältnisse der im Dienste des Bundes und der bundesunmittelbaren Körperschaften des öffentlichen Rechts stehenden Personen habe, sei nicht gesagt, daß alle diese Materien öffentliches Dienstrecht im Sinne von Verwaltungsrecht seien. Das öffentliche Dienstrecht trage insgesamt keinen einheitlichen Charakter; so behaupte auch niemand, das Recht der Einzelarbeitsverhältnisse der im öffentlichen Dienst stehenden Arbeitnehmer sei Verwaltungsrecht und kein Arbeitsrecht. Aus Art. 75 Ziff. 1 GG könne daher nichts im Sinne einer Zuordnung der von Personalvertretungsgesetzen zu regelnden Materien entnommen werden.[56]

Auch aus der Sicht heutiger Autoren ist die gesetzgeberische Entscheidung, Streitigkeiten aus den Personalvertretungsgesetzen den Verwaltungsgerichten zuzuordnen, zumindest problematisch.[57] Zur Begründung wird vor allem darauf abgestellt, daß sich die Grenzziehung zwischen dem Anwendungsbereich des Personalvertretungsgesetzes und des Betriebsverfassungsgesetzes nicht in erster Linie an den Besonderheiten des öffentlichen Dienstes orientiere, sondern vielmehr ausschließlich formal danach erfolge, ob der Rechtsträger dem öffentlichen oder dem Privatrecht angehöre. Aufgrund dieser formalen Abgrenzung unterfielen zahlreiche Betriebe dem Personalvertretungsrecht, obwohl in ihnen überhaupt kein Beamter tätig sei und sich diese nicht in ihrer Organisation und Zielsetzung von den Betrieben der Privatwirtschaft unterscheiden würden. Aus diesem Grunde sei es sehr problematisch, daß der Rechtsweg bei der Entscheidung gleichgelagerter Probleme aufgesplittet sei.[58]

Dennoch ist der Gesetzgeber diesen Weg gegangen, indem er festlegte, daß die Verwaltungsgerichte über Streitigkeiten aus dem Personalvertretungsgesetz entscheiden. Somit hat sich bereits im Jahre 1955 die öffentlich-rechtliche Auffassung

---

55 Vgl. Müller, AuR 1955, 143; ebenso im Ergebnis Nipperdey in Hueck-Nipperdey, Lehrbuch des Arbeitsrechts II, 2. Halbband, S. 1245; Nipperdey, Das Mitbestimmungsrecht im öffentlichen Dienst, S. 18; Rewolle/Lorenz, BPersVG, Vorbem. vor § 1 Rdnr. 4; dies., AuR 1958, 75.

56 So auch Müller, AuR 1955, 143 (145).

57 Vgl. Dietz/Richardi, BPersVG, Vorbem. vor § 83 Rdnr. 2; Richter, PersR 1993, 54; Düwell, NZA 1991, 929.

58 So Dietz/Richardi, BPersVG, Vorbem. vor § 1 Rdnr. 18.

durchgesetzt; bei der Novellierung 1974 wurden die entsprechenden Vorschriften ohne Änderungen in das Bundespersonalvertretungsgesetz übernommen.[59]

Auch wenn das Bundespersonalvertretungsgesetz dem Betriebsverfassungsgesetz nachgebildet ist, darf dies nicht über die Rechtsnatur des Personalvertretungsrechts hinwegtäuschen:

Das Personalvertretungsrecht ist nicht Arbeits- oder Betriebsverfassungsrecht; es ist öffentliches Dienstrecht, als solches dem besonderen Verwaltungsrecht zuzuordnen und zählt zum öffentlichen Recht.[60]

Zur Begründung wird zurecht den Anhängern der arbeitsrechtlichen Auffassung entgegengehalten, daß mit der Kompetenzentscheidung des Grundgesetzes die Materie des Personalvertretungsrechts dem öffentlichen Dienstrecht zugeordnet wurde. Aufgrund der Tatsache, daß der Gesetzgeber bei Erlaß des Bundespersonalvertretungsgesetzes 1955 nicht die Gesetzgebungskompetenz gemäß Art. 74 Ziff. 12 GG in Anspruch genommen hat, folgt, daß es sich bei der zu regelnden Materie nicht um Betriebsverfassungsrecht oder Arbeitsrecht handelt. Selbst wenn man die Auffassung vertritt, daß diese Kompetenznormen des Grundgesetzes über die materiell-rechtliche Natur der zu regelnden Materie nichts aussagen,[61] ergibt sich der öffentlich-rechtliche Charakter des Personalvertretungsrechts aus der Stellung der Personalvertretung im Gefüge der öffentlichen Verwaltung. Sie ist Institution, somit Organ innerhalb der öffentlich-rechtlichen Behördenorganisation. Im Gegensatz zu der Betriebsratstätigkeit, die ausschließlich auf die Wahrnehmung der Interessen der Belegschaft gerichtet ist, hat sich die Personalratsarbeit auch noch an anderen Interessen zu orientieren. Diese werden von der Aufgabenstellung der öffentlichen Verwaltungen und Betriebe bestimmt. Die öffentliche Verwaltung ist an gesetzliche Aufträge gebunden und unterliegt der Kontrolle der Volksvertretung.[62] Regierungsverantwortung und parlamentarische Kontrolle können mit Mitwirkungsrechten der Personalvertretung kollidieren. Die Beteiligung der Mitarbeiter kann die Leistungserbringung der Verwaltung der Allgemeinheit gegenüber beeinflussen. Somit wird durch die Ausübung von Befugnissen, die durch das Personalvertretungsrecht den Personalräten übertragen wurden, indirekt auch in Entscheidungen der öffentlichen Verwaltung eingegriffen. Die Mitwirkung und Mitbestimmung bei hoheitlichen Entscheidungen kann jedoch nur Institutionen anvertraut werden, die im öffentlichen Recht wurzeln und deren Rechtsverhältnisse sich daher nach öffentlichem Recht

---

59   Im Bericht des Innenausschusses, BT-Drucksache 7/1373, S. 6, ist lediglich ausgeführt, daß etwa notwendige Änderungen bei der Reform des öffentlichen Dienstrechts zu erörtern seien.

60   Vgl. Thiele, PersV 1990, 99; Iberz, Die Personalvertretung, S. 19; Söllner, Personalvertretungsrecht, S. 27; Widmaier, Dissertation, S. 46 ff.

61   So Spectator Juris, RdA 1955, 121.

62   Vgl. Iberz, Die Personalvertretung, S. 21.

richten.[63] Aufgrund dieses organisatorischen Standortes der Personalvertretungen ergeben sich Verpflichtungen, denen die Betriebsräte nicht unterworfen sind, deren Tätigkeit ausschließlich darin besteht, die Interessen der Belegschaft wahrzunehmen, während das Streben des Betriebes und des Unternehmens auf Gewinnmaximierung gerichtet ist.

Zusammenfassend ergibt sich somit, daß die Einbindung der Personalvertretung in die öffentliche Verwaltung und deren Teilnahme an öffentlich-rechtlichen Entscheidungen bewirken, daß die Regelungen der Personalvertretungsgesetze Teil des öffentlichen Rechts sein müssen. Die Stellung der Personalvertretung im Gefüge der Struktur des öffentlichen Dienstes ist öffentlich-rechtlicher Natur. Dem steht nicht entgegen, daß arbeitsvertragliche Rechtsbeziehungen zwischen öffentlichem Dienstherrn und Arbeitnehmer privatrechtlicher Natur sind, da diese Rechtsbeziehungen weder Einfluß noch Auswirkungen auf Entscheidungen der öffentlichen Verwaltung und der Erfüllung staatlicher Aufgaben haben.

Schließlich würde eine Zuordnung des gesamten Personalvertretungsrechts, - auch desjenigen der Beamten - zum Arbeitsrecht gegen Art. 33 Abs. 5 GG[64] verstoßen. Die Einrichtung von Beamtenvertretungen entspricht einem hergebrachten Grundsatz des Berufsbeamtentums,[65] so daß die Regelung des Personalvertretungsrechts nicht die Regelung einer neuen Materie darstellt, für die es noch keine solchen Grundsätze gäbe. Wird in einem Personalvertretungsgesetz die Vertretung der Beamten, Angestellten und Arbeiter in einer Personalvertretung festgelegt, so ergibt sich hieraus zwingend der öffentlich-rechtliche Charakter dieser Institution. Den Kerngehalt der in Art. 33 Abs. 4 GG gewährleisteten Institution des Berufsbeamtentums ist es, daß das Beamtenrecht frei von arbeitsrechtlichen Bestandteilen und allein öffentlich-rechtlicher Natur ist. Da in den Personalvertretungen auch Beamten repräsentiert sind, bestünden gegen eine Rechtswegverweisung an die Arbeitsgerichte somit tiefgreifende Bedenken; der Rechtsweg zu den Arbeitsgerichten würde als mit Art. 33 Abs. 5 GG nicht vereinbar gelten müssen.[66]

De lege ferenda wäre ein einheitliches, am privatrechtlichen Angestelltenverhältnis ausgerichtetes öffentliches Dienstrecht zwar denkbar, in der heutigen Gesetzeswirklichkeit ist es jedenfalls nicht realisiert.[67] Solange es die Unterteilung in Be-

---

63 So Grabendorff, ZBR 1955, 137.
64 Art. 33 Abs. 5 GG besagt, daß das Recht des öffentlichen Dienstes unter Berücksichtigung der hergebrachten Grundsätze des Berufsbeamtentums zu regeln ist.
65 Zur Historie unter der Geltung der Weimarer Republik Verfassung s.o. 1. Kap. I.
66 Ebenso Grabendorff, ZBR 1955, 139; Widmaier, Dissertation, S. 47 kommt zu demselben Ergebnis, jedoch mit einer anderen Begründung.
67 Vgl. dazu Studienkommission für die Reform des öffentlichen Dienstrechts, 5. Band, Verfassungsrechtliche Grenzen einer Reform des öffentlichen Dienstrechts.

amte, Angestellte und Arbeiter im öffentlichen Dienst gibt und die Personalvertretung alle drei Gruppen repräsentiert, ist Personalvertretungsrecht öffentliches Dienstrecht und somit dem öffentlichen Recht zuzurechnen.

Zusammenfassend läßt sich somit feststellen, daß mit der Zuweisung der Streitigkeiten aus dem Personalvertretungsgesetz zu den Verwaltungsgerichten eine sachgerechte Entscheidung getroffen wurde. Gemeinsamkeiten zwischen den beiden Regelungsbereichen liegen unbestrittenermaßen vor und haben ihren gesetzlichen Niederschlag darin gefunden, daß vor den Verwaltungsgerichten das arbeitsgerichtliche Beschlußverfahren gemäß §§ 80 bis 98 ArbGG zur Anwendung kommt. Weiterhin wurden bei den Verwaltungsgerichten des ersten und zweiten Rechtszuges Fachkammern bzw. Fachsenate für Personalvertretungsangelegenheiten gebildet, die in ihrer Zusammensetzung denjenigen der Arbeitsgerichte und Landesarbeitsgerichte nachgebildet wurden, indem sie mit einem Vorsitzenden und zwei ehrenamtlichen Richtern besetzt sind.[68]

3. Besonderheiten der Personalvertretungsgesetze

Das Bundespersonalvertretungsgesetz ist als Parallelgesetz zum Betriebsverfassungsgesetz gestaltet worden, weshalb insbesondere bei den Beteiligungskatalogen manche Regelungen fast wortgleich abgefaßt sind. Dennoch ergeben sich aufgrund der Behördenstruktur, der Besonderheit des Verwaltungsverfahrens und der öffentlichen Verwaltung wesentliche Abweichungen vom Betriebsverfassungsgesetz. Vier Bereiche, die im Betriebsverfassungsgesetz keine Parallele habe, sollen hier hervorgehoben werden.

a) Der Behördenaufbau

Der Aufbau der staatlichen Verwaltung ist meist dreiteilig und gliedert sich in eine Oberste, Mittel- und Unterbehörde auf Bundes- oder Landesebene. Zwar geht das Gesetz von der einzelnen Dienststelle, die dem Betrieb entspricht, aus, die Behördenhierarchie spiegelt sich jedoch in den Stufenvertretungen wieder. Dem Aufbau der Verwaltung entsprechend werden Personalvertretungen gebildet. Auf der Ebene des Ministeriums wird ein Hauptpersonalrat, auf der Ebene der Mittelbehörde ein Bezirkspersonalrat und auf der unteren Ebene ein (örtlicher) Personalrat gewählt. Die Zuständigkeit der einzelnen Personalvertretungen richtet sich nach der Zuständigkeit der jeweiligen Behörde.

---

68   So § 84 BPersVG.

b) Die Dreigliederung des öffentlichen Dienstrechts

Die Personalvertretungsgesetze berücksichtigen die Dreigliederung des öffentlichen Dienstes in das Recht der Beamten, Angestellten und Arbeiter. Die Zusammensetzung des Personalrats orientiert sich an diesen Gruppen. So werden beispielsweise die Wahlen zu den Personalvertretungen grundsätzlich nach Gruppen getrennt durchgeführt (§ 19 Abs. 2 BPersVG). Auch bei der Beteiligung in Mitbestimmungsangelegenheiten spielt die Gruppenzugehörigkeit eine Rolle (§§ 75, 76 BPersVG).

c) Die Zulässigkeit von Dienstvereinbarungen

Gemäß § 73 Abs. 1 BPersVG sind Dienstvereinbarungen nur zulässig, soweit sie im Gesetz ausdrücklich vorgesehen sind. Demgegenüber kennt das Betriebsverfassungsgesetz die Möglichkeit erzwingbarer Betriebsvereinbarungen, da diese auf einem Spruch der Einigungsstelle beruhen können (§ 77 Abs. 2 BetrVG).[69]

d) Der Grad der Beteiligung

Im Bundespersonalvertretungsgesetz wird zwischen verschiedenen Graden der Beteiligung unterschieden. Die Abgrenzung, welche Tatbestände mit der Beteiligungsform der Mitbestimmung und welche mit der Mitwirkung ausgestattet sind, entspricht oftmals nicht derjenigen des Betriebsverfassungsgesetzes. Die Mitbestimmung in Arbeitszeitfragen ist jedoch in beiden Bereichen mit den höchsten Grad der Beteiligung, der vollen Mitbestimmung, ausgestattet. Dies gilt auch für sämtliche Landespersonalvertretungsgesetze.

4. Unterschiedliche Auslegung vergleichbarer Bestimmungen des Bundespersonalvertretungs- und des Betriebsverfassungsgesetzes

Trotz der tiefgreifenden Unterschiede zwischen den beiden Gesetzen, gibt es Regelungen, die fast wortgleich abgefaßt sind. Insbesondere einzelne Mitbestimmungstatbestände sind nahezu identisch.[70]

Da die Entscheidungen über Streitigkeiten aus dem Personalvertretungsrecht den Verwaltungsgerichten und diejenige aus dem Betriebsverfassungsrecht den Arbeitsgerichten zugewiesen wurden, ist eingetreten, was zu erwarten war: Arbeitsgerichte

---

69 Vgl. Reinert, RiA 1992, 4.
70 So auch die Regelung über die Mitbestimmung in Arbeitszeitfragen.

und Verwaltungsgerichte entscheiden in ein und derselben Auslegungsfrage über
einen fast identisch formulierten Mitbestimmungstatbestand unterschiedlich. Somit
konzentriert sich die Auseinandersetzung heute nicht mehr auf die Zugehörigkeit
des Personalvertretungsrechts zum öffentlichen oder zum Arbeitsrecht, sondern
vielmehr auf die Frage, ob sich die Rechtsprechung des Bundesarbeitsgerichts zum
Betriebsverfassungsgesetz einschränkungslos zur Auslegung vergleichbarer Bestimmungen des Personalvertretungsgesetzes heranziehen läßt[71] oder ob eine unterschiedliche Auslegung der beiden Gesetze legitimiert ist.

a)   Einfachgesetzliche Auslegung

Eine bloße Wortlautinterpretation der gesetzlichen Bestimmungen des Betriebsver-
fassungs- und des Personalvertretungsgesetzes müßte in diesen Fällen notwendigerweise zu einer einheitlichen Auslegung führen. Denn oftmals wurden Wortfolgen
des Betriebsverfassungsgesetzes von dem Gesetzgeber in das Bundespersonalvertretungsgesetz und in die Personalvertretungsgesetze der Länder ohne Änderungen
übernommen. Sie stehen zudem vielfach systematisch an der gleichen Stelle des
jeweiligen Gesetzes und ein Blick in die Entstehungsgeschichte der später erlassenen
Normen der Personalvertretungsgesetze zeigt, daß diese teilweise bewußt von dem
Betriebsverfassungsgesetz übernommen wurden.[72]

Beachtet werden muß jedoch, daß diese gleichlautenden Regelungen im Kontext
des jeweiligen Gesetzes gesehen werden müssen und somit Gegenstand des Gel-
tungsbereichs dieses Gesetzes sind. Zu der somit entscheidenden Frage, ob die Gel-
tungsbereiche des Bundespersonalvertretungs- und des Betriebsverfassungsgesetzes
übereinstimmen, führt der Gemeinsame Senat der obersten Gerichtshöfe des Bundes
in seiner Entscheidung vom 12.03.1987[73] aus:

"Das Betriebsverfassungsrecht knüpft allein an die persönliche Eingliederung des
arbeitenden Menschen in einen Betrieb auf der Grundlage eines Arbeits- oder Be-
rufsausbildungsverhältnisses an. Das Personalvertretungsrecht als Teil des Rechts des
öffentlichen Dienstes regelt demgegenüber den kollektivrechtlichen Schutz derjenigen,
die in den öffentlichen Dienst eingegliedert sind. Darin liegt trotz mancher Gemeinsamkeiten zwischen beiden Rechtsbereichen ein wesentlicher Unterschied, den

---

71 Vgl. die gleichlautende Abhandlung von Windscheid, PersV 1977, 287.
72 Vgl. Wendeling-Schröder, PersR 1987, 266 zu der Vorschrift des § 4 Abs. 1 BPersVG im
    Verhältnis zu § 5 Abs. 1 BetrVG.
73 Gem. Senat OGB, Beschluß vom 12.03.1987, PersV 1987, 461 = DB 1987, 1792 = PersR
    1987, 264 mit Anm. Wendeling-Schröder; dazu auch Hanau, DB 1987, 2356. Das Gericht
    wurde vom 6. Senat des BAG zur Entscheidung angerufen, ob die Wortfolge "zu ihrer Be-
    rufsausbildung Beschäftigte" in § 5 Abs. 1 BetrVG und § 4 Abs. 1 BPersVG einheitlich aus-
    zulegen sind.

der Gesetzgeber auch stets hervorgehoben und beachtet hat. Er ergibt sich aus der besonderen, von Beschäftigungsverhältnissen in der Privatwirtschaft abweichenden Aufgabe des öffentlichen Dienstes. Die im öffentlichen Dienst Tätigen sind - anders als die in der Privatwirtschaft Beschäftigten - "Diener der Gesamtheit des Volkes", die an der Erfüllung öffentlicher Aufgaben mitwirken. Die personelle Geltung des Personalvertretungsrechts setzt daher die Zugehörigkeit zu dem derart zu verstehenden öffentlichen Dienst voraus."[74]

Aus dieser Argumentation ergibt sich somit, daß die unterschiedliche Auslegung zweier gleichlautender Normen des Personalvertretungs- und des Betriebsverfassungsrechts immer dann gerechtfertigt ist, wenn es die Besonderheiten des öffentlichen Dienstes erfordern.[75] Andererseits hat das Bundesverwaltungsgericht ausgeführt, daß in Fällen, in denen ein Mitbestimmungstatbestand nahezu wortgleich demjenigen des Betriebsverfassungsgesetzes nachgebildet ist, (zunächst) davon auszugehen ist, daß der Gesetzgeber für die Personalvertretungen eine gleichartige Beteiligungsbefugnis begründen wollte.[76]

Für die Auslegung eines jeden Mitbestimmungstatbestandes bedeutet dies, daß dieser nach den anerkannten Auslegungskriterien der Vergleichbarkeit des Wortlautes, der Entstehungsgeschichte, der Systematik und des Zweckes der Vorschrift zu prüfen ist. Hierbei ist jedoch zu berücksichtigen, daß die Wortfolge im konkreten Fall trotz Übereinstimmung im Betriebs- und Personalvertretungsrecht nach unterschiedlichen Prinzipien ausgelegt werden muß.[77] Somit führen bereits auf einfach gesetzlicher Ebene die den beiden Gesetzen zugrundeliegenden Verschiedenheiten zur Anwendung unterschiedlicher Prinzipien und legitimieren die verschiedene Interpretation wortgleicher Vorschriften. Entgegen der Auffassung Hanaus[78] verläßt der Gemeinsame Senat mit seiner (oben dargestellten) Argumentation nicht die juristische Auslegungsmethodik. Das Gericht führt lediglich aus, daß bereits bei der Wortlautinterpretation der Kontext des entsprechenden Gesetzes einbezogen werden muß, der dann trotz Wortgleichheit in den beiden Gesetzen zu einer unter-

---

74 Der Gem. Senat OGB verweist zur Begründung auf die amtlichen Begründungen zum Entwurf eines Personalvertretungsgesetzes des Bundes, BT-Drucksache I/3552, S. 14 f, sowie zum Entwurf eines Bundespersonalvertretungsgesetzes, BR-Drucksache 306/72, S. 26.

75 So auch Hanau, DB 1987, 2357.

76 BVerwGE 75, 365 (371) = ZBR 1987, 247.

77 Wendeling-Schröder, PersR 1987, 266, führt in ihrer Anmerkung zu der o.g. Entscheidung des Gem. Senat OGB - im Gegensatz zu der hier vertretenen Auffassung - aus, daß eine unterschiedliche Interpretation der wortgleichen Rechtsnormen allenfalls unter dem Gesichtspunkt in Frage käme, daß sich BetrVG und BPersVG in ihren Regelungszwecken grundlegend unterscheiden würden (teleologische Auslegung). Sie führt weiter aus, daß ein solcher Nachweis dem Gemeinsamen Senat nicht gelingen konnte, da die Schutzzwecke nicht nur ähnlich, sondern identisch seien.

78 Hanau, DB 1987, 2356 (2357).

schiedlichen Auslegung führen kann. Dies ist immer dann der Fall, wenn die Besonderheiten des öffentlichen Dienstes es erfordern.

Für den Mitbestimmungstatbestand der Arbeitszeiteinteilung, der in beiden Gesetzen nahezu gleichlautend ist, läßt sich die unterschiedliche Auslegung des Tatbestandsmerkmals "Arbeitszeit" an dem Beschluß des Bundesverwaltungsgerichts vom 01.06.1987 verdeutlichen.[79] In diesem Beschluß hat das Gericht entschieden, daß durch die Anordnung von Rufbereitschaft für die betroffenen Beschäftigten nicht Beginn und Ende der Arbeitszeit in Sinne des § 75 Abs. 3 Nr. 1 BPersVG festgelegt werden. Dies, obwohl das Bundesarbeitsgericht zuvor die Auffassung vertreten hatte, daß es gerechtfertigt und geboten sei, Rufbereitschaftszeiten den Zeiten der Arbeitszeit im Sinne von § 87 Abs. 1 Nr. 2 BetrVG "gleichzustellen", weil der Arbeitnehmer auch durch Rufbereitschaft - ähnlich wie durch die Lage der Arbeitszeit - in der Gestaltung seiner Freizeit beschränkt sei.[80]

Das Bundesverwaltungsgericht sah keinen Grund diese Rechtsprechung für den Anwendungsbereich des § 75 Abs. 3 Nr. 1 BPersVG zu übernehmen und Rufbereitschaft als Arbeitszeit zu behandeln. Der Senat führte hierzu aus:

"Davon, daß Rufbereitschaft keine Arbeitszeit ist, geht ersichtlich auch das Bundesarbeitsgericht aus, da es andernfalls nicht erforderlich gewesen wäre, beide Begriffe einander "gleichzustellen". Wenn das Bundesarbeitsgericht es für geboten hält, jedenfalls für den Bereich der Mitbestimmung Rufbereitschaft als Arbeitszeit zu behandeln, so geht es von der Annahme aus, daß es einen allgemeinen arbeitsrechtlichen und einen davon abweichenden betriebsverfassungsrechtlichen Begriff der Arbeitszeit geben könne. Ob dem für den Bereich des Betriebsverfassungsgesetzes zuzustimmen ist, mag dahinstehen; für den Bereich des Personalvertretungsrechts gilt diese Annahme jedenfalls nicht. Das Personalvertretungsrecht ist Bestandteil des öffentlichen Dienstrechts. Mit dem Begriff "Arbeitszeit" knüpft es an den dienstrechtlichen Begriff an. ... Bei der Arbeitszeit, über deren Beginn und Ende der Personalrat mitzubestimmen hat, handelt es sich um diese und keine davon abweichende, spezifisch "personalvertretungsrechtliche" Arbeitszeit."[81]

Mit dieser Entscheidung wird deutlich, daß bei der Auslegung einer Norm der Kontext des jeweiligen Gesetzes miteinbezogen werden muß. Bei dem Bundespersonalvertretungsgesetz handelt es sich um eine vom Betriebsverfassungsgesetz unabhängige Materie. Den beiden Gesetzen liegen sehr unterschiedliche Prinzipien zugrunde. Die Tatsache, daß das Personalvertretungsrecht Teil des öffentlichen Dienstrechts ist, hat somit für die Auslegung der Mitbestimmungstatbestände maßgebliche Bedeutung.

---

79 BVerwG, Beschluß vom 01.06.1987, ZBR 1987, 346.

80 BAG, Beschluß vom 21.12.1982, BAGE 41, 200 (209).

81 BVerwG, ZBR 1987, 346; kritisch dazu Becker, ZBR 1988, 241 (250 f); Pieper, PersR 1987, 246.

b)   Verfassungsrechtliche Auslegung

Aber nicht nur gesetzesimmanente Unterschiede führen zu unterschiedlicher Norminterpretation, diese wird auch vielfach mit verfassungsrechtlichen Gründen legitimiert. Denn auch die verfassungsrechtliche Ausgangslage der beiden Gesetze ist nicht vergleichbar. In diesem Sinne führt der Gemeinsame Senat im weiteren Verlauf der o.g. Entscheidung aus, daß die unterschiedliche Interpretation auch verfassungsrechtlich geboten sei:

> "Das Sozialstaatsprinzip (Art. 20 Abs. 1 GG) - und ebenso das Grundrecht auf freie Entfaltung der Persönlichkeit (Art. 2 Abs. 1 GG) - rechtfertigt zwar den kollektiven Schutz des arbeitenden Menschen durch Betriebsräte und Personalvertretungen; es gebietet aber nicht diesen Schutz im Bereich des öffentlichen Dienstes und in der Privatwirtschaft in personeller und sächlicher Hinsicht inhaltlich übereinstimmend zu gewährleisten. Vielmehr ist das Personalvertretungsrecht seit jeher ... durch ein mit der Mitbestimmung in Betrieben der Privatwirtschaft nicht vergleichbares System der abgestuften Beteiligung der Personalvertretung, also auch durch sachliche Einschränkungen gekennzeichnet."[82]

Diese Ausführungen leiten auf die Frage über, welchen Rahmen das Grundgesetz der betrieblichen und der personalvertretungsrechtlichen Mitbestimmung vorgibt. Sie dienten jedoch auch als Beleg, daß diese Prüfung für das Betriebsverfassungs- und das Personalvertretungsrecht getrennt erfolgen muß.

---

82   Gem. Senat OGB, Beschluß vom 12.03.1987, PersV 1987, 461 (464).

Zweites Kapitel
Verfassungsrechtliche Grundlagen der gesetzlichen Mitbestimmung

I. Die Vorgeschichte der Mitbestimmungsdiskussion

Die Frage nach den Grundlagen (und Grenzen) der Mitbestimmung wurde in Zeiten gesetzgeberischer Tätigkeit auf diesem Gebiet jeweils umfassend diskutiert.

In den Fünfziger Jahren, als das erste Betriebsverfassungsgesetz, das Bundespersonalvertretungsgesetz und das Montanmitbestimmungsgesetz erlassen wurden, hat die Rechtswissenschaft diese Gesetzgebungsvorhaben insbesondere im Hinblick auf den Umfang der Mitbestimmung aufmerksam begleitet. Im Bereich der Personalvertretungsgesetze wurde der Mitbestimmung von der Rechtsprechung aus verfassungsrechtlichen Gründen Grenzen gesetzt. So kam es auch in diesen Jahren zu der heute noch einzigen Entscheidung des Bundesverfassungsgerichts zu den Grenzen der Mitbestimmung im öffentlichen Dienst.[1] Da für den öffentlichen Bereich mit diesem Urteil der Problemkreis weitgehend geklärt schien, fand in der juristischen Öffentlichkeit bis in die Achtziger Jahre keine eingehende Diskussion mehr statt.

Das wissenschaftliche Interesse lag in den Sechziger und Siebziger Jahren vielmehr auf dem Bereich der Mitbestimmung in der Privatwirtschaft. Fragen nach dem Umfang der Mitbestimmung im betrieblichen Bereich wurden diskutiert als das Betriebsverfassungsgesetz 1972 und für den wirtschaftlichen Bereich als das Mitbestimmungsgesetz 1976 erlassen wurden.[2] Gegenstand umfassender Untersuchungen war insbesondere die Frage, ob der Gesetzgeber zu einer paritätischen Mitbestimmung in wirtschaftlichen Angelegenheiten ermächtigt sei. Die Mitbestimmungsdiskussion wurde vehement geführt.[3] Der Gesetzgeber hatte sich mit dem Erlaß des Mitbestimmungsgesetzes[4] für ein Modell entschieden, das knapp unterhalb der Pari-

---

1 BVerfG, Urteil vom 27.4.1959, BVerfGE 9, 268; s. dazu ausführlich u. 5. Kap. II 3 a.

2 BetrVG vom 15.01.1972, BGBl. I, S. 13; MitbestG vom 04.05.1976, BGBl. I, S. 1153.

3 Vgl. u.a. Raiser, Grundgesetz und paritätische Mitbestimmung; Badura, Paritätische Mitbestimmung und Verfassung; Scholz, Paritätische Mitbestimmung und Grundgesetz; Schwerdtfeger, Unternehmerische Mitbestimmung der Arbeitnehmer und Grundgesetz; Däubler, Das Grundrecht auf Mitbestimmung; Hergt, Mitbestimmung 35 Modelle und Meinungen zu einem gesellschaftspolitischen Problem; Bericht der Biedenkopf-Kommission, BT-Drucksache VI, S. 334.

4 Vgl. die ausführliche Zusammenfassung der Vorgeschichte des MitbestG bei Raiser, MitbestG, Einl. Rdnr. 24 ff.

tät angesiedelt war, indem dem Aufsichtsratsvorsitzenden, der in der Regel von der Eignerseite gestellt wird, im Zweifelsfall ein doppeltes Stimmrecht zusteht.[5] § 27 Abs. 1 MitbestG schließt allerdings nicht aus, daß ein Aufsichtsratsmitglied der Arbeitnehmerseite zum Vorsitzenden des Aufsichtsrats gewählt wird, wenngleich eine solche Konstellation wenig wahrscheinlich ist.

Mit dem Einwand, die Mitbestimmung, die in dem Mitbestimmungsgesetz verwirklicht wurde, wirke trotz der auf den ersten Blick scheinbaren Unterparität wie eine paritätische Mitbestimmung und sei deshalb verfassungswidrig, haben eine Reihe von Unternehmen und Arbeitgeberverbänden Verfassungsbeschwerde gegen dieses Gesetz erhoben. Mit seinem sogenannten "Mitbestimmungsurteil"[6] hat das Bundesverfassungsgericht entschieden, daß die erweiterte Mitbestimmung der Arbeitnehmer nach dem Mitbestimmungsgesetz mit den Grundrechten der von dem Gesetz erfaßten Gesellschaften, der Anteilseigner und der Koalitionen der Arbeitgeber vereinbar sei. Da das Gericht die Verfassungsmäßigkeit des Gesetzes aufgrund dessen Unterparität feststellte,[7] wurde das Urteil zwar von den Befürwortern einer paritätischen Mitbestimmung heftig kritisiert, hat jedoch zu einem gewissen Abschluß der Diskussion geführt, wenngleich weitergehende Ansprüche auf paritätische Mitbestimmung immer wieder formuliert worden sind.[8] Zur Begründung und Rechtfertigung weiterer Beteiligungsansprüche wurde darauf verwiesen, daß mit dem Mitbestimmungsurteil keine verfassungsgerichtliche Entscheidung über eine paritätische Mitbestimmung vorliege, da das MitbestG unterhalb der Parität bleibe, worauf das Bundesverfassungsgericht mehrfach hingewiesen habe.

Zu Beginn der Achtziger Jahre startete der DGB eine Mitbestimmungsinitiative, die alle Ebenen der Mitbestimmung umfaßte.[9] In diesem Zusammenhang ist von dem Bundesvorstand des DGB auch eine Weiterentwicklung des 1974 erlassenen Bun-

---

5 So §§ 27, 29 Abs. 1, 2, 31 Abs. 4 MitbestG; die paritätische Mitbestimmung war somit weiterhin allein im Montan-Mitbestimmungsgesetz verwirklicht, das bereits 1951 (BGBl. I, S. 347) erlassen worden war. In den der Montanmitbestimmung unterliegenden Unternehmen werden die Aufsichtsräte paritätisch mit der gleichen Zahl von Arbeitnehmer- und Anteilseignervertretern sowie einem neutralen Mitglied besetzt.

6 BVerfG, Urteil vom 01.03.1979, BVerfGE 50, 290.

7 Prüfungsmaßstab war primär die Eigentumsfreiheit der betroffenen Unternehmer und Anteilseigner. Das Gesetz war wegen des in § 29 Abs. 2 MitbestG vorgesehenen Stichentscheids des Aufsichtsratsvorsitzenden für verfassungsgemäß erachtet worden; s. dazu ausführlich u. 3. Kap. I.

8 Bspw. GK-MitbestG-Nendrup, Einl. II, Rdnr. 12 ff.

9 Vgl. Breit, Gewerkschaftliche Monatshefte 1982, 593; Döding, dto 1982, 602; Loderer, dto 1982, 611; Pfeiffer, dto 1982, 617; Jung, dto 1982, 627.

despersonalvertretungsgesetzes gefordert worden.[10] Entwürfe wurden erarbeitet, die auch bei Landesgesetzen Vorbildfunktion entfalten sollten.[11]

Diese Vorarbeiten blieben nicht ohne Resonanz. In Nordrhein-Westfalen und Hessen wurden Entwürfe zur Novellierung der Landespersonalvertretungsgesetze vorgelegt, die eine umfassende Diskussion über die Grenzen der Mitbestimmung im öffentlichen Dienst einleiteten. Zu den von den Fraktionen der SPD und "Die Grünen" vorgelegten Entwürfen von "Gesetzen zur Änderung des hessischen Personalvertretungsgesetzes" wurden mehrere Gutachten gefertigt, die sich mit Grundlegung und Grenzen der Mitbestimmung im öffentlichen Dienst umfassend auseinandersetzten.[12]

Nachdem das hessische Personalvertretungsgesetz 1984 in Kraft getreten war,[13] kam es zu einem Normenkontrollverfahren, mit dem die Verfassungsmäßigkeit einzelner Regelungen des hessischen Personalvertretungsgesetzes mit der Landesverfassung überprüft wurde. Seit dem Urteil des Bundesverfassungsgerichts 1959 hatte sich somit zum zweiten Mal ein Verfassungsgericht mit den Fragen nach den Grenzen der Mitbestimmung im öffentlichen Dienst zu befassen.[14] Der Hessische Staatsgerichtshof kam zu dem Ergebnis, daß einzelne Bestimmungen des hessischen Gesetzes nichtig seien, wobei die Kriterien, die das Bundesverfassungsgericht 1959 entwickelt hatte, weitergeführt wurden. Insbesondere wurde tatsächlichen Entwicklungen Rechnung getragen. Noch im gleichen Jahr entschied der Verfassungsgerichtshof des Landes Nordrhein-Westfalen, daß eine Mitbestimmungsregelung nicht mit der Verfassung des Landes Nordrhein-Westfalen vereinbar sei, im wesentlichen unter Berufung auf dieselben Kriterien, die zu der Verfassungswidrigkeit einzelner Bestimmungen des hessischen Landespersonalvertretungsgesetzes geführt hatten.[15]

Kritiker dieser Entscheidungen wandten sich vehement gegen die vorgenommene Kürzung von Mitbestimmungsrechten durch diese beiden Urteile. Sie befürchteten

---

10 DGB-Schriftenreihe: Mitbestimmung Heft Nr. 7.
11 Vorschläge des DGB-Landesbezirks Hessen zur Novellierung des hessischen Personalvertretungsgesetzes Mitbestimmung, Heft Nr. 15.
12 Kisker, Grenzen der Mitbestimmung im öffentlichen Dienst; Ossenbühl, Grenzen der Mitbestimmung im öffentlichen Dienst; Kempen, Grund und Grenze gesetzlicher Personalvertretung in der parlamentarischen Demokratie; Püttner, Stellungnahme zu den verfassungsrechtlichen Grenzen der Mitbestimmung im öffentlichen Bereich; s. dazu ausführlich u. 5. Kap. II.
13 LPersVG Hess vom 11.07.1984, GVBl. S. 181.
14 Hess StGH, Urteil vom 30.04.1986, PersV 1986, 227 = DVBl. 1986, 936 = PersR 1986, 148.
15 VerfGH NRW, Urteil vom 15.09.1986, NVwZ 1987, 211 = AP Art. 20 GG Nr. 14 = DVBl. 1986, 1196 mit zustimmender Anm. von Püttner.

eine Vorbildwirkung für zukünftige Gesetzesvorhaben auf Bundes- und Landesebene.[16]

Diese "Befürchtungen" erwiesen sich jedoch als unbegründet. Vor dem Hintergrund, daß die vorliegenden Urteile nur für das jeweilige Land Geltungsanspruch
besitzen, wurden auf Landesebene Gesetzgebungsvorschläge erarbeitet, die im
Ausmaß ihrer Mitbestimmungsfreundlichkeit noch weit über die Regelungen des
hessischen und nordrhein-westfälischen Personalvertretungsgesetzes hinausgehen.
So erließ das Land Schleswig-Holstein nach dem Regierungswechsel ein Personalvertretungsgesetz, das eine umfassende Mitbestimmung vorsieht und den Namen
"Mitbestimmungsgesetz Schleswig-Holstein" trägt.[17] Ein Gesetz, das ebenfalls eine
umfassende Mitbestimmung vorsieht, wurde nach dem Regierungswechsel 1992 in
Rheinland-Pfalz verabschiedet.[18]

Nach Erlaß des schleswig-holsteinischen Mitbestimmungsgesetzes sind die Befürworter der Entscheidungen von 1986, die der umfassenden Mitbestimmung aus
verfassungsrechtlichen Gründen Grenzen ziehen wollen, erneut wissenschaftlich in
Erscheinung getreten, wodurch die seit den Achtziger Jahren bestehende Diskussion
in die Neunziger Jahre weiter getragen wurde.[19] Ihren Abschluß wird sie wohl erst
finden, wenn das Bundesverfassungsgericht zu den grundsätzlichen Fragen Stellung
genommen haben wird. Der Boden hierfür ist von der Rechtswissenschaft umfassend bereitet.

Die o.g. Mitbestimmungsinitiative des DGB betraf jedoch nicht nur den öffentlichen Bereich. Nachdem mit dem Mitbestimmungsurteil das Bundesverfassungsgericht die Grenzen der unternehmerischen Mitbestimmung festgelegt hatte, wandte
sich die rechtspolitische Diskussion erneut der betrieblichen Mitbestimmung zu. So
wurden zwei Gesetzentwürfe der Fraktion der SPD und der Fraktion "Die Grünen"
vorgelegt, die die Rechte der Betriebsräte umfassend erweitern sollen.[20] Solange
diese Vorhaben der Verwirklichung harren, ist mit einem Ende der Diskussion über
die Ausweitung der Mitbestimmung nicht zu rechnen.[21]

---

16 Vgl. Kempen, ArbuR 1987, 9; Wendeling-Schröder, ArbuR 1987, 381; Altvater, PersR 1986,
    123; Plander, PersR 1987, 13.
17 MBG S-H vom 11.12.1990, GVBl. S. 577; Vorarbeiten hierzu wurden u.a. durch ein Gutach-
    ten geleistet, das im Auftrag der Hans-Böckler-Stiftung und der Gewerkschaft ÖTV von
    Plander erarbeitet wurde; vgl. Plander, PersR 1989, 238.
18 LPersVG Rh-Pf vom 08.12.1992, GVBl. S. 333.
19 Kisker, PersV 1992, 1; Battis, RdA 1992, 12; Schenke, PersV 1992, 289; Lüerßen, PersV
    1991, 293; demgegenüber wird die schleswig-holsteinische Regelung befürwortet von
    Plander, PersR 1990, 345; Fuhrmann, PersV 1991, 124.
20 Entwurf der SPD vom 26.09.1988, BT-Drucksache 11, S. 2995; Entwurf der Fraktion "Die
    Grünen" vom 11.05.1989, BT-Drucksache 11, S. 4525.
21 Vgl. Loritz, ZfA 1991, 1f.

II. Die Bedeutung der Mitbestimmungsdiskussion

Die Frage nach der Verfassungsmäßigkeit der Mitbestimmung der Arbeitnehmer wird in der seit Jahren geführten Diskussion für die Bereiche der Wirtschaft und des öffenlichen Dienstes getrennt aufgeworfen.

Dies erklärt sich zum einen daraus, daß die Autoren, die sich mit der Mitbestimmung im öffentlichen Dienst befassen, aufgrund der grundgesetzlichen Zuordnung zum öffentlichen Recht[22] diesem Bereich angehören und deshalb in der Regel nur Teilaspekte der arbeitsrechtlichen Fragestellung behandeln; für die Mitbestimmung in der Privatwirtschaft gilt dasselbe; aufgrund der Vorreiterrolle der betriebsverfassungsrechtlichen Mitbestimmung vernachlässigen diese Autoren den öffentlichen Bereich meist vollständig.

Zudem bewirkt die verfassungsrechtliche Vorgabe, wonach das Arbeitsrecht einschließlich des Betriebsverfassungsrechts (Art. 74 Ziff. 12 GG) und das öffentliche Dienstrecht (Art. 75 Ziff. 1 GG) unterschiedliche Gesetzgebungszuständigkeiten begründen und verschiedenen Rechtsbereichen angehören, für die Mitbestimmung im öffentlichen Bereich, daß sich der Personalrat (im Gegensatz zum Betriebsrat) als Teil der öffentlichen Verwaltung darstellt. Diese unterscheidet sich von der privaten Unternehmung nicht nur dadurch, daß sie Teil der vollziehenden Gewalt im Sinne von Art. 20 Abs. 3 GG ist,[23] sondern auch dadurch, daß sie dem Gemeinwohl verpflichtet ist, der Dienststellenleiter demokratischer Kontrolle unterliegt und an Gesetze gebunden ist sowie durch die Konkursunfähigkeit der öffentlichen Hand verbunden mit absoluter Arbeitsplatzsicherheit der Beschäftigten. Es liegt nahe, daß diese Unterschiede bei der Ausgestaltung der Mitbestimmung in der Privatwirtschaft und dem öffentlichen Dienst sowie bei der Grenzziehung zulässiger Mitbestimmung Bedeutung erlangen.

Ein weiterer Grund für die Trennung ist die Tatsache, daß sich die Mitbestimmung im privatwirtschaftlichen Bereich verfassungsrechtlich vor den Grundrechten der Arbeitgeber rechtfertigen muß, während der Mitbestimmung im öffentlichen Dienst rechtliche Grenzen nicht durch die Grundrechte, sondern durch das Staatsorganisationsrecht gezogen sind. Einschlägige Maßstäbe des Grundgesetzes werden hierbei vor allem aus dem Demokratieprinzip hergeleitet.[24]

Für die Grenzziehung im privatwirtschaftlichen Bereich gilt, daß als der Mitbestimmung entgegenstehendes verfassungsrechtlich geschütztes Rechtsgut insbesondere die aus dem Eigentum fließende Verfügungsgewalt des Unternehmers bzw. des

---

22 S.o. 1. Kap. III 2.
23 Vgl. BVerwGE 67, 382 (386).
24 S. hierzu ausführlich u. 5. Kap. II 4.

Arbeitgebers steht. Da das Eigentum gemäß Art. 14 Abs. 1 Satz 2 GG unter Gesetzesvorbehalt steht, endet seine Einschränkbarkeit erst dort, wo das Eigentum unverhältnismäßig eingeschränkt wird oder sogar erst dort, wo es in seinem Wesensgehalt betroffen ist.[25]

Im öffentlichen Bereich werden demgegenüber der Mitbestimmung der Arbeitnehmer Gegenrechte entgegengehalten, die Ausfluß aus dem Demokratiegebot des Grundgesetzes sind. Einer eventuell grundrechtlich fundierten Mitbestimmung stehen somit nicht Grundrechte Dritter entgegen; die Grundrechtsschranke ergibt sich vielmehr aus hochrangigen Verfassungsgütern. Das Maß der Einschränkbarkeit des Demokratiegebots des Art. 20 GG wird deshalb im weiteren zu untersuchen sein.[26]

Bevor jedoch die Frage nach der Grenzziehung der Mitbestimmung der Arbeitnehmer sowohl im öffentlichen Bereich als auch in der Privatwirtschaft beantwortet werden kann, muß die Grundlegung der Mitbestimmung festgelegt werden:

Ist die Mitbestimmung grundrechtlich fundiert, hat dies für Kollisionen mit grundrechtlichen Gegenrechten Auswirkungen. Gegenrechte im privat-rechtlichen Bereich sind die Grundrechte der Anteilseigner und Unternehmen. Wäre die Mitbestimmung eine grundrechtliche Gewährleistung, so wäre die Kollision der sich gegenüberstehenden Grundrechte im Wege der Konkordanz[27] durch Austarieren der gegenseitigen Rechte zu lösen.

Gleiches gälte für den öffentlichen Bereich, wo sich das Gegenrecht als hochrangiges Verfassungsgut darstellt, nämlich das der Mitbestimmung im öffentlichen Bereich entgegenstehende Demokratiegebot. Durchbrechungen dieser verfassungsrechtlichen Grundprinzipien kämen dann nach dem Grundsatz des schonendsten Ausgleichs in Frage.

Findet jedoch die Mitbestimmung keine Verankerung und Grundlage in den Grundrechten, wird sie somit nicht durch das Grundgesetz gefordert, muß sie an verfassungsrechtlichen Vorschriften ihre Grenze finden. Normen, die im Range unter der Verfassung stehen, können Regelungen nur soweit treffen, als der sachliche Gehalt eines entgegenstehenden Grundrechts oder anderer mit Verfassungsrang ausgestatteter Rechtswerte nicht angetastet werden. Denn der Gesetzgeber darf solche Rechte nicht durch ein einfaches Gesetz in ihrem sachlichen Gehalt einschränken.[28]

---

25 Die Grenze der Einschränkbarkeit hängt von der Grundlegung der Mitbestimmung ab. Vgl. dazu Kisker, PersV 1992, 1 (11); Altvater, Wendeling-Schröder RiA 1984, 73 (77).

26 S. u. 5. Kap. II 6.

27 Vgl. zum Begriff, Hesse, Grundzüge des Verfassungsrechts, S. 28 ff, 134 ff.

28 So BVerfGE 28, 243 (259).

Handelt es sich bei dem entgegenstehenden Grundrecht um ein solches mit Gesetzesvorbehalt wie beispielsweise Art. 14 Abs. 1 GG auf Seiten der Unternehmer in der Privatwirtschaft, so darf eine Einschränkung aufgrund der Mitbestimmung der Arbeitnehmer nur vorgenommen werden, wenn sie geeignet und erforderlich ist, um den angestrebten Erfolg zu erreichen und in angemessenem Verhältnis steht zu den Einbußen, die die Beschränkung des Eigentums bedeutet.[29] Der Kern der jeweiligen grundrechtlichen Gewährleistung darf nicht angetastet werden.

Im Folgenden soll nun die Frage nach der grundrechtlichen Fundierung der Mitbestimmung der Arbeitnehmer für die Bereiche der Privatwirtschaft und des öffentlichen Dienstes untersucht werden. Diese Prüfung ist für die Frage nach den Grenzen der Mitbestimmung von ausschlaggebender Bedeutung. Denn die Art und Weise der grundrechtlichen Fundierung der Mitbestimmung steuert das Maß der Einschränkbarkeit der tangierten Gegenrechte.

III. Die grundrechtliche Fundierung der Mitbestimmung in der Privatwirtschaft

1. Die Rechtsprechung des Bundesverfassungsgerichts

Das Bundesverfassungsgericht hat zu einer etwaigen grundrechtlichen Fundierung mehrfach Stellung genommen. Hier ist jedoch zu unterscheiden zwischen betrieblicher und unternehmerischer Mitbestimmung.

a) Unternehmerische Mitbestimmung

Hierzu hat sich das Bundesverfassungsgericht in seinem Mitbestimmungsurteil[30] umfassend geäußert. Das Gericht stellt zunächst fest, daß das Grundgesetz keine unmittelbare Festlegung und Gewährleistung einer bestimmten Wirtschaftsordnung enthalte. Anders als die Weimarer Reichsverfassung - Art. 151 ff WRV - normiere es auch nicht konkrete verfassungsrechtliche Grundsätze der Gestaltung des Wirtschaftslebens.[31] Das Grundgesetz überlasse dessen Ordnung vielmehr dem Gesetzgeber, der hierüber innerhalb der ihm durch das Grundgesetz gezogenen Grenzen

---

29 So BVerfGE 50, 290 (366).

30 BVerfG, Urteil vom 01.03.1979, BVerfGE 50, 290.

31 Anders insoweit einige Landesverfassungen, z.B. Art. 37 LVerf Hess. Da das Betriebsverfassungsgesetz jedoch in die alleinige Gesetzgebungszuständigkeit des Bundes fällt, haben diese Bestimmungen auf den Bundesgesetzgeber keinen Einfluß; a.A. diesbzgl. Kempen, ArbuR 1986, 129 (137).

frei zu entscheiden habe. Diese gesetzgeberische Gestaltungsaufgabe könne nicht im Wege einer Grundrechtsinterpretation weiter eingeschränkt werden als die Einzelgrundrechte es gebieten würden.[32]

Das Gericht widmet sich dann insbesondere dem der Mitbestimmmungsregelung entgegenstehenden Grundrecht der Anteilseigner und der Unternehmen aus Art. 14 Abs. 1 GG und stellt fest, daß die Garantie des Eigentums ein elementares Grundrecht sei, das im engen inneren Zusammenhang mit der persönlichen Freiheit stehe. Bei Art. 14 Abs. 1 GG handelt es sich jedoch um ein Grundrecht, das nicht schrankenlos garantiert ist. Vielmehr obliegt die Bestimmung von Inhalt und Schranken des Eigentums gemäß Art. 14 Abs. 1 Satz 2 GG dem Gesetzgeber. Nach Auffassung des Bundesverfassunggerichts sei deshalb dieser bei Gesetzgebungsvorhaben, die die Eigentumsgarantie berührten, zu differenzierten Gestaltungsmöglichkeiten befugt, je nachdem, ob dadurch die persönliche Freiheit des Einzelnen oder Eigentumsrechte mit Sozialbezug betroffen seien.

"Die Befugnis des Gesetzgebers zur Inhalts- und Schrankenbestimmung (ist) um so weiter, je mehr das Eigentumsobjekt in einem sozialen Bezug und in einer sozialen Funktion steht. Maßgebend hierfür ist der in Art. 14 Abs. 2 GG Ausdruck findende Gesichtspunkt, daß Nutzung und Verfügung in diesem Fall nicht lediglich innerhalb der Sphäre des Eigentümers bleiben, sondern Belange anderer Rechtsgenossen berühren, die auf die Nutzung des Eigentumsobjekts angewiesen sind."[33]

Die Grenzen gesetzgeberischer Gestaltungsmöglichkeiten wären jedoch dann weiter zu ziehen und in Konkordanz mit den Grundrechten aus Art. 14 Abs. 1 GG zu bringen, wenn sich Mitbestimmungsrechte der Arbeitnehmer aus der Verfassung selbst ergäben.

Hierzu führt das Bundesverfassungsgericht jedoch in seinem Mitbestimmungsurteil unmißverständlich aus, daß Grundrechte der Arbeitnehmer nicht unmittelbar kraft Verfassungsrechts das Grundrecht der Anteilseigner aus Art. 14 Abs. 1 GG zu begrenzen vermögen, weil sie - wie auch Art. 74 Nr. 12 GG - keinen verbindlichen Verfassungsauftrag zur Einführung einer Unternehmensmitbestimmung - wie derjenigen des Mitbestimmungsgesetzes - enthielten.[34]

Ein solcher Verfassungsauftrag ließe sich nach Ansicht des Bundesverfassungsgerichts auch nicht aus Art. 12 Abs. 1 GG ableiten. Zu diesem Ergebnis kommt das Gericht, als es die Vereinbarkeit der Regelungen des Mitbestimmungsgesetzes mit Art. 12 Abs. 1 GG, auf den sich die Arbeitgeber berufen, prüft. Das Bundesverfassungsgericht stellt zunächst fest, daß Art. 12 Abs. 1 GG die Freiheit des Bürgers schütze, jede Arbeit, für die er sich geeignet glaube, als Beruf zu ergreifen, d.h. zur

---

32 BVerfGE 50, 290 (336 ff).
33 BVerfGE 50, 290 (341).
34 BVerfGE 50, 290 (349).

Grundlage seiner Lebensführung zu machen. Dieses Recht stehe auch den juristischen Personen zu. Schutzgut bei juristischen Personen sei die Freiheit, eine Erwerbszwecken dienende Tätigkeit, insbesondere ein Gewerbe, zu betreiben, soweit diese Tätigkeit ihrem Wesen und ihrer Art nach in gleicher Weise von einer juristischen wie von einer natürlichen Person ausgeübt werden könne.[35]

Hieraus ergibt sich, daß gemäß Art. 12 Abs. 1 GG sowohl die Unternehmerfreiheit geschützt ist, als auch die Berufsfreiheit der in dem Unternehmen beschäftigten Arbeitnehmer. Durch die Mitbestimmungsvorschriften werden somit gleichzeitig Regelungen der Berufsausübung der Arbeitgeber wie der Arbeitnehmer getroffen. Nach Ansicht des Bundesverfassungsgerichts entspreche in Bezug auf die Arbeitgeber die Rechtslage bei Art. 12 Abs. 1 GG derjenigen der Inhalts- und Schrankenbestimmung nach Art. 14 Abs. 1 GG. Da insbesondere in großen Unternehmen die Grundrechtsträger die verbürgte Freiheit nur mit Hilfe anderer, der Arbeitnehmer, wahrnehmen könnten, die ebenfalls Träger des Grundrechts aus Art. 12 Abs. 1 GG seien, stehe die Berufsfreiheit der Unternehmer in einem sozialen Bezug und in einer sozialen Funktion.[36]

Diese Rechtsprechung hat zur Folge, daß gemessen an der Dreischrankentheorie, die das Bundesverfassungsgericht zu Art. 12 Abs. 1 GG aufgestellt hat,[37] ein Eingriff in die Berufsfreiheit dann weitergehend getroffen werden kann, je mehr die soziale Komponente Element der verbürgten Freiheit ist, d.h. wenn die Unternehmen diese Freiheit nicht ohne die Arbeitnehmer wahrnehmen können. Diese soziale Komponente entfaltet somit - wie bei der Einschränkung des Art. 14 Abs. 1 GG - eine ausschlaggebende Bedeutung. Da im konkret zu entscheidenden Fall die Regelungen des Mitbestimmungsgesetzes durch sachgerechte und vernünftige Erwägungen des Gemeinwohls gerechtfertigt, geeignet und erforderlich zur Erreichung des gewünschten Zwecks[38] seien und die Schwere des Eingriffs in einem angemes-

---

35 BVerfGE 50, 290 (363); ebenso Loritz, ZfA 1990, 133 (145); a.A. AK-GG-Rittstieg, Art. 12 Rdnr. 87, der ausführt, daß es bei juristischen Personen als Arbeitgeber nur um die gegenseitige Abstimmung der Berufsfreiheiten der in ihr beschäftigten Arbeitnehmer gehe.

36 BVerfGE 50, 290 (365).

37 Auch wenn das BVerfG in Entscheidungen, die auf das Apothekenurteil folgten, BVerfGE 7, 377, in der Sache von der starren Einteilung in drei Stufen abgegangen ist und in gleitender Anwendung des Übermaßverbots für jeden Eingriff in das Grundrecht der Berufsfreiheit, die Eignung, Erforderlichkeit und Verhältnismäßigkeit geprüft hat (z.B. BVerfGE 36, 47 (59), BVerfGE 39, 210 (225)), darf nicht verkannt werden, daß damit nicht das Konzept der Prüfung, sondern nur die Art und Weise verändert wurde; deshalb soll im folgenden bei der Güterabwägung des Art. 12 Abs. 1 GG die Dreischrankentheorie zugrunde gelegt werden.

38 Zweck ist die angestrebte Ergänzung der ökonomischen durch eine soziale Legitimation der Unternehmensleitung in größeren Unternehmen, der Kooperation und Integration aller im

senen Verhältnis zu dem Gewicht und der Dringlichkeit der ihn rechtfertigenden Gründe stehe, verstießen die Vorschriften des Mitbestimmungsgesetzes nach Ansicht des Gerichts nicht gegen Art. 12 Abs. 1 GG.[39]

Das Bundesverfassungsgericht prüft somit im Rahmen des Art. 12 Abs. 1 GG, wie weit das Grundrecht der Arbeitgeber eingeschränkt werden kann und kommt zu dem Ergebnis, daß die Vorschriften des Mitbestimmungsgesetzes Berufsausübungsregelungen darstellen, die sich jedoch innerhalb der Grenzen des zulässigen Eingriffs bewegen.[40] Da es zuvor festgestellt hat, daß sich die Mitbestimmung nicht grundrechtlich fundieren läßt, prüft es folgerichtig den Eingriff anhand der Voraussetzungen der Dreischrankentheorie im Wege der Geeignetheit, Erforderlichkeit und Verhältnismäßigkeit des Eingriffs. Diese Prüfung nimmt das Bundesverfassungsgericht vor, obwohl es zuvor festgestellt hat, daß sich auch die Arbeitnehmer auf Art. 12 Abs. 1 GG berufen können. Da es trotz dieser Feststellung im Hinblick auf die Mitbestimmungsvorschriften nicht zu einem Ausgleich zwischen den beiden Grundrechten der Arbeitnehmer und Arbeitgeber aus Art. 12 Abs. 1 GG kommt, läßt den Schluß zu, daß die Mitbestimmung auch nicht auf dem Wege über Art. 12 Abs. 1 GG legitimiert werden kann. Die Frage nach den Grenzen der Mitbestimmung ist somit nicht im Wege der Konkordanz zu lösen. Dieser Weg ist konsequent und entspricht der Rechtslage bei Art. 14 Abs. 1 GG. Obwohl Arbeitnehmer und Arbeitgeber Grundrechtsträger aus Art. 12 Abs. 1 GG sind, läßt sich hieraus kein Argument für die grundrechtliche Fundierung der Mitbestimmung ableiten. Damit lehnt das Bundesverfassungsgericht insgesamt eine verfassungsrechtliche Fundierung der Unternehmensmitbestimmung ab.[41]

Andererseits steht nach Auffassung des Bundesverfassungsgerichts ebenso unzweifelhaft fest, daß der Gesetzgeber im Bereich der Unternehmensmitbestimmung einen sozialen Schutzauftrag erfüllt. Mit dem Mitbestimmungsgesetz soll den Arbeitnehmern eine Teilnahme an den Entscheidungsprozessen im Unternehmen gesichert werden. Insbesondere in größeren Unternehmen scheint es erforderlich, die

---

Unternehmen tätigen Kräfte, deren Kapitaleinsatz und Arbeit Voraussetzung der Existenz und Wirksamkeit des Unternehmens ist, so BVerfGE 50, 290 (366).

39 BVerfGE 50, 290 (365); diese Voraussetzungen für die Zulässigkeit eines Eingriffs in die Berufsausübung stellt das Bundesverfassungsgericht ebenso in seiner Entscheidung BVerfGE 81, 194 unter Hinweis auf BVerfGE 7, 377 (405), das Apothekenurteil, dar.

40 Das BVerfG sieht in den Vorschriften des MitbestG lediglich Berufsausübungs- und keine Berufswahlregelungen; a.A. Scholz, ZfA 1981, 265 (300 f), der darauf hinweist, daß das Modell der Unternehmensmitbestimmung über die bloße Berufsausübung hinausgehe, während sich betriebsverfassungsrechtliche Mitbestimmung - im Idealtypus - demgegenüber ganz auf dieser Ebene bewege.

41 Selbst Kempen, Gutachten, S. 19, akzeptiert diese Ablehnung eines "Grundrechts auf wirtschaftliche Mitbestimmung".

ökonomische Legitimation der Unternehmensleitung durch eine soziale zu ergänzen. Dadurch wird die mit der Unterordnung der Arbeitnehmer unter fremde Leitungs- und Organisationsgewalt in größeren Unternehmen verbundene Fremdbestimmung durch die institutionelle Beteiligung an der unternehmerischen Entscheidung gemildert.[42] Hinsichtlich der Mitbestimmung in der Privatwirtschaft ist zudem zu berücksichtigen, daß auch der Arbeitnehmer das Risiko einer unternehmerischen Fehlentscheidung trägt. Diese kann auf seinen Arbeitsplatz unmittelbare Auswirkungen haben. Eine solche Gefahr droht dem Mitarbeiter im öffentlichen Dienst nicht.

Für den Bereich der Unternehmensmitbestimmung ergibt sich somit nach der Rechtsprechung des Bundesverfassungsgerichts, daß die Mitbestimmungsregelungen Ausfluß aus dem sozialen Schutzauftrag des Gesetzgebers sind und sich aus dem Sozialstaatsprinzip rechtfertigen. Sie resultieren jedoch nicht kraft Verfassungsrechts aus den Grundrechten der Arbeitnehmer.

b) Betriebliche Mitbestimmung

Mit dem "Mitbestimmungsurteil" ist jedoch noch nicht geklärt, ob das Bundesverfassungsgericht grundsätzlich eine grundrechtliche Fundierung der Mitbestimmung in der Privatwirtschaft ablehnt. Als Prüfungsmaßstab standen hier nämlich allein die Regelungen des Mitbestimmungsgesetzes zur Diskussion, somit die Verfassungsmäßigkeit der unternehmerischen Mitbestimmung.

Da jedoch sowohl die unternehmerische Mitbestimmung als auch die betriebliche Mitbestimmung den Zweck haben, für sozialen Ausgleich am Arbeitsplatz zu sorgen, wurzeln beide im Sozialstaatsprinzip. Beide Mitbestimmungsarten sind eine Ausprägung des Grundsatzes der Sozialstaatlichkeit. Deshalb ist es nur folgerichtig, daß das Bundesverfassungsgericht in seiner Rechtsprechung einheitlich blieb und auch für die betriebliche Mitbestimmung eine grundrechtliche Fundierung ablehnte.[43] Zu diesen Fragen hatte sich das Gericht zu äußern, als es um die Zulässigkeit der betrieblichen Mitbestimmung anläßlich der Kündigung in einem Tendenzunternehmen Stellung nehmen mußte. Das Gericht betont in diesem Zusammenhang, daß eine Einschränkung der Pressefreiheit des Verlegers nur dann mit dem Grundgesetz vereinbar wäre, wenn sie von der Verfassung selbst zugelassen oder wenn der Gesetzgeber zu ihr verfassungsrechtlich ermächtigt wäre und von dieser Ermächtigung in zulässiger Weise Gebrauch gemacht hätte. Beides sei nicht der Fall. Zur Begründung führt das Gericht aus:

---

42 Vgl. Bericht der Mitbestimmungskommission, BT-Drucksache VI/334, S. 57; Begründung des Regierungsentwurfs BR-Drucksache 200/74, S. 16.

43 BVerfGE 52, 283.

" Namentlich kommt das Sozialstaatsprinzip (Art. 20 Abs. 1 GG) als Schranke (der Pressefreiheit) nicht in Betracht. Denn eine Begrenzung der Pressefreiheit durch die Verfassung selbst würde insoweit voraussetzen, daß das Sozialstaatsprinzip einen konkreten und verbindlichen Auftrag zur Einführung einer Mitbestimmung des Betriebsrats in Presseunternehmen enthält. Daß dies nicht der Fall ist, bedarf keiner weiteren Darlegung. Ebensowenig vermögen Grundrechte der Arbeitnehmer unmittelbar kraft Verfassungsrechts das Grundrecht der Verleger aus Art. 5 Abs. 1 Satz 2 GG zu begrenzen; auch sie umfassen keinen verbindlichen Verfassungsauftrag zur Einführung einer Mitbestimmung des Betriebsrats in Presseunternehmen (vgl. BVerfGE 50, 290 (349)-Mitbestimmungsgesetz)."[44]

Bei dieser Entscheidung darf nicht übersehen werden, daß über die betriebliche Mitbestimmung in einem Tendenzunternehmen entschieden wurde, in dem entgegenstehende Rechte aus Art. 5 Abs. 1 GG resultieren. Aber auch bei tendenzfreien Unternehmen kann die betriebliche Mitbestimmung Grundrechtsbereiche des Unternehmers tangieren. In Betracht kommen die Grundrechte aus Art. 14 Abs. 1 oder Art. 12 Abs. 1 GG.[45] Da das Gericht in dieser Entscheidung zur betrieblichen Mitbestimmung auf das Mitbestimmungsurteil unmittelbar verweist, sind Kollisionen nach dem dort aufgezeigten Weg zu lösen.

In einer weiteren grundlegenden Entscheidung, in deren Mittelpunkt das Spannungsverhältnis zwischen Rundfunkfreiheit und arbeitsrechtlichen Schutzvorschriften als Ausfluß des Sozialstaatsprinzips stand, wies das Gericht unmißverständlich darauf hin, daß Rechte, die aus dem Sozialstaatsprinzip resultieren, nicht in der Lage sein können den Grundrechten unmittelbar Schranken zu ziehen.[46]

Das Sozialstaatsprinzip ebenso wie die aus ihm fließenden gesetzlichen Ausgestaltungen sind aufgrund der Offenheit dieses Prinzips somit nicht in der Lage, anderen grundrechtlichen Prinzipien (Grundrechten) gleichrangig entgegenzutreten. Das auftretende Spannungsverhältnis ist deshalb nicht im Wege der Konkordanz aufzulösen. Wenngleich dieses letzte Urteil zur Frage der grundrechtlichen Fundierung der Mitbestimmung keine Stellung genommen hat, hat es jedoch insoweit Bedeutung, als es feststellt, daß das Sozialstaatsprinzip nicht in der Lage ist, die verfassungsrechtliche Situation der Konkordanz auszulösen.[47]

---

44   BVerfGE 52, 283 (298).

45   a.A. Kempen, ArbuR 1986, 129 (135), der ausführt, daß die Eigentumsfreiheit...im Rahmen des...Betriebsverfassungsgesetzes im Gegensatz zur Unternehmensmitbestimmung keine wesentliche Rolle spiele.

46   BVerfGE 59, 231 (263).

47   Das Sozialstaatsprizinp kann insoweit für die Auslegung von Grundrechten Bedeutung haben, indem beispielsweise der sozialen Komponente bei der Bestimmung des Schutzbereichs eine wesentliche Bedeutung zuteil wird und für die Auslegung von grundrechtseinschränkenden Gesetzen, die ihrerseits im Sozialstaatsprinzip wurzeln.

Eine Umkehr scheint sich jedoch in der neueren - heftig kritisierten - Rechtsprechung des Bundesverfassungsgerichts abzuzeichnen. In seiner Kaufhausentscheidung[48] werden für den Bereich der betrieblichen Mitbestimmung die Regelungen des Betriebsverfassungsgesetzes zur Mitbestimmung nicht aufgrund des Sozialstaatsprinzips als legitimiert erachtet, sondern als Berufsausübungsregelungen der Arbeitnehmer qualifiziert. Die Zulässigkeit von Mitbestimmungsregelungen gemäß dem Betriebsverfassungsgesetz und ihrer Auslegung seien somit aus der Konkordanz zwischen den beiden Grundrechten der Arbeitgeber und Arbeitnehmer gemäß Art. 12 Abs. 1 GG zu gewinnen. Im konkreten Falle hatte das Bundesverfassungsgericht die Konkordanz noch dann als gewahrt gesehen, wenn eine Arbeitszeitregelung in der Form eines Einigungsstellenbeschlusses dazu führt, daß die gesetzlichen Ladenschlußzeiten in einem Kaufhaus nicht mehr eingehalten werden können.

Diese Entscheidung ist zurecht heftig kritisiert worden.[49] Die Kritik bezog sich insbesondere auf das Ergebnis der vorgenommenen Abwägung.[50] Unter dem Gesichtspunkt der Fundierung der Mitbestimmung kommt dem Beschluß insbesondere deshalb besondere Bedeutung zu, da dieses Ergebnis durch eine Konkordanzprüfung gewonnen wurde. Hier sollte die Kritik vornehmlich ansetzen: Mitbestimmungsregelungen sind - entgegen der Ansicht des Vorprüfungsausschusses - gerade keine Grundrechtsverwirklichungen der Arbeitnehmer aus Art. 12 Abs. 1 GG. Mitbestimmungsvorschriften tangieren zwar sowohl die Berufsfreiheiten der Arbeitnehmer wie auch der Arbeitgeber. Denn auch die Arbeitnehmer im Betrieb sind Träger der Grundrechte aus Art. 12 Abs. 1 GG.[51] Dies konzidiert auch das Bundesverfassungsgericht im Mitbestimmungsurteil. Damit ist jedoch keine Aussage über die grundrechtliche Fundierung von Beteiligungsrechten getroffen. Beteiligungsrechte sind nicht gebündelte Grundrechte der Arbeitnehmer, die der Betriebsrat gesammelt wahrnimmt und gegenüber Grundrechten der Arbeitgeber zur Geltung bringt. Ein-

---

48 BVerfG, Beschluß vom 18.12.1985, NJW 1986, 1601 = EzA § 87 BetrVG 1972 - Arbeitszeit - Nr.13 a. Das Bundesverfassungsgericht hat in diesem Beschluß die Verfassungsbeschwerde gegen die sog. Kaufhausentscheidung des BAG, (vgl. EzA § 87 BetrVG 1972 - Arbeitszeit - Nr. 13, s.o. 1. Kap. II 4 d) nicht zur Entscheidung angenommen. In dieser Sache hat jedoch nur ein 3er-Ausschuß (Vorprüfungsausschuß) im summarischen Verfahren entschieden.

49 Vgl. u.a. Scholz, NJW 1986, 1587; Loritz, ZfA 1990, 133 (179); ders. ZfA 1991, 1 (14); Richardi, EzA § 87 BetrVG 1972 - Arbeitszeit - Anm. zu Nr. 13; a.A. AK-GG-Rittstieg, Art. 12 Rdnr. 87, der ausführt, daß es bei juristischen Personen als Arbeitgeber nur um die gegenseitige Abstimmung der Berufsfreiheiten der in ihr beschäftigten Arbeitnehmer gehe. Demgegenüber geht das BVerfG im Mitbestimmungsurteil davon aus, daß auch juristischen Personen vom Schutzbereich des Art. 12 Abs. 1 GG umfaßt werden.

50 S. dazu u. ausführlich 3. Kap. II 3.

51 So auch das BVerfG im Mitbestimmungsurteil, BVerfGE 50, 290 (363).

zelgrundrechte können nicht von einem Zwangsorgan kollektiv ausgeübt werden. Die Aufgabe des Betriebsrates ist es vielmehr, die Interessen der Arbeitnehmer gegenüber dem Arbeitgeber zu vertreten, was im Einzelfall gleichzeitig zugunsten der Garantien aus Art. 12 Abs. 1 GG der Arbeitnehmer, aber auch zu deren Lasten wirken kann. In diesem Sinne kommt deshalb Loritz[52] zu dem Ergebnis, daß durch eine ausgeweitete Mitbestimmung heute längst auch das Selbstbestimmungsrecht des einzelnen Arbeitnehmers und nicht nur die Unternehmensautonomie in Gefahr geraten seien.

Zusammenfassend bleibt festzustellen, daß Mitbestimmungsregelungen in der Lage sind, Art. 12 Abs. 1 GG zugunsten und zulasten der Arbeitnehmer und Arbeitgeber zu tangieren. Dies bedeutet jedoch nicht, daß die Verfassungsmäßigkeit einer Mitbestimmungsregelung unter Umgehung der Dreischrankentheorie zu Art. 12 GG aus einer Konkordanz zwischen den Berufsfreiheitsrechten der Arbeitnehmer und der Arbeitgeber zu gewinnen wäre. Dies gilt auch dann, wenn es sich bei dem Arbeitgeber um eine juristische Person handelt. Soweit das Bundesverfassungsgericht diesen Weg in der oben genannten Entscheidung wählt, widerspricht es - was die grundrechtliche Fundierung der Mitbestimmung anbelangt - seinem Mitbestimmungsurteil.

2. Betriebliche Mitbestimmung ein Grundrecht?

a) Fundierung aus dem Sozialstaatsprinzip

Der Befund, daß sich gesetzliche Mitbestimmung aus dem Sozialstaatsprinzip ergibt, bedeutet nicht, daß Mitbestimmung Grundrechtsausübung darstellt. In diesem Sinne ist die Feststellung vieler Autoren zu werten, daß die Mitbestimmung ihre grundsätzliche Legitimation im Sozialstaatsprinzip findet. Diese Aussage bezieht sich auch nicht allein auf die Ausgestaltung der betrieblichen Mitbestimmung. Sinn und Reichweite der Regelungs- und Ordnungsbefugnisse des Gesetzgebers im Sozialstaat ermächtigen diesen sowohl zu sozialen wie zu wirtschaftspolitischen Maßnahmen, d.h. zu Formen sozialer Mitbestimmung als Elemente der Sozialverfassung, als auch zu Formen wirtschaftlicher (Unternehmens-) Mitbestimmung als Elemente der Wirtschaftsverfassung.[53] Insoweit entsprechen sich die Beurteilungen von Literatur und Rechtsprechung, die annehmen, daß die gesetzlichen Regelungen zur Einführung von Mitbestimmung Ausfluß aus dem Sozialstaatsprinzip sind und der Gesetz-

---

52   Loritz, ZfA 1991, 1 (15).

53   Vgl. Scholz, Paritätische Mitbestimmung und Grundgesetz, S. 28; Schwerdtfeger, Unternehmerische Mitbestimmung der Arbeitnehmer und Grundgesetz, S. 158; Kempen, ArbuR 1986, 129.

geber zu diesen Regelungen ermächtigt ist. Weitergehende Rechtsfolgen werden zurecht aus dieser Erkenntnis nicht abgeleitet.[54]

b) Fundierung aus Art. 1 Abs. 1, Art. 2 Abs.1 GG

Erkennend, daß die Legitimation aus dem Sozialstaatsprinzip nicht so weit trägt wie eine grundrechtliche Fundierung, sehen einige Autoren die materielle Grundlegung der privatwirtschaftlichen Mitbestimmung im Selbstbestimmungsrecht der Arbeitnehmer. Die Regelungen zur Mitbestimmung beruhen damit auf Art. 1 Abs. 1 und Art. 2 Abs. 1 GG mit der Folge, daß deren Kern von sämtlichen denkbaren Gegendaten völlig unberührt bliebe.[55]

Diese Schlußfolgerung ist jedoch aus der Grundlegung der Mitbestimmung in Art. 1 Abs. 1 GG und Art. 2 Abs. 1 GG nicht zu ziehen. Diese Grundrechte gebieten zwar, den Menschen nicht zum bloß außengesteuerten Objekt zu machen. Aus Art. 2 Abs. 1 GG läßt sich jedoch nicht mehr rechtfertigen als die grundsätzliche Befugnis zur mitbestimmenden Interessenvertretung. Die Frage, wie weitgehend die Mitbestimmung ausgestaltet werden darf, kann aus diesen grundrechtlichen Gewährleistungen nicht beantwortet werden. Somit hat die Berufung auf Art. 1 Abs. 1 und Art. 2 Abs. 1 GG keine weitergehende Bedeutung als die Legitimation durch das Sozialstaatsprinzip.[56]

c) Fundierung aus Art. 12 Abs. 1 GG

Ein anderer Ansatz versucht unter Zuhilfenahme der Grundrechte aus Art. 12 Abs. 1 GG zu einer Konkordanz von Grundrechten der Arbeitgeber im Verhältnis zu Grundrechten der Arbeitnehmer zu kommen.[57] Dieser Weg wird insbesondere dann beschritten, wenn es sich bei dem Arbeitgeber um eine juristische Person handelt.

---

54 Vgl. Maunz ua.-Herzog, GG, Art 20 - Sozialstaatsprinzip - Rdnr. 28; v.Münch, GG, Art 20 Rdnr. 53; AK-GG-Kittner, Art 20 - Sozialstaatsprinzip - Rdnr. 64; zusammenfassend Zöllner/Loritz, Arbeitsrecht, § 7 V.

55 So Däubler, Grundrecht auf Mitbestimmung, S. 129, 157; Kempen, Gutachten, S. 19, 21, der diese These hier zwar zur Mitbestimmung im öffentlichen Dienst entwickelt, sie jedoch aus der privatwirtschaftlichen Mitbestimmungsfundierung ableitet; ders. ArbuR 1986, 129; Th. Raiser, Grundgesetz und paritätische Mitbestimmung, S. 65.

56 Selbst Däubler, BetrVG, Einl. Rdnr. 39, kommt zu dem Ergebnis, daß Mitbestimmung zwar eine verfassungsrechtliche Wertentscheidung darstelle, legt sich hier jedoch nicht darauf fest, daß sie ein Grundrecht sei; ebenso von Hoyningen-Huene, Betriebsverfassungsrecht, S. 4.

57 Vgl. insbes. Kempen ArbuR 1986, 129; ders. ArbuR 1988, 271; Th. Raiser JZ 1979, 489 (494).

Die Verfassungsmäßigkeit von Mitbestimmungsregelungen wird dabei aus der gegenseitigen Abstimmung der Berufsfreiheiten der Arbeitgeber und Arbeitnehmer gewonnen. Dieser Ausgangspunkt wird durch die Entscheidung des Bundesverfassungsgerichts im Kaufhausbeschluß gestützt.[58]

Richtig an diesem Ansatz ist, daß das Grundrecht der Berufsfreiheit für Arbeitnehmer und Arbeitgeber durch Gewährung von Mitbestimmungsrechten in dem Sinne berührt wird, als ein Zuwachs von Mitbestimmung für die Arbeitnehmerseite mehr berufliche und wirtschaftliche Rechte bringt, während diese Beteiligungsrechte in gleichem Maße die Rechte der Arbeitgeber beschneiden. Dies bedeutet jedoch nicht, daß sich aus Art. 12 Abs. 1 GG ein Grundrecht auf Mitbestimmung ableiten läßt.[59] Selbst Befürworter der Kaufhausentscheidung ziehen diese Schlußfolgerung nicht. So stellt Kempen fest,[60] daß Art. 12 Abs. 1 GG die wesentliche materielle grundrechtliche Basis des Betriebsverfassungsgesetzes darstelle, fügt jedoch an, daß diese Erkenntnis an einem wesentlichen Mangel leide; dieser bestehe darin, daß sich hieraus keinerlei Kriterien für die verfahrensförmige Organisation der Betriebsverfassung entnehmen ließen, weil die Berufsfreiheit zugleich Arbeitgebergrundrecht sei und keine Differenzierungen zwischen den divergenten Grundrechtssphären der Betriebsparteien getroffen würden.[61] Aus diesem Grund bemüht Kempen in den Landesverfassungen enthaltene "Betriebsverfassungs-Grundrechte", die in Verbindung mit dem heutigen sozialstaatlichen Verständnis des Art. 12 GG den Bundesgesetzgeber verpflichten würden, die betriebliche Mitbestimmung zu erhalten, gegebenenfalls auszubauen und fortzuentwickeln.[62] Auch Kisker leitet aus Art. 12 Abs. 1 GG in Verbindung mit dem Sozialstaatsprinzip eine Mindestausstattung an Partizipation ab. Der Pflicht zur Einführung und Ausgestaltung von Mitbestimmung entspreche das Recht der einzelnen Arbeitnehmer auf Mitwirkung des Kollektivs (des Betriebsrates).[63]

---

58 BVerfG, Beschluß vom 18.12.1985, NJW 1986, 1601 = EzA § 87 BetrVG 1972
    - Arbeitszeit - Nr.13 a.
59 Vgl. Maunz u.a.-Scholz, GG, Art. 12 Rdnr. 58, 82; Schneider, Lecheler, VVDStRL 1984, S.
    133; Badura, Paritätische Mitbestimmung und Verfassung, S. 77; Riedel, Das Grundrecht der
    Berufsfreiheit im Arbeitsrecht, S. 132 ff; Papier, RdA 1989, 139 (142); Söllner, RdA 1989,
    144 (149); Kisker, in: Festschr. für Willi Geiger zum 80. Geburtstag, Ein Grundrecht auf
    Teilhabe an Herrschaft, S. 244 (248).
60 Kempen, ArbuR 1986, 129 (134).
61 Kempen, ArbuR 1986, 129 (134).
62 Kempen konstatiert im Ergebnis ein subjektives Recht auf kollektive Interessenvertretung, s.
    ArbuR 1986, 129 (137).
63 Kisker, in: Festschr. für Willi Geiger zum 80. Geburtstag, Ein Grundrecht auf Teilhabe an
    Herrschaft, S. 244 (254).

Die Weiterungen aus diesem Ansatz sind deutlich kritisiert worden, stehen sie doch im Gegensatz zu den Entscheidungen des Bundesverfassungsgerichts im Mitbestimmungsurteil und der Entscheidung im 52. Band[64], die ihrerseits eine grundrechtliche Fundierung von Mitbestimmungsregelungen generell und somit auch aus Art. 12 Abs. 1 GG abgelehnt haben. Wiederholend zur Kritik an der dieser Argumentation zugrunde liegenden Rechtsprechung,[65] der Kaufhausentscheidung eines Vorprüfungsausschusses des Bundesverfassungsgerichts, sei an dieser Stelle nochmals darauf hingewiesen, daß dieser Ansatz insbesondere deshalb verfehlt ist, weil ihm die Annahme zugrunde liegt, daß Mitbestimmung gebündelte Grundrechtsverwirklichung der Berufsfreiheitsgrundrechte der einzelnen Arbeitnehmer sei.

Art. 12 Abs. 1 GG kann somit in diesem Zusammenhang nicht herangezogen werden um Mitbestimmungsregelungen grundrechtlich zu fundieren und dadurch die Grenze von Mitbestimmung im Wege der Konkordanz ermittelbar zu machen. Wenn von einem Ausgleich zwischen diesen beiden Positionen im Hinblick auf die Zulässigkeit von gesetzlicher Mitbestimmung gesprochen wird, so bedeutet dies, daß der Umfang des Eingriffs am Übermaßverbot zu ermitteln ist. Hieran vermag auch die Rechtsprechung des Bundesverfassungsgerichtes in der Kaufhausentscheidung nichts zu ändern, wenn sie von Konkordanz zwischen der Berufsfreiheit der Arbeitnehmer und Arbeitgeber spricht. Bei dieser Abwägung kann es nur um die Verhältnismäßigkeit des Eingriffs in das Arbeitgeberrecht aus Art. 12 Abs. 1 GG gehen; dieser Eingriff endet dort, wo das unternehmerische Recht auf Verfügungsbefugnis zur Gewährleistung der Funktionsfähigkeit des Unternehmens übermäßig beeinträchtigt und verdrängt wird.[66]

Im Ergebnis bleibt festzuhalten, daß aus Art. 12 Abs. 1 GG ein Grundrecht auf Mitbestimmung nicht herleitbar ist. Auch Kisker, der sich für eine Fundierung über Art. 12 Abs. 1 GG einsetzt, kommt zu dem Ergebnis, daß sich hieraus nur eine Pflicht zur Einführung und Sicherung von Partizipation für eine Mindestausstattung ableiten lasse.[67] Da diese sowohl in dem Regelungswerk des Betriebsverfassungsgesetzes als auch des Mitbestimmungsgesetzes bereits voll verwirklicht ist, lassen sich aus Art. 12 Abs. 1 GG keine weitergehenden Garantien zur Ausweitung der Mitbestimmung herleiten.[68] Dies gilt sowohl für die unternehmerische Mitbestimmung als auch für die Mitbestimmung am Arbeitsplatz.

---

64 BVerfGE 50, 290, BVerfGE 52, 283.
65 S.o. 2. Kap III 1.
66 Zur Grenze der Mitbestimmung s. ausführlich u. 3. Kap. I, II.
67 Kisker, in: Festschr. für Willi Geiger zum 80. Geburtstag, Ein Grundrecht auf Teilhabe an Herrschaft, S. 244 (258).
68 Diese Auffassung entspricht auch dem Mitbestimmungsurteil des Bundesverfassungsgerichts, widerspricht jedoch seiner Kaufhausentscheidung. Da letztere jedoch nur von einem Vorprü-

d) Legitimation durch Verfahren

Da nach der Rechtsprechung des Bundesverfassungsgerichts Verfahrensvorschriften, die nach dem Willen des Gesetzgebers ein Grundrecht grundlegend sichern, Verfassungsrang haben,[69] wurde auf diesem Wege von manchen Autoren versucht, die Mitbestimmung im Betrieb grundrechtlich zu fundieren. Mitbestimmung als eine Form des Grundrechtsschutzes durch Organisation und Verfahren wird in diesem Sinne insbesondere bei Plander und von Hoyningen-Huene[70] vertreten. Mitbestimmungsnormen seien solche über Organisation und Verfahren und könnten somit Instrumente zur Grundrechtsrealisierung sein. Letzterer kommt jedoch einschränkend zu dem Ergebnis, daß Mitbestimmung in diesem Sinne zwar als notwendige und sinnvolle Einrichtung im gesamten gesellschaftlichen Bereich anzusehen sei, daß aber Art und Umfang von Mitbestimmung keineswegs von vorneherein feststünden und legitimiert seien.

Mit dem Wert dieser Argumentation setzt sich insbesondere Loritz kritisch auseinander, indem er zutreffend darauf hinweist, daß der einzelne Arbeitnehmer eine solche Legitimation durch Verfahren allenfalls dort anerkenne, wo sie ihm entweder Vorteile bringe oder wo er sich in redlicher Weise von der Entscheidung einer bestimmten Angelegenheit nicht distanzieren könne, da sie ihm bei Stimmabgabe für einen bestimmten Repräsentanten klar war.[71]

Im Ergebnis liegt der Wert der "Legitimation durch Verfahren" in der Überlegung, daß der Arbeitnehmer durch die Betriebsratswahl das Bewußtsein erhält, wesentliche Angelegenheiten verantwortlich mitzuentscheiden. Es gibt ihm das Recht und die Pflicht, sich mit betrieblichen Angelegenheiten zu befassen, die eigene Stellungnahme nicht einseitig zu treffen, da die Mitentscheidung auch die Mitverantwortung für eventuelle negative Folgen nach sich ziehen kann. Der Ansatz, die Mitbestimmung als Verfahrensregelung grundrechtlich zu fundieren, vermag jedoch ebenfalls keine konkreten Aussagen zum Umfang der Mitbestimmung abzugeben, mit der Folge, daß außer der grundsätzlichen Garantie einer verfahrensförmig ausgestalteten Arbeitnehmermitbestimmung hieraus keine Rückschlüsse auf die grundrechtliche Grundlegung der Mitbestimmung abgeleitet werden können. Der Wert

---

fungsausschuß gefällt wurde, bleibt zu wünschen, daß das Bundesverfassungsgericht für die betriebliche Mitbestimmung eine Klarstellung herbeiführen wird.

69 BVerfGE 53, 30 "Mühlheim-Kärlich-Beschluß"; hinsichtlich der grundrechtsschützenden Funktion arbeitsrechtlicher Verfahrensvorschriften BVerfGE 77, 308 (335 f); 77, 381 (406).

70 Vgl. Plander, in: Festschr. für Albert Gnade, Arbeitsrecht: Instrument zur Verwirklichung von Grundrechten der Arbeitnehmer, S. 79 (90); Von Hoyningen-Huene, Betriebsverfassungsrecht, Einl. S. 1, 4; ebenso Zöllner, Arbeitsrecht, 3. Auflage 1983, S. 398 (anders in der späteren Auflage).

71 Loritz ZfA 1991, 1 (7).

dieser Argumentation entspricht somit der Rechtfertigung aus dem Sozialstaatsprinzip.

e) Fundierung aus dem Demokratieprinzip

Der Versuch einer Fundierung aus dem Demokratieprinzip bedeutet schließlich der
Hinweis auf die Stellung des Betriebsrates im Betrieb - bzw. die Arbeitnehmerbank
im Aufsichtsrat im Unternehmen - als durch das demokratische Prinzip legitimierten
Repräsentanten der Belegschaft.[72] Derartige Erklärungsversuche wurden insbesondere von Vertretern einer Strömung Ende der 60er Jahre unternommen, für die das
demokratische Prinzip eine Staat und Gesellschaft erfassende Globalkonzeption
war.[73] Dementsprechend wurde in der Begründung des Regierungsentwurfes zum
Mitbestimmungsgesetz als Motiv mit dem Demokratisierungsprozeß in der Gesellschaft argumentiert.[74]

Daß dieser Ansatz nicht zu einer weitergehenden Legitimation zur Einführung
von Mitbestimmungsrechten führt, begründet sich in dem Hinweis, daß eine demokratischen Grundsätzen folgende Wahl seitens einer Personengruppe nicht bereits
den Rückgriff auf staatsrechtliche Strukturprinzipien hinsichtlich der Gewählten erlaube.[75] Die Betriebsverfassung ist ebenso wenig wie die Unternehmens- oder Wirtschaftsverfassung staatsrechtlich verfaßt. Demokratie ist ein Legitimationsprinzip
allein für den Staat und kommunale Gebietskörperschaften, konkrete Forderungen
an die Gestaltung von Mitbestimmungsregelungen lassen sich hieraus nicht herleiten.
Eine derartige Legitimation scheidet somit aus.

3. Zusammenfassung

Trotz verschiedener Versuche, die Mitbestimmung der Arbeitnehmer grundrechtlich
zu fundieren, ist sich die herrschende Meinung in Literatur und Rechtsprechung
einig, daß es weder im betrieblichen noch im unternehmerischen Bereich ein
Grundrecht auf Mitbestimmung gibt. Wie gezeigt, sind sämtliche Fundierungsversuche nicht in der Lage, der Mitbestimmung in der Privatwirtschaft diesen Stellenwert zu vermitteln. Diese Wertung soll jedoch nicht dahin mißverstanden werden,
daß die Mitbestimmung keiner Legitimation unterliegen würde. Die Mitbestimmung

---

72 Vgl. Fitting u.a., MitbestG, § 1 Rdnr. 92.
73 Vgl. Stern, Staatsrecht, § 18 III 2 mit vielen weiteren Nachweisen.
74 Vgl. Begründung zum Regierungsentwurf des MitbestG, BR-Drucksache 200/74, S. 16; zu
    den Zielen des Betriebsverfassungsgesetzes vgl. GK-Thiele, BetrVG, Einl. Rdnr. 21.
75 Vgl. Heinze, ZfA 1988, 53 (58).

ist aus dem Prinzip der Selbstbestimmung - Art. 1 Abs. 1, Art. 2 Abs. 1 GG - und aus dem Sozialstaatsprinzip abgeleitet, ein aus der Arbeitswelt zurecht nicht mehr wegzudenkendes Institut, dessen umfassende Auswirkungen auf die Arbeitswelt einhellig positiv beurteilt werden.

Das Sozialstaatsprinzip ebenso wie die aus ihm fließenden gesetzlichen Ausgestaltungen sind aufgrund der Offenheit dieses Prinzips jedoch nicht in der Lage, anderen grundrechtlichen Prinzipien gleichrangig entgegenzutreten. Das gleiche gilt für die Legitimationen aus den Art. 1, 2 und 12 GG. Hieraus resultieren zwar die Ermächtigung und die Verpflichtung des Gesetzgebers zur Einführung von Mitbestimmung, nicht jedoch ein Grundrecht auf Mitbestimmung. Das auftretende Spannungsverhältnis ist deshalb nicht im Wege der Konkordanz aufzulösen.

Ob dieser Befund auch für die Mitbestimmung im öffentlichen Dienst gilt, soll im folgenden untersucht werden.

IV. Die grundrechtliche Fundierung der Mitbestimmung im öffentlichen Dienst

1. Die Rechtsprechung

Zu der grundrechtlichen Fundierung der Mitbestimmung in dem öffentlich-rechtlichen Bereich hat das Bundesverfassungsgericht mehrfach Stellung genommen.

a) Personalvertretungsrechtliche, arbeitsplatzbezogene Mitbestimmung

Ausgangspunkt bei der Überprüfung der Rechtsprechung zu dieser Frage ist jedoch nicht die bereits angesprochene Entscheidung des Bundesverfassungsgerichts aus dem Jahre 1959[76], denn zur Grundlegung der Mitbestimmung werden in diesem Urteil keine Aussagen getroffen. Vielmehr äußert sich das Bundesverfassungsgericht erstmalig hierzu in seiner viel zitierten Entscheidung im 28. Band[77]:

"Die Regelungen des Personalvertretungsgesetzes, die den Bediensteten Beteiligungsrechte einräumen, sind ein wichtiges Mittel zur Wahrung der Menschenwürde und der Persönlichkeitsentfaltung in der Dienststelle. Sie wurzeln im Sozialstaatsgedanken und gehen auf Vorstellungen zurück, die auch den Grundrechtsverbürgungen der Art. 1, 2 und 5 Abs. 1 GG zugrunde liegen. Hieraus kann der Personalrat oder sein Vorsitzender jedoch nicht die Befugnis ableiten, über die gesetzlich zugewie-

---

76 BVerfGE 9, 268.
77 BVerfG, Beschluß vom 26.05.1970, BVerfGE 28, 314.

senen Aufgaben hinaus Grundrechte der Bediensteten 'gleichsam gesammelt' wahrzunehmen."[78]

In einer späteren Entscheidung führt das Gericht aus[79]:

"Im Gegensatz zur Weimarer Verfassung enthält das Grundgesetz keinen ausdrück-
lichen Auftrag zur Schaffung von räteartigen Interessenvertretungen für Arbeitnehmer und Beamte. Aus ihm lassen sich deshalb keine den einfachen Gesetzgeber
unmittelbar verpflichtenden Anforderungen an die Ausgestaltung der Mitbestimmung und Mitwirkung der Personalvertretung in personellen und sozialen Angelegenheiten herleiten. Die Regelungen über Beteiligungsrechte sind ein Mittel zur
Wahrung der Rechte und Interessen der in der Dienststelle Beschäftigten. Sie wurzeln im Sozialstaatsgedanken und gehen auf Vorstellungen zurück, die auch den
Grundrechtsverbürgungen der Art. 1, 2 und 5 Abs. 1 GG zugrunde liegen. Ob das
Sozialstaatsprinzip oder die Grundrechte den Gesetzgeber verpflichten, für den Bereich des öffentlichen Dienstes Beteiligungsrechte eines gewählten Repräsentations-
organs der Beschäftigten zu schaffen, kann hier offen bleiben. Dem Gesetzgeber ist
weder durch das Sozialstaatsprinzip des Art. 20 Abs. 1 GG noch durch die Grundrechte vorgeschrieben, wie er die Beteiligung einer solchen Personalvertretung an innerdienstlichen, sozialen und personellen Angelegenheiten der Beschäftigten im
Einzelnen auszugestalten hat."[80]

Ergänzt wird dies in einer weiteren Entscheidung im gleichen Band, wo das Gericht feststellt, daß die Personalvertretung innerhalb der Dienststelle Repräsentantin
der Gesamtheit der Beschäftigten sei. Damit sei sie den vom Staat jedenfalls distan-
zierten, dem Lebensbereich der Bürger zugeordneten und der Verwirklichung individueller Grundrechte dienenden Einrichtungen zumindest nahe gerückt.[81]

Da das Gericht hier nur von "nahe gerückt" spricht, hat dies die Konsequenz, daß
Personalvertretung gerade nicht der Verwirklichung kollektiver oder individueller
Grundrechte beispielsweise aus Art. 2 Abs. 1, 9 Abs. 3 oder 12 Abs. 1 GG dient.[82]
Gleichzeitig läßt diese Rechtsprechung jedoch keinen Zweifel daran, daß die Einrichtung von Personalvertretung aus dem Sozialstaatsprinzip legitimiert ist. Ebenso
unstreitig sind die Regelungen der Personalvertretungsgesetze, die den Beschäftigten Beteiligungsrechte einräumen, ein wichtiges Mittel zur Wahrung der Menschenwürde und zur Persönlichkeitsentfaltung in der Dienststelle.

Somit hat das Bundesverfassungsgericht unzweideutig seinen Standpunkt zur
personalvertretungsrechtlichen Mitbestimmung dargelegt. Mitbestimmung ist durch
die Verfassung legitimiert, als Ausfluß des Sozialstaatsprinzips und der Verbürgun-
gen aus Art. 1 Abs. 1, 2 Abs. 1 GG grundrechtlich gesichert, jedoch nicht in dem

---

78 BVerfGE 28, 314 (323); vgl. dazu auch aus der jüngsten Rechtsprechung den Beschluß des
    OVG Schleswig-Holstein vom 28.10.1992, PersV 1994, 36 (37), der diese Feststellungen be-
    stätigt.
79 BVerfG, Beschluß vom 27.03.1979, BVerfGE 51, 43 = NJW 1979, 328.
80 BVerfGE 51, 43 (58).
81 BVerfG, Beschluß vom 27.03.1979, BVerfGE 51, 77 = DVBl. 1979, 458 (459).
82 Ebenso Battis, PersV 1987, 394 (395).

Sinne, daß sie sich als Grundrecht darstellt und Grundrechten oder anderen mit Verfassungsrang ausgestatteten Rechten gleichberechtigt entgegentreten könnte.

Unter Beibehaltung dieser Wertungen entschied in neuester Zeit der Hessische Staatsgerichtshof über die Verfassungsmäßigkeit des hessischen Personalvertretungsgesetzes.[83] Diese Entscheidung war durch verschiedene Gutachten umfassend vorbereitet worden,[84] weshalb das Votum des Staatsgerichtshofes mit Spannung erwartet wurde. Hinsichtlich der Grundlegung der Mitbestimmung verwies das Gericht auf das Sozialstaatsprinzip, dem sich jedoch infolge seiner in Literatur und Rechtsprechung allgemein anerkannten Unbestimmtheit keine konkrete Abgrenzung von Zuständigkeiten und Rechten der Personalvertretungen entnehmen lasse.[85] Das Gericht hatte sich dann noch mit Art. 37 LVerf Hess zu befassen, der zur Begründung der Mitbestimmung herangezogen worden war.[86] Der Staatsgerichtshof zieht aus Art. 37 Abs. 1 LVerf Hess zwar die Verpflichtung des Staates, in allen Behörden und Betrieben der öffentlichen Hand Personalvertretungen einzurichten; da Art. 37 Abs. 2 LVerf Hess auf die genannten Behörden und Betriebe jedoch nicht anwendbar sei, enthalte die hessische Verfassung ausdrücklich keine Bestimmungen über Aufgaben und Befugnisse dieser Personalvertretungen.[87] Der hessische Staatsgerichtshof bewegt sich mit dieser Argumentation in dem von dem Bundesverfassungsgericht festgelegten Rahmen.

In diesem Sinne hat sich zu den verfassungsrechtlichen Vorgaben des Personalvertretungsrechts zuletzt der Gemeinsame Senat der obersten Gerichtshöfe des Bundes in seiner Entscheidung vom 12.03.1987 geäußert:

---

83 Hess StGH, Urteil vom 30.04.1986, DVBl. 1986, 936 = PersV 1986, 227 = ArbuR 1987, 36.

84 Vgl. Kisker, Grenzen der Mitbestimmung im öffentlichen Dienst; Ossenbühl, Grenzen der Mitbestimmung im öffentlichen Dienst; Kempen, Grund und Grenze gesetzlicher Personalvertretung in der Parlamentarischen Demokratie.

85 Hess StGH, DVBl. 1986, 936 (941).

86 Insbesondere im vorausgegangenen Gutachten von Kempen, S. 20, kommt dieser Vorschrift eine ausschlaggebende Bedeutung zu.

Art 37 LVerf Hess lautet:

(1) Angestellte, Arbeiter und Beamte in allen Betrieben und Behörden erhalten unter Mitwirkung der Gewerkschaften gemeinsame Betriebsvertretungen, die in allgemeiner, gleicher, freier, geheimer und unmittelbarer Wahl von den Arbeitnehmern zu wählen sind.

(2) Die Betriebsvertretungen sind dazu berufen, im Benehmen mit den Gewerkschaften, gleichberechtigt mit den Unternehmern in sozialen, personellen und wirtschaftlichen Fragen des Betriebes mitzubestimmen.

87 Hess StGH DVBl. 1986, 936 (941); ebenso Kisker, Gutachten, S. 25 m.w.N.; ebenso bereits 1957 der Brem StGH in seinem Sondervotum zu der entsprechenden landesverfassungsrechtlichen Vorschrift des Art 47 LVerf Bre, ZBR 1957, 234 (235), das der Entscheidung des BVerfG im 9.Band, S. 268 vorausgegangen war; a.A Breunig, ArbuR 1987, 20; Riedel-Ciesla, Das Grundrecht auf Mitbestimmung in der hessischen Verfassung.

"Das Sozialstaatsprinzip - und ebenso das Grundrecht auf freie Entfaltung der Persönlichkeit (Art. 2 Abs. 1 GG) - rechtfertigt zwar den kollektiven Schutz des arbeitenden Menschen durch Betriebsräte und Personalvertretungen; es gebietet aber nicht diesen Schutz im Bereich des öffentlichen Dienstes und in der Privatwirtschaft in personeller und sachlicher Hinsicht inhaltlich übereinstimmend zu gewährleisten."[88]

Durch die Entscheidung des Gemeinsamen Senats wird somit die Rechtsprechung des Bundesverfassungsgerichts zur Grundlegung der personalvertretungsrechtlichen Mitbestimmung bestätigt.

b)   Direktive Mitbestimmung

Für den Bereich der direktiven oder behördenleitenden Mitbestimmung (entsprechend der unternehmerischen Mitbestimmung im privatrechtlichen Bereich) liegt eine neuere Entscheidung des Landesverfassungsgerichtshofes Nordrhein-Westfalen vor.[89]

Der Verfassungsgerichtshof rechtfertigt das direktive Mitbestimmungsanliegen der Dienstkräfte der Sparkassen allein aus dem Sozialstaatsprinzip. Weitere rechtfertigende Verfassungsprinzipien seien nicht ersichtlich. Unter Bezugnahme auf die Entscheidungen des Bundesverfassungsgerichtes im 52. und 59. Band, stellt das Gericht fest, daß dieses Prinzip dem Gesetzgeber zwar Ermächtigungen zum Handeln gebe, es jedoch nicht im Widerspruch zu anderen grundlegenden Verfassungsprinzipien verwirklicht werden dürfe.[90] Somit ist nach der Rechtsprechung die direktive Mitbestimmung ebenso legitimiert wie die personalvertretungsrechtliche Mitbestimmung.[91]

2.   Personalvertretungsrechtliche Mitbestimmung ein Grundrecht?

Über Grund und Grenze personalvertretungsrechtlicher Mitbestimmung ist ebenso wie im betrieblichen Bereich eine kaum zu überblickende Anzahl von Stellungnahmen vorhanden. Im Gegensatz zum betrieblichen wird im öffentlichen Bereich jedoch auf die Grundlegung der Mitbestimmung ein weitaus größeres Augenmerk gerichtet. Dies ergibt sich aus der verfassungsrechtlich unterschiedlichen Ausgangs-

---

88   Gem. Senat OGB, PersV 1987, 461 (464) = PersR 1987, 263.

89   VerfGH NRW, Urteil vom 15.09.1986, PersV 1987, 103 = NVwZ 1987, 211; dazu Nagel, Mitbestimmung in öffentlich rechtlichen Unternehmen und Verfassungsrecht; Stuer, PersV 1987, 98; Ehlers, JZ 1987, 218.

90   VerfGH NRW, PersV 1987, 103 (104).

91   A.A. z.T. die Literatur, s.u. 2. Kap. IV 2 a.

lage: während im privaten Bereich dem Mitbestimmungsrecht der Arbeitnehmer lediglich die Grundrechte der Arbeitgeber aus Art. 14 Abs. 1 GG und 12 Abs. 1 GG entgegengehalten werden können, die ihrerseits unter Gesetzesvorbehalt stehen, stößt die Mitbestimmung der Arbeitnehmer im öffentlichen Dienst gegen staatsorganisatorische Gegenrechte, wie die Prinzipien der Gewaltenteilung, des Rechtsstaates und der Demokratie.[92] Eingriffe in diese Grundprinzipien bedürfen einer weitergehenden Fundierung als Eingriffe in das Eigentum, das gemäß Art. 19 Abs. 2 GG bis zur Wesentlichkeitsgrenze eingeschränkt werden kann; sie bedürfen vielmehr einer verfassungsrechtlichen Rechtfertigung. Dies bedeutet unmittelbar: je weitergehend Mitbestimmung fundiert werden kann, um so größer sind die Möglichkeiten, staatsorganisatorische Grundprinzipien einzuschränken.

Die Auffassungen in der Literatur lassen sich dementsprechend aufteilen in die Meinung einer Minderheit, die die Mitbestimmung als ein Grundrecht ansieht mit der Folge, daß ein Abwägen mit Gegenrechten nach dem Grundsatz des schonendsten Ausgleichs vorzunehmen ist. Die als herrschende Meinung zu bezeichnende Auffassung geht demgegenüber davon aus, daß Mitbestimmung keine Grundrechtsausübung darstellt, somit hierdurch diese Grundprinzipien nicht einschränkbar sind und nur unter bestimmten verfassungsrechtlichen Voraussetzungen hiervon Ausnahmen möglich sein sollen. Da diese staatsorganisatorischen Rechte als Staatsziele entsprechend dieser Bedeutung vom Grundgesetz eingestuft seien (Art. 79 Abs. 3 GG), müßten sie mit einer Konsequenz verteidigt werden, die diesem Rang entspreche.[93]

Die herrschende Meinung steht damit im Einklang mit der Rechtsprechung des Bundesverfassungsgerichts. Ihre Vertreter haben ausführlich ihren Standpunkt dargelegt.[94] Die Diskussion ist seit der Überprüfung der Verfassungsmäßigkeit des hessischen Personalvertretungsgesetzes im Gange und hat durch die Neufassung des schleswig-holsteinischen Personalvertretungsgesetzes erneut Auftrieb erhalten. Insbesondere Kempen vertritt die Gegenposition überzeugend in seinem viel zitierten Gutachten zu Grund und Grenze der gesetzlichen Personalvertretung.[95]

---

92 Vgl. Altvater, Wendeling-Schröder, RiA 1984, 73 (76).
93 So Kisker, Gutachten, S. 13.
94 Vgl. u.a. Kisker, Gutachten; ders., PersV 1992, 1; ders., in: Festschr. für Willi Geiger zum 80. Geburtstag, Ein Grundrecht auf Teilhabe an Herrschaft, S. 243; ders. PersV 1985, 137; Ossenbühl, Gutachten; ders., PersV 1989, 409; Battis, DÖV 1987, 1; ders., PersV 1987, 394; Klein, PersV 1990, 49; Schenke, PersV 1992, 290; ders., JZ 1991, 581; Kübel, Personalrat und Personalmaßnahmen; ders., PersV 1990, 505; ders., PersV 1987, 217; ders., PersV 1986, 129; Lecheler NJW 1986, 1079; Krüger, PersV 1990, 241; Thiele PersV 1990, 290; Becker, RiA 1988, 1; Peter, ZBR 1986, 266.
95 Kempen, Gutachten; vgl. u.a. ders. ArbuR 1987, 9; Plander, PersR 1990, 345; ders. ArbuR 1987, 1; ders., PersR 1987, 13; Sabottig, PersR 1988, 93; Wendeling-Schröder, ArbuR 1987,

a) Fundierung aus dem Sozialstaatsprinzip

In Übereinstimmung mit der Rechtsprechung des Bundesverfassungsgerichts sind sämtliche Autoren in der Auffassung einig, daß gesetzliche Personalvertretung bzw. deren Beteiligungsrechte im Sozialstaatsprinzip wurzeln. Auf Grund der Offenheit dieses Prinzips bietet es jedoch eine große Variationsbreite für die Verwirklichung seines Schutzauftrages. Für die herrschende Meinung bedeutet die Legitimation durch das Sozialstaatsprinzip jedoch nicht, daß die einzelne Ausgestaltung der Personalvertretung unmittelbar verpflichtend aus dem Grundgesetz abgeleitet werden könnte.[96]

Aber selbst Kempen zieht allein aus der Legitimation der Mitbestimmungsvorschriften im Sozialstaatsprinzip nicht diese Folgerung.[97] Die außerordentlich offene Formulierung des Sozialstaatsprinzips erlaube keine klaren Abgrenzungen. Wenn er weiter folgert, daß der Kern des Sozialstaatsprinzips in der fortschreitenden Gleichheitsverwirklichung liege, mit der Folge, daß es für die Personalvertretung im öffentlichen Dienst prinzipiell mindestens dasselbe Maß an Mitbestimmung, welches das Betriebsverfassungsgesetz den Arbeitnehmern in seinem Geltungsbereich zugestanden habe, fordert,[98] wird hiermit keine zusätzliche Aussage zur Mitbestimmungsfundierung getroffen. Die Frage der Ausgestaltung der Mitbestimmung ist eine Frage nach den Grenzen der Mitbestimmung.

Lediglich Klein scheint aus dem sozialstaatlichen Schutzauftrag Inhalt und Grenze von Beteiligungsrechten bestimmen zu wollen, indem er einen Ausgleich mit Staatsorganisationsprinzipien im Wege der Konkordanz aufzeigt.[99] Da er jedoch im weiteren auf Kisker verweist, der seinerseits diesen Weg gerade nicht einschlägt,[100] sondern einen Ausgleich anhand eines Regel-Ausnahme-Systems herbeiführt, ist auch Klein eher der herrschenden Auffassung zuzuordnen.

Hinsichtlich der grundrechtlichen Fundierung der direktiven Mitbestimmung gehen die Meinungen in der Literatur auseinander. Wie bereits dargestellt, hat der Verfassungsgerichtshof NRW entschieden, daß auch diese Mitbestimmung im Sozialstaatsprinzip wurzele, ohne jedoch hieraus weitere Schlußfolgerungen zum Umfang der garantierten Mitbestimmung zu ziehen.[101] Diese Auffassung wird selbst von

---

381; Schröder, PersR 1985, 115; Altvater, PersR 1986, 123; Däubler, PersR 1988, 65; Breunig, ArbuR 1987, 20; Kurth, DVBl. 1986, 609, Damkowski, RiA 1975, 1.

96   Vgl. Battis, PersV 1987, 394 (396); Kisker, Gutachten, S. 12; Ossenbühl, Gutachten, S. 34 f.
97   Kempen, Gutachten, S. 14.
98   Kempen, Gutachten, S. 15; a.A. Gem. Senat OGB, PersV 1987, 461 (464), s.o. 2. Kap. IV 1 a.
99   Klein, PersV 1990, 49 (55).
100 Kisker, PersV 1985, 137 (140 ff).
101 VerfGH NRW, PersV 1987, 103.

der mitbestimmungsfreundlichen Literatur geteilt. Kempen führt aus, daß das Bundesverfassungsgericht in seinem Mitbestimmungsurteil einen verbindlichen, aus den Grundrechten der Arbeitnehmer abgeleiteten Verfassungsauftrag zur Einführung einer unternehmerischen Mitbestimmung, wie der des Mitbestimmungsgesetzes 1976, deutlich ablehne, was zugleich die Ablehnung eines allgemeinen "Grundrechts auf Mitbestimmung" umfasse.[102] Kempen akzeptiert diesen Weg des Bundesverfassungsgerichts somit für die der wirtschaftlichen Mitbestimmung entsprechende direktive Mitbestimmung. Auch Nagel argumentiert in diesem Sinne, wenngleich er in der direktiven Mitbestimmung zudem eine Effektuierung von Grundrechten aus Art. 12 Abs. 1, Art. 9 Abs. 3 GG und Art. 26 LVerf NRW sieht.[103] Obwohl Nagel auch ein "Grundrecht auf direktive Mitbestimmung" ablehnt, kommt er dann doch zu einer Konkordanzprüfung zwischen effektuierten Grundrechten und Sozialstaatsprinzip einerseits und dem Demokratieprinzip andererseits.[104] Aufgrund der Prämisse wären jedoch die Mitbestimmungsregelungen auf ihre Vereinbarkeit mit dem entgegenstehenden Demokratieprinzip zu prüfen gewesen.

Eine andere Auffassung in der Literatur lehnt demgegenüber jegliche verfassungsrechtliche Legitimation der direktiven Mitbestimmung ab. In allen Bereichen, in denen öffentliche Aufgaben wahrgenommen würden (sei es durch obrigkeitliche Hoheitsverwaltung, schlichte Hoheitsverwaltung oder verwaltungsprivatrechtliche Tätigkeit, wenn sie öffentliche Aufgaben in Privatrechtsform wahrnehme), sei direktive Mitbestimmung noch nicht einmal aus dem Sozialstaatsprinzip legitimiert.[105] Jeglicher Vergleich mit der Privatwirtschaft wird für die direktive Mitbestimmung abgelehnt. Der Schutzzweck der Normen zur unternehmerischen Mitbestimmung rechtfertige diesen Ansatzpunkt.

Ohne diese Schlußfolgerung ziehen zu wollen, ist der Gang der Argumentation einsichtig: unternehmensleitende Mitbestimmung in der Privatwirtschaft wurde u.a. damit begründet, daß Fehlentscheidungen in der Unternehmensleitung existentiell Arbeitnehmerinteressen berühren. Begründungszwänge, Machtkontrolle und Mitbestimmung bei wirtschaftlichen Vorhaben, die die Gewinnerwartung beeinflussen, rechtfertigen deshalb die Einführung der unternehmerischen Mitbestimmung. Diese Gefahren bestehen demgegenüber in der öffentlichen Verwaltung nicht. Arbeitsplatzrisiko oder Fehlentscheidungen in unternehmerischen Fragen, die Auswirkungen auf Interessen der Arbeitnehmer haben könnten, sind in der öffentlichen Hand

---

102 Kempen, Gutachten, S. 19.
103 Nagel, Mitbestimmung im öffentlichen Unternehmen und Verfassungsrecht, S. 53.
104 Nagel, Mitbestimmung im öffentlichen Unternehmen und Verfassungsrecht, S. 65.
105 Biedenkopf/Säcker, Grenzen der Mitbestimmung im kommunalen Versorgungsunternehmen, ZfA 1971, 211; Biedenkopf, Mitbestimmung, S. 157 ff; Leisner, Mitbestimmung im öffentlichen Dienst, S. 89; Scholz, ZBR 1980, 297 (301 f); Ehlers, JZ 1987, 218 (220).

nicht vorhanden. Die Erfüllung der öffentlichen Aufgabe steht im Vordergrund und selbst bei der öffentlichen Aufgabenerfüllung in Privatrechtsform haftet i.d.R. der Gewährsträger,[106] somit die nicht konkursfähige öffentliche Hand. Der einzelne Arbeitnehmer in diesem Organisationsgefüge bedarf nicht des Schutzes des Arbeitnehmers in der Privatwirtschaft. Nach Ansicht der o.g. Autoren ist deshalb die Einführung der direktiven Mitbestimmung nicht aus dem Sozialstaatsprinzip legitimiert.

Auf diese letzte Aussage braucht man sich indes nicht festzulegen; denn selbst der Befund, direktive Mitbestimmung sei aus dem Sozialstaatsprinzip begründbar, versagt dieser Feststellung jegliche konkrete Folgewirkung. Der Umfang der direktiven Mitbestimmung ergibt sich dann aus der Grenzziehung, die aufgrund des eingeschränkten Schutzbereichs der direktiven Mitbestimmung dieser nur in sehr eingeschränkten Rahmen Geltung gewährt.[107]

b)   Fundierung aus Art 1 Abs. 1, 2 Abs. 1 GG

Nachdem eine Fundierung aus dem Sozialstaatsprinzip nicht nachweisbar war, lag es nahe, Personalvertretung als Grundrechtsverwirklichung im öffentlichen Dienst auszuweisen. Dieser Ansatz liegt auch auf der Linie der Rechtsprechung, die betont hat, daß Personalvertretung nicht nur im Sozialstaatsgedanken wurzele, sondern zugleich ein wichtiges Mittel zur Wahrung der Menschenwürde und der Persönlichkeitsentfaltung in der Dienststelle darstelle.[108]

Da die damit angesprochenen Grundrechte der Art. 1 Abs. 1 und 2 Abs. 1 GG ebenso wie das Sozialstaatsprinzip keine bestimmten Schlußfolgerungen hinsichtlich der Ausgestaltung von Mitbestimmung zulassen, werden hieraus folgerichtig von der herrschenden Meinung in der Literatur keine weitergehenden Schlußfolgerungen gezogen.[109]

Allein Kempen differenziert in seinem Gutachten bei der Fundierung der Mitbestimmung aus Art. 2 Abs. 1 GG zwischen der direktiven und der arbeitsplatzbezogenen Mitbestimmung. Ersterem habe das Bundesverfassungsgericht mit dem Mitbestimmungsurteil (dessen Übertragbarkeit auf den öffentlichen Bereich auch Kempen unterstellt) eine umfassende Absage erteilt, so daß insoweit nicht von ei-

---

106 Selbst wenn in dem zugrundeliegenden Gesetz, z.B. § 5 SpkG NRW, die Konkursfähigkeit der juristischen Person des öffentlichen Rechts angenommen wird, ist es zu einem derartigen Konkurs bisher nicht gekommen; vgl. BVerfGE 60, 135 (154 ff).

107 Ebenso Püttner, Die öffentlichen Unternehmen, S. 140; Stuer, PersV 1987, 98, Anm. zum Urteil des VerfGH NRW.

108 BVerfGE 51, 43.

109 so Kisker, Gutachten, S. 12; ders. PersV 1985, 138 (141); Ossenbühl, Gutachten, S. 29; Battis, PersV 1987, 394 (395).

nem Grundrecht auf Mitbestimmung auszugehen sei. Personalvertretung als arbeitsplatzbezogene Mitbestimmung beruhe dagegen auf dem persönlichen Selbstbestimmungsrecht des Art. 2 Abs. 1 GG und bliebe daher in seinem Kern von sämtlichen denkbaren Gegenrechten unberührt.[110] Diese grundrechtliche Fundierung durch Kempen ist insbesondere von Ossenbühl heftig kritisiert worden, der es ablehnt, aus der hoch abstrakten gedanklichen Verbindung zwischen Art. 1 und Art. 2 GG einerseits und einem Gesetzgebungsprojekt oder einer gesetzlichen Regelung andererseits eine verfassungsrechtlich relevante Verknüpfung abzuleiten. Andernfalls gäbe es angesichts des Auffanggrundrechts des Art. 2 Abs. 1 GG wohl kaum ein Gesetz, welches sich nicht "grundrechtlich fundieren" ließe.[111]

c) **Fundierung aus Art. 12 Abs. 1 GG**

Kempen selbst erkennt diesen Mangel der Argumentation allein aus Art. 2 Abs. 1 GG und bemüht deshalb zusätzlich landesverfassungsrechtliche Bestimmungen und Art. 12 Abs. 1 GG in Verbindung mit dem Sozialstaatsprinzip zur Fundierung der personalvertretungsrechtlichen Mitbestimmung.[112] Danach sei der Gesetzgeber verpflichtet, Verfahrensordnungen zu schaffen, die eine optimale Grundrechtseffektivität unter Beachtung der Funktionsfähigkeit des geordneten Bereichs ermöglichten. Als die zu effektuierenden Grundrechte benennt Kempen zuletzt neben Art. 1 Abs. 1, 2 Abs. 1 nun auch Art. 12 Abs. 1 GG. Damit ist die Mitbestimmung Ausfluß der verfahrensrechtlichen Dimension der entsprechenden Grundrechtsgewährleistung, mit der Folge, daß Mitbestimmungsregelungen nicht nur in diesen Grundrechten ohne weitere Rechtsfolgen wurzeln, sondern daß ein Recht auf staatliche Organisations- und Verfahrensregeln bestünde. Auf Grund des Sozialstaatsprinzips sei der Gesetzgeber zur entsprechenden gesetzlichen Ausgestaltung verpflichtet.

> "Das spezifisch 'Sozialstaatliche' an dieser Sicherung der Berufsfreiheit besteht dann darin, daß die Regelungen der Personalvertretung eine kollektive grundrechtliche Selbstbestimmung vorsehen, weil die hergebrachten individuellen Grundrechtspraktiken für abhängig Beschäftigte auf Grund allfälliger wirtschaftlicher Zwänge wenig sinnvoll erscheinen."[113]

Die Personalvertretung übe deshalb keine Staatsgewalt aus, sondern vertrete grundrechtliche Freiheiten der Beschäftigten.[114]

---

110 Kempen, Gutachten, S. 19.
111 Ossenbühl, Gutachten, S. 29.
112 Kempen, ArbuR 1987, 9.
113 Kempen, ArbuR 1987, 9 (14).
114 Kempen ArbuR 1987,9 (14); diese Argumentation ist neu, beschreitet er in seinem Gutachten, S. 22, noch einen anderen Weg, indem er ein Grundrecht auf Mitbestimmung aus dem

Mit dieser Argumentation aus Art. 12 GG, die in Verbindung mit dem Sozialstaatsprinzip zu einer Verfahrensgewährleistung durch Personalvertretung führt,
setzt sich insbesondere Kisker umfassend auseinander.[115] Er weist nach, daß aus
dem unzweifelhaft tangierten Art. 12 GG nicht die organisationsrechtliche Konsequenz zu ziehen ist, die Mitbestimmungsregelungen als von der Verfassung gefordert anzusehen.

Die Argumentation über Art. 12 GG liegt nahe, hat doch das Bundesverfassungsgericht hinsichtlich der Fundierung der Mitbestimmung im Betriebsverfassungsrecht diesen Weg erstmals beschritten. Art. 12 Abs. 1 GG garantiert Berufsfreiheit. Auch der abhängig Bedienstete übt einen Beruf im Sinne des Art. 12 Abs. 1
GG aus. Die Reglementierung des Bediensteten am Arbeitsplatz läßt sich als Berufsausübungsregelung begreifen. Durch die Mitbestimmung kann die Berufsausübung positiv beeinflußt werden, wobei im öffentlichen Bereich oftmals gleichzeitig
in staatsorganisatorische Grundprinzipien des öffentlichen Arbeitgebers eingegriffen
wird. Mitbestimmungsregelungen können die Berufsausübung der Arbeitnehmer
aber auch negativ beeinflußen, wenn beispielsweise eine geplante Beförderung an
dem Veto des Personalrats aufgrund eines entsprechenden Mitbestimmungsrechts
scheitert oder wenn die Lage der Arbeitszeit per Dienstvereinbarung entgegen dem
Wunsch eines einzelnen Arbeitnehmers festgelegt wird. Bei diesem Befund verbietet
es sich, allein aus der auch vorhandenen positiven - d.h. zugunsten der Arbeitnehmer
wirkenden - Berufsausübungsregelung, die durch Mitbestimmung erreicht wurde,
ein Grundrecht auf Mitbestimmung abzuleiten.

Aus diesem Grunde können die Bestrebungen, aus Art. 12 Abs. 1 GG ein Grundrecht auf Personalvertretung abzuleiten, nur in eine andere Richtung gehen: durch
die Personalvertretung sollen nicht sozusagen kollektiv die individuellen Grundrechte eines einzelnen Arbeitnehmers gesichert werden.[116] Dem stünde auch die
Entscheidung des Bundesverfassungsgerichts entgegen, wonach die Personalvertretung den der Verwirklichung individueller Grundrechte dienenden Einrichtungen nur
"nahe gerückt" ist.[117] Dies impliziert, daß die Personalvertretung gerade nicht eine
Form kollektiver oder individueller Ausübung von Grundrechten der Arbeitnehmer

---

Sozialstaatsprinzip i.V.m. Art. 3 GG herleitet und für die betriebliche und personalvertretungsrechtliche Mitbestimmung den selben Umfang von Mitwirkungsrechten fordert.
115 Kisker, in: Festschr. für Willi Geiger zum 80. Geburtstag, Ein Grundrecht auf Teilhabe an
Herrschaft, S. 243.
116 So jedoch Kempen, ArbuR 1987, 9 (14).
117 BVerfGE 51, 77 (86).

ist.[118] Vielmehr werden die grundrechtlichen Gewährleistungen aus Art. 12 Abs. 1 GG wie folgt erweitert: Das Recht auf verfahrensmäßige Organisation einer Personalvertretung wird nicht mehr allein aus Art. 12 Abs. 1 GG deduziert, sondern vielmehr in Verbindung mit dem Sozialstaatsprinzip. Letzteres diene als Hebel, um die überkommene Fixierung der Grundrechtsdogmatik auf die Abwehr staatlicher Eingriffe aufzubrechen.[119] Daß grundrechtliche Gewährleistungen und das Sozialstaatsprinzip im Zusammenwirken für den Mitbestimmungsgesetzgeber von Bedeutung sind, hat auch das Bundesverfassungsgericht ausgeführt. Danach wurzeln die Regelungen des Personalvertretungsgesetzes im Sozialstaatsgedanken und gehen auf Vorstellungen zurück, die den Grundrechtsverbürgungen der Art. 1,2 und 5 Abs. 1 GG zugrundeliegen.[120]

Dieser Argumentation ist jedoch entgegenzuhalten, daß dem Personalrat nicht sozusagen als "juristischer Person" im Sinne des Art. 19 Abs. 3 GG das Grundrecht aus Art. 12 Abs. 1 zustehen kann, da er keinen Beruf ausübt, sondern die Interessen der Beschäftigten vertritt. Auch wenn Mitbestimmungsregelungen in der Regel die berufliche Entfaltungsmöglichkeit verbessern, und somit eine Verbindung zwischen Art. 12 Abs. 1 GG und dem Sozialstaatsprinzip besteht, liegt in der so begründeten Mitbestimmung keine Grundrechtsausübung des einzelnen Beschäftigten. Individuelle Grundrechte des Einzelnen können nicht sozusagen gebündelt auf Personalvertretungen übertragen werden und dadurch zu einem eigenständigen kollektiven Grundrecht dieser Personalvertretungen umgewandelt werden.[121]

Somit bleibt allenfalls die Konstruktion des Individualgrundrechts auf kollektive Mitbestimmung, das Art. 12 Abs. 1 GG zu entnehmen ist. Dieses kann jedoch nur die grundsätzliche Einrichtung von kollektiven Mitbestimmungsorganen beinhalten, ein Institut, dessen Existenz ohnehin niemand anzweifelt. Diese Auslegung stimmt auch mit der herrschenden Auffassung überein, daß Grundrechte nicht nur subjektive Rechtspositionen verbürgen, sondern auch Institutionen gewährleisten und dadurch in die einfache Rechtsordnung ausstrahlen.[122]

---

118 Ebenso Battis PersV 1987, 394 (395); Ossenbühl, Gutachten, S. 31, der darauf hinweist, daß Mitbestimmung durch ein Kollektiv, das zwar durch Mitglieder repräsentiert wird, die dem Grundrechtsträger verpflichtet sind, keine individuelle Grundrechtsausübung ist.

119 Kisker, in: Festschr. für Willi Geiger zum 80. Geburtstag, Ein Grundrecht auf Teilhabe an Herrschaft, S. 243 (250).

120 BVerfGE 28, 314.

121 Ebenso Ossenbühl, Gutachten, S. 30.

122 So bereits frühzeitig Hoffmann-Riem, in: Festschr. für Ipsen, Die grundrechtliche Freiheit der arbeitsteiligen Berufsausübung, S. 385; zu der entsprechenden Problematik aus dem Schulrecht, der Rechtfertigung eines kollektiven Elternrechts und daraus abgeleiteter Mitwirkungsbefugnisse, vgl. Ossenbühl, Das elterliche Erziehungsrecht im Sinne des Grundgesetzes, S. 96 ff.

Der Erkenntniswert dieser Deduktion ist somit im Ergebnis nicht weitergehend als allein die Feststellung, daß Personalvertretung im Sozialstaatsprinzip wurzelt und Grundrechte aus Art. 1, 2 GG verbürgt. Auch der neueste "Fundierungsversuch" über einen "sozialstaatlich aufgeladen Art. 12 Abs. 1 GG" vermag über die grundsätzliche Verpflichtung an den Gesetzgeber zur Einrichtung einer organisatorischen Beschäftigtenvertretung gegenüber dem Dienstherren keine weiteren Rechtspflichten zu konstituieren. Damit ist über den Umfang der entsprechenden Regelungen keine Aussage getroffen. Eine Forderung nach Ausbau der Mitbestimmung an den Gesetzgeber läßt sich hieraus nicht herleiten. Garantiert ist die Existenz der Personalvertretung, deren Berechtigung jedoch von niemandem ernstlich in Frage gestellt wird. Personalvertretungsrechtliche Mitbestimmung ist somit zwar grundrechtlich zusätzlich auch durch Art. 12 Abs. 1 GG in Verbindung mit dem Sozialstaatsprinzip legitimiert - ein Grundrecht auf Mitbestimmung ist dieser Legitimation jedoch nicht zu entnehmen. Diese Erkenntnis ist jedoch insoweit bedeutsam, als sie den Schutzbereich von Mitbestimmungsvorschriften erweitert.

Deutlich tritt bei dieser Diskussion auch in Erscheinung, daß die Argumentation zur Fundierung der Mitbestimmung aus Art. 12 Abs. 1 GG im öffentlichen Bereich intensiver als im privatwirtschaftlichen Bereich geführt wird.

d)   **Demokratieprinzip**

Die Argumentation aus dem Demokratieprinzip gewinnt im personalvertretungsrechtlichen Bereich keine Bedeutung: so behaupten weder Kritiker noch Befürworter einer grundrechtlichen Fundierung der Mitbestimmung, daß diese aus dem Demokratieprinzip herzuleiten sei.[123] Vielmehr treten Ausflüsse aus dem Demokratieprinzip der Mitbestimmung im öffentlichen Bereich als Grenze entscheidend entgegen.

Personalvertretung wird dem demokratischen Prinzip thematisch eher in dem Sinne zugeordnet, daß auch sie aus demokratischen Wahlen hervorgeht oder unter dem Aspekt der den Institutionen Parlament und Personalvertretung zukommenden Kontrollfunktion, die sich ergänzten: wo das Parlament faktisch nicht mehr kontrolliere, sei Personalvertretung ein Mittel komplementärer Überprüfung von Machtmißbrauch.[124]

---

123 Vgl. Kisker, Gutachten, S. 11; Ossenbühl, Gutachten, S. 33; Kempen, Gutachten, S. 23; Battis, PersV 1987, 394; Kübel, Dissertation, S. 136.

124 Vgl. DGB, Thesen zur Mitbestimmung in öffentlich-rechtlichen Unternehmen und Einrichtungen, Schriftenreihe Mitbestimmung Nr. 4; in diesem Sinne bereits die Äußerung der Bremer Bürgerschaft in BVerfGE 9, 268 (276).

Diese Argumentation ist inhaltlich nicht haltbar; Aufgabe der Personalvertretung ist Interessenwahrnehmung der Bediensteten und nicht Kontrollorgan auf "unterster Ebene". Der Dienstherr ist aufgrund Art. 1 Abs. 3 GG selbst verpflichtet, gesetzmäßig zu handeln. Dem Demokratieprinzip des Art. 20 Abs. 1 GG ist die Forderung, Personalvertretungen einzurichten, nicht zu entnehmen. Entsprechend argumentiert Püttner, daß die Mitbestimmung nicht die öffentliche Hand "demokratisiere", sondern dort die Demokratie, wie sie das Grundgesetz anordne, durch Beteiligung demokratisch nicht legitimierter Personen partiell außer Kraft setze, was verfassungsrechtlich nicht zulässig sei.[125]

e) Art. 33 Abs. 5 GG hinsichtlich der Beamtenvertretungen

Art. 33 Abs. 5 GG wird hinsichtlich der Personalvertretung der Beamten als Grundlage für personalvertretungsrechtliche Mitbestimmung angesehen.[126] Gemäß Art. 33 Abs. 5 ist der Gesetzgeber gehalten, das Recht des öffentlichen Dienstes "unter Berücksichtigung der hergebrachten Grundsätze des Berufsbeamtentums zu regeln".[127]

Zu einem solchen hergebrachten Grundsatz könnte Art. 130 Abs. 2 WRV zählen, wonach die Beamten nach näherer reichsgesetzlicher Bestimmung besondere Beamtenvertretungen erhalten sollten. Bekanntlich kam es zu keinem entsprechenden Reichsgesetz, jedoch wurden im Erlaßwege Beamtenvertretungen eingerichtet. Somit kann unterstellt werden, daß Art. 130 Abs. 2 WRV einen hergebrachten Grundsatz konstituiert (ähnlich wie einige Landesverfassungen dies für Behörden und Betriebe festlegen). Sinn und Zweck des Gebots, spezielle Beamtenvertretungen einzurichten, liegt in der Kompensationsfunktion dieser Institution. Zwar hat der Staat dem Beamten gegenüber besondere Fürsorgeverpflichtungen, andererseits unterliegen die Beamten weitgehenden, mit dem privaten Arbeitsverhältnis nicht vergleichbaren Gehorsamspflichten.[128] Eine verfassungsrechtliche Verankerung der Beamtenvertretung korrespondiert mit der engen Bindung des Beamten an seinen Dienstherrn und verstärkt kollektiv seinen durch diese Treuepflichten eingeengten Status. Für die Beamten ist somit die Existenz einer Beamtenvertretung verfassungsrechtlich garantiert,[129] ohne daß zum Umfang der Befugnisse konkrete Forderungen ableitbar wären.

---

125 Püttner, Die öffentlichen Unternehmen, S. 138.
126 So Battis, PersV 1987, 394 (396); vgl. Nachweise bei Kübel, Dissertation, S. 148.
127 Nach der Rechtsprechung des Bundesverfassungsgerichts, BVerfGE 3, 168; 16, 110, und der h.L. gilt Art. 33 Abs. 5 GG nur für Berufsbeamte und nicht für Angestellte und Arbeiter im öffentlichen Dienst.
128 Als Ausfluß hieraus bspw. das Streikverbot der Beamten.
129 A.A. Kübel, Dissertation, S. 149.

3. Zusammenfassung

Da die verfassungsrechtliche Grundlegung der Mitbestimmung im öffentlichen Bereich für die Grenzziehung von besonderer Bedeutung ist, sind vor allem in der Literatur differenzierte Ansätze zur Fundierung der Mitbestimmung nachweisbar. Die Rechtsprechung sieht die Wurzel der Mitbestimmung im öffentlichen Bereich im Sozialstaatsprinzip und in den Grundrechten. Ein Grundrecht auf personalvertretungsrechtliche Mitbestimmung besteht jedoch weder nach der Rechtsprechung noch der herrschenden Lehre, wenngleich die Legitimation der Mitbestimmung zunehmend ausgeweitet wird. Im Bereich der direktiven Mitbestimmung wird z.T. von der Literatur jegliche grundrechtliche Verortung von Mitbestimmung abgelehnt. Im Ergebnis ist die Kollision von Mitbestimmung im öffentlichen Bereich mit entgegenstehenden Staatsorganisationsprinzipien in keinem Falle im Wege des schonendsten Ausgleichs zu lösen.

V. Vergleich zwischen der grundrechtlichen Fundierung der Mitbestimmung im privatrechtlichen und öffentlich-rechtlichen Bereich

Gäbe es ein Grundrecht auf arbeitsplatzbezogene Mitbestimmung, dann könnte es nur für die beiden Regelungsbereiche gleichermaßen gelten. Denn wenn Mitbestimmungsregelungen im abhängigen Arbeitsverhältnis ein Grundrecht verwirklichen würden, müßte dies unabhängig von dem zugrunde liegenden Arbeitsvertrag Geltung besitzen.[130] Ob die Mitbestimmung ein Grundrecht darstellt, könnte in der grundsätzlichen Festlegung aus der Verfassung nur einheitlich geschlossen werden, sofern die Mitbestimmung aus den Art. 1, 2, 12 GG grundrechtlich begründet würde. Allein für den Fundierungsversuch über das Sozialstaatsprinzip gilt diese Feststellung nicht: die Schutzbedürftigkeit des öffentlichen Arbeitnehmers ist nicht im entferntesten mit derjenigen seines Kollegen in der Privatwirtschaft vergleichbar. Wirtschaftliche, von dem einzelnen Betrieb kaum beeinflußbare Faktoren können dessen Arbeitsplatz gefährden; mitbestimmte Entscheidungen werden deshalb immer vor dem Hintergrund der Ertragslage des Unternehmens gefällt und verantwortet. Demgegenüber ist die öffentliche Hand konkursunfähig, kennt der dort einmal verankerte Arbeitnehmer eine Angst um seinen Arbeitsplatz nicht.

Wie jedoch gezeigt wurde, wird von Rechtsprechung und herrschender Lehre zurecht ein Grundrecht auf Mitbestimmung abgelehnt. Folgerichtig wird bei dieser

---

130 A.A. Ossenbühl, Gutachten, S. 35, der bereits bei der Prüfung der Frage der Grundlegung der Mitbestimmung einen Vergleich mit den diesbzgl. Versuchen in der Privatwirtschaft ablehnt.

Ablehnung des Grundrechts auf Mitbestimmung nicht zwischen dem privaten und öffentlichen Bereich unterschieden. Die fundamentalen Unterschiede zwischen den beiden Arbeitsverhältnissen haben demgegenüber bei der Grenzziehung der Mitbestimmung eine ausschlaggebende Bedeutung.

Mit der grundsätzlichen Ablehnung eines Grundrechts auf Mitbestimmung ist auch der Weg gewiesen, nach dem der Ausgleich zwischen Mitbestimmungsregelungen und entgegenstehenden Arbeitgebergrundrechten bzw. Staatsorganisationsprinzipien gefunden werden muß: die Kollision zwischen Mitbestimmung und Grenze ist nicht im Wege der Konkordanz aufzulösen. Dies gilt sowohl für die arbeitsplatzbezogene als auch die unternehmerische bzw. direktive Mitbestimmung.

Dieses Ergebnis darf jedoch nicht dahingehend mißverstanden werden, als dadurch der Mitbestimmung jegliche Legitimation versagt werden sollte. Wie gezeigt, erweitern vielmehr die neuesten Ansätze in Rechtsprechung und Lehre kontinuierlich den Schutzbereich der Mitbestimmung: die Mitbestimmung der Arbeitnehmer wurzelt danach in den Grundrechtsverbürgungen der Art. 1 Abs. 1, 2 Abs. 1, 12 Abs. 1 GG und des Art. 33 Abs. 5 GG hinsichtlich der Beamten sowie im Sozialstaatsprinzip - jedoch für die Arbeitnehmer im privatrechtlichen Bereich in weitergehendem Maße.

Dennoch hat der Befund, daß Mitbestimmung kein Grundrecht ist, für die Grenzziehung der Mitbestimmung wesentliche Bedeutung. Dies ist auch der Grund, weshalb Fundierungsversuche immer wieder vorgenommen werden.

Drittes Kapitel
Verfassungsrechtliche Grenzen der gesetzlichen Mitbestimmung in der Privatwirtschaft

I. Unternehmerische Mitbestimmung

1. Das Mitbestimmungsurteil des Bundesverfassungsgerichts

Zu der Frage nach den Grenzen der unternehmerischen Mitbestimmung hat das Bundesverfassungsgericht in dem Mitbestimmungsurteil eindeutig die Kriterien, an denen sich unternehmerische Mitbestimmung messen lassen muß, aufgezeigt. Das Gericht hatte über die Verfassungsmäßigkeit des Mitbestimmungsgesetzes vom 04.05.1976 zu entscheiden und stellte im Eingangssatz fest, daß dieses Gesetz mit den Grundrechten der von dem Gesetz erfaßten Gesellschaften, der Anteilseigner und der Koalitionen der Arbeitgeber vereinbar sei.[1] Nachdem das Gericht eine verfassungsrechtliche Fundierung der unternehmerischen Mitbestimmung abgelehnt hatte,[2] war die Verfassungsmäßigkeit der Mitbestimmung nicht im Wege der Konkordanz zwischen zwei sich gegenüber stehenden Grundrechtsverwirklichungen der Arbeitnehmer und Arbeitgeber festzulegen. Somit war der Weg vorgezeichnet, nach dem die verfassungsrechtliche Beurteilung des Mitbestimmungsgesetzes vorgenommen werden würde; so führte das Gericht aus:

> "Maßstäbe der verfassungsrechtlichen Prüfung sind diejenigen Einzelgrundrechte, welche die verfassungsrechtlichen Rahmenbedingungen und Grenzen der Gestaltungsfreiheit des Gesetzgebers bei der Einführung einer erweiterten Mitbestimmung markieren."[3]

Für die Verfassungsmäßigkeit des Mitbestimmungsgesetzes war somit maßgeblich, ob der dadurch bedingte Eingriff in die berührten Einzelgrundrechte der Anteilseigner, Gesellschaften und Koalitionen der Arbeitgeber gerechtfertigt war. Bevor das Bundesverfassungsgericht dies prüfte, stellte es fest, daß die Vorschriften des Mitbestimmungsgesetzes keine paritätische Mitbestimmung bewirken, sondern ein leichtes Übergewicht auf Anteilseignerseite vorsehen würden.[4]

---

1   BVerfGE 50, 290.
2   S.o. 2. Kap III 1 a.
3   BVerfGE 50, 290 (336).
4   BVerfGE 50, 290 (330). Zu der Diskussion, ob nach den Ausführungen des Mitbestimmungsurteils de lege ferenda auch eine paritätische Mitbestimmung verfassungsmäßig wäre, vgl. u.a. Badura, Paritätische Mitbestimmung und Verfassung, S. 8 ff; Schwerdtfeger, Unternehmerische Mitbestimmung der Arbeitnehmer und Grundgesetz, S.145 ff; Scholz, Paritä-

Die in den zu prüfenden Vorschriften verfaßte Mitbestimmung wird dann an den Grundrechten der Anteilseigner und Unternehmen aus Art. 14 Abs. 1, 12 Abs. 1, 9 Abs. 1 und 2 Abs. 1 GG und bezüglich der Koalitionen aus Art. 9 Abs. 3 GG gemessen, die sich somit als Grenze der Mitbestimmung darstellen.

Ausgangspunkt der verfassungsrechtlichen Prüfung des Bundesverfassungsgerichts ist die Eigentumsgarantie des Art. 14 Abs. 1 GG. Sie sei ein elementares Grundrecht, das in engem inneren Zusammenhang mit der persönlichen Freiheit stehe. Ihr komme im Gesamtgefüge der Grundrechte die Aufgabe zu, dem Träger des Grundrechts einen Freiheitsraum im vermögensrechtlichen Bereich zu sichern und ihm dadurch eine eigenverantwortliche Gestaltung seines Lebens zu ermöglichen.[5] In dieser individualen, freiheitssichernden Funktion genieße das Eigentum einen besonders ausgeprägten Schutz. Je mehr das Eigentumsobjekt jedoch in einem sozialen Bezug und einer sozialen Funktion stehe, so daß die Nutzung und Verfügung über das Eigentum nicht lediglich in der Sphäre des Eigentümers verbleibe, sondern Belange Dritter berühre, um so weniger weit reiche der Schutz der Eigentumsgarantie; um so mehr habe sich die Nutzung des Eigentums am Gemeinwohl zu orientieren. Die Beschränkungen des Eigentums endeten jedoch auf jeden Fall dort, wo das Zuordnungsverhältnis und die Substanz des Eigentums verloren gingen.[6]

Die jeweilige Reichweite des Schutzes des Eigentums ergibt sich aus der Bestimmung von Inhalt und Schranken des Eigentums, die nach Art. 14 Abs. 1 Satz 2 GG Sache des Gesetzgebers ist. Der Gesetzgeber hat hierbei jedoch drei Faktoren zu beachten und gegeneinander auszutarieren: die Bestandsgarantie des Art. 14 Abs. 1 Satz 1 GG, den Regelungsauftrag des Art. 14 Abs. 1 Satz 2 GG und die Sozialpflichtigkeit des Eigentums nach Art. 14 Abs. 2 GG.[7] Da durch das Mitbestimmungsgesetz insbesondere Großunternehmen betroffen sind, in denen das Anteilseigentum gesellschaftsrechtlich vermitteltes Eigentum ist (d.h. das Gesellschaftsrecht begrenzt die Rechte der Anteilseigner: dieser kann sein Eigentum nicht unmittelbar nutzen und Befugnisse wahrnehmen, da diese den Organen zustehen. Unmittelbar verbleiben dem Anteilseigner nur die Nutzung des Vermögenswertes, z.B. der Aktie), kann nach den obigen Ausführungen relativ weit in dieses vermittelte Eigentum eingegriffen werden, ohne den Bestandsschutz zu gefährden.

Nach Auffassung des Bundesverfassungsgerichts halte sich der Gesetzgeber in den Grenzen der verfassungsrechtlich zulässigen Sozialbindung soweit durch das

---

tische Mitbestimmung und Grundgesetz, S. 50 ff; Th. Raiser, Grundgesetz und paritätische Mitbestimmung, S. 30 ff; GK-MitbestG-Naendrup, Einl. II Rdnr. 11 ff, der sich mit den diesbzgl. Legitimationsversuchen umfassend auseinandersetzt, m.w.N.

5   BVerfGE 50, 290 (339).
6   BVerfGE 50, 290 (340 f).
7   BVerfGE 50, 290 (340).

Mitbestimmungsgesetz in die eingeschränkten Eigentumsrechte der Anteilseigner eingegriffen werde. Tatbestandlich sei zwar auch das gesellschaftsrechtlich vermittelte - und somit nur noch in geringem Umfang erhalten gebliebene - Eigentumsrecht der Anteilseigner durch die Vorschriften des Mitbestimmungsgesetze tangiert, wobei der Vermögenswert, z.B. die Aktie, nur geringfügig betroffen sei.[8] Der Eingriff sei jedoch gerechtfertigt, da selbst in dem Fall, in dem durch Mitbestimmung die mitgliedschaftsrechtlichen Befugnisse in einer Weise ausgeübt werden, die dem Willen des Eigentümers nicht mehr entspreche, hierin noch keine grundlegende Veränderung des Anteilseigentums liege. Denn infolge seiner gesellschaftsrechtlichen Vermittlung gehöre es von vornherein nicht zu den Strukturmerkmalen des Anteilseigentums, daß es dem einzelnen Rechtsinhaber stets die autonome Durchsetzung seines Willens ermögliche.[9] Für die meisten Anteilseigner steht ohnehin eher die Kapitalanlage als die unternehmerische Betätigung im Vordergrund - ganz im Gegensatz zum Unternehmer-Eigentümer, dessen Betätigung Lebensbestandteil ist. Das gilt auch für den Groß-Anteilseigner; auch dieser wirkt mit seinem Eigentum nicht unmittelbar bei voller Verantwortung. Nach Ansicht des Bundesverfassungsgerichts überwiege selbst in diesem Fall der soziale Bezug, der sich darin zeige, daß es zur Nutzung des Anteilseigentums immer der Mitwirkung der Arbeitnehmer bedarf.[10] Schließlich belegt das Gericht, daß die Intensität der Beschränkung der Anteilsrechte zu dem Zweck des Mitbestimmungsgesetzes in angemessenem Verhältnis stehe.[11]

Aber auch die Gesellschaften, die die von dem Mitbestimmungsgesetz erfaßten Unternehmen tragen, sind nicht in ihrem Grundrecht aus Art. 14 Abs. 1 verletzt. Dies wäre dann der Fall, wenn die erweiterte Mitbestimmung zur Funktionsunfähigkeit der Unternehmen führen würde oder wenn sie der Funktionsunfähigkeit nahe kommende Zustände zur Folge hätte, etwa deswegen, weil die Willensbildung in dem Unternehmen so kompliziert würde, daß Entscheidungen nicht oder kaum mehr getroffen werden könnten. Zum Zeitpunkt der Entscheidung wird dies vom Bundesverfassungsgericht verneint, eine entsprechende Entwicklung würde jedoch den Gesetzgeber zur Korrektur verpflichten.[12]

Bei der Prüfung der Grenze aus Art. 9 Abs. 1 GG (i.V.m. mit Art. 19 Abs. 3 GG) wird deutlich, daß das Bundesverfassungsgericht der Vereinigungsfreiheit in diesem

---

8   BVerfGE 50, 290 (344).
9   BVerfGE 50, 290 (345).
10 BVerfGE 50, 290 (349). Zur Kritik an diesem Kriterium vgl. Wiedemann, AP § 1 MitbestG Anm. zu Nr. 1, S. 28 ff, der ausführt, daß der soziale Bezug jeglichem Anteilseigentum immanent sei und deshalb kein tauglicher Maßstab sei.
11 BVerfGE 50, 290 (350).
12 BVerfGE 50, 290 (352).

Zusammenhang nur eine begrenzte Bedeutung zumißt. Durch das Mitbestimmungsgesetz sei der Schutzbereich des Art. 9 Abs. 1 GG in verfassungsgemäßem Rahmen tangiert.[13] Das Gesetz berühre für die erfaßten Gesellschaften und ihre Mitglieder nicht die Gründungs- und Beitrittsfreiheit, die Freiheit des Austritts und des Fernbleibens.[14] Es enthalte keine Elemente eines Zwangszusammenschlusses; da die Arbeitnehmervertreter im Aufsichtsrat nicht Mitglieder der Gesellschaft würden, würden dieser keine Mitglieder oktroyiert. Art. 9 Abs. 1 GG verpflichte den Gesetzgeber nicht, bei der Ausgestaltung von Kapitalgesellschaften - anders als beim kleinen Verein - jegliche Fremdbestimmung bei der Organbestellung und Willensbildung der Gesellschaften auszuschließen (andernfalls wäre bereits die Mitbestimmung nach dem Betriebsverfassungsgesetz 1952 verfassungswidrig).[15]

Bei der Prüfung der Grenzen aus Art. 9 Abs. 3 GG[16] stellt das Bundesverfassungsgericht fest, daß das Mitbestimmungsgesetz in seiner Auswirkung nicht in den durch Art. 9 Abs. 3 GG geschützten Kernbereich der Koalitionsfreiheit eingreife.[17]

Wenngleich in den literarischen Vorarbeiten etwas vernachlässigt,[18] befaßt sich das Bundesverfassungsgericht ausführlich mit Art. 12 Abs. 1 GG und mit Art. 2 Abs. 1 GG, soweit das Grundrecht auf freie Entfaltung der Persönlichkeit die wirtschaftliche Betätigungsfreiheit schützt und nicht subsidiär entfällt.

Zum Schutzbereich des Art. 12 Abs. 1 GG führt das Gericht aus, daß neben der Gewerbefreiheit auch das Recht des Einzelnen gewährleistet sei, jede Arbeit für die er sich geeignet glaube, als "Beruf" zu ergreifen, d.h. zur Grundlage seiner Lebensführung zu machen.[19] Zudem entwickelt das Gericht noch eine personale Bedeutung:

"Der Beruf wird in seiner Beziehung zur Persönlichkeit des Menschen im Ganzen verstanden, die sich erst darin voll ausformt und vollendet, daß der Einzelne sich einer Tätigkeit widmet, die für ihn Lebensaufgabe und Lebensgrundlage ist und durch die er zugleich seinen Beitrag zur gesellschaftlichen Gesamtleistung erbringt. Das

---

13 Vgl. zur Kritik an der verkürzten Prüfung der Gewährleistung des Art. 9 Abs. 1 GG durch das Bundesverfassungsgericht, Scholz, ZBR 1980, 297 (300) m.w.N.

14 BVerfGE 50, 290 (356).

15 BVerfGE 50, 290 (359).

16 Art. 9 Abs. 3 GG gehört nicht zu den "klassischen" Grundrechten. Die Verletzung wird von den Koalitionen der Arbeitgeber geltend gemacht. Die Koalitionsfreiheit ist erst später entstanden und schützt die freie Bildung, die Gegnerfreiheit und die überbetriebliche Organisation der Koalitionen sowie die Funktionsfähigkeit der Tarifautonomie.

17 BVerfGE 50, 290 (369 f); zur Zulässigkeit der Verfassungsbeschwerde der Koalitionen, BVerfGE 50,290 (320).

18 Vgl. zur diesbzgl. Selbstkritik, Scholz, ZfA 1981, 265 (300).

19 BVerfGE 50, 290 (361).

Grundrecht gewinnt so Bedeutung für alle sozialen Schichten; die Arbeit als "Beruf" hat für alle gleichen Wert und gleiche Würde."[20]

Dem gegenüber ist bei juristischen Personen Schutzgut des Art. 12 Abs. 1 GG die Freiheit, eine Erwerbszwecken dienende Tätigkeit - insbesondere ein Gewerbe - zu betreiben, soweit diese Tätigkeit ihrem Wesen und ihrer Art nach in gleicher Weise von einer juristischen wie von einer natürlichen Person ausgeübt werden kann.[21] Im weiteren entwickelt das Bundesverfassungsgericht parallel zu den Abwägungen bei Art. 14 Abs. 1 GG, daß die Berufsfreiheit der Unternehmen, d.h. die "Unternehmerfreiheit" im Sinne freier Gründung und Führung von Unternehmen, umso weiter einschränkbar sei als die Grundrechtsträger (d.h. die Unternehmen) die verbürgte Freiheit nur mit Hilfe Anderer, der Arbeitnehmer, wahrnehmen könnten; letztere seien ebenfalls Träger des Grundrechts aus Art. 12 Abs. 1 GG.[22] Die Vorschriften des Mitbestimmungsgesetzes führen zu einer Einschränkung der "Berufsfreiheit" der die Unternehmen tragenden Gesellschaften, da die Vertretungsorgane (bspw. Vorstand bei der Groß-AG) durch die Zusammensetzung des Aufsichtsrats und dessen Kompetenzen in ihrer Entscheidungsmacht eingeengt sind. Nach Auffassung des Bundesverfassungsgerichts stellen sich diese Einschränkungen jedoch lediglich als "Berufsausführungsregelungen" dar, die - je mehr der personale Grundzug der Berufsfreiheit auf Grund der Größe des Unternehmens für die sie tragenden Gesellschaften verloren ginge - in umso höherem Maße durch vernünftige Erwägungen des Gemeinwohls gerechtfertigt seien. Die Gemeinwohlerwägung, die dahin zielt, die ökonomische Legitimation der Unternehmensleitung durch eine soziale zu ergänzen und die Kooperation und Integration aller im Unternehmen tätigen Kräfte zu fördern, sei angemessen und den Betroffenen zumutbar. Hierbei fließt in die Abwägung ein, daß der Einfluß der Mitwirkung der Arbeitnehmer im Aufsichtsrat auf die Unternehmensführung grundsätzlich nicht ausschlaggebend ist.[23] Zudem sei im Großunternehmen der personale Grundzug des Grundrechts nahezu gänzlich verloren gegangen. Unternehmerfreiheit sei im Falle von Großunternehmen nicht Element der Ausformung der Persönlichkeit des Menschen, sondern grundrechtliche Gewährleistung eines Verhaltens, das weit über das wirtschaftliche Schicksal des eigenen Unternehmens hinaus reiche.[24] Einschränkungen, die das Mitbestimmungsgesetz im Hinblick auf Art. 12 Abs. 1 GG bewirkt hat, halten sich somit im Rahmen des verfassungsrechtlich Zulässigen.

---

20 BVerfGE 50, 290 (362).
21 BVerfGE 50, 290 (363).
22 BVerfGE 50, 290 (365).
23 BVerfGE 50, 290 (365).
24 BVerfGE 50, 290 (363).

Da das Mitbestimmungsgesetz nur Großunternehmen mit in der Regel mehr als 2000 Arbeitnehmern erfaßt,[25] war die Frage der Zulässigkeit unternehmerischer Mitbestimmung im Kleinunternehmen unter dem Gesichtspunkt des Art. 12 Abs. 1 GG nicht entscheidungserheblich. Dennoch weist das Gericht darauf hin, daß die Unternehmerfreiheit auch die Gründung und Führung eines Klein- oder Mittelbetriebes umfaßt, wobei in diesem Fall der personale Grundzug des Grundrechts voll verwirklicht sei; dies gelte unter Umständen ebenso bei einem maßgeblichen Anteilseigentümer, wenn dieser, wie bei der GmbH möglich, zugleich in der Leitung des Unternehmens tätig sei.[26] Bei Einschränkungen der Gewährleistungen des Art. 12 Abs. 1 GG dieser Unternehmen durch Mitbestimmungsregelungen ist demnach ein strengerer Maßstab anzulegen: Mitbestimmungsregelungen können in diesem Fall neben der Berufsfreiheit der das Unternehmen tragenden Gesellschaft auch die Berufsfreiheit des Anteilseigners, wenn er Unternehmenseigentümer ist, verletzen.[27] Ein Mitbestimmungsgesetz, das die unternehmerische Mitbestimmung auch auf solche Unternehmen erstreckte, würde das verfassungsrechtlich durch das Sozialstaatsprinzip legitimierte, aber nicht grundrechtlich fundierte Regelungssystem der Mitbestimmung überspannen.[28] Selbst unter Berücksichtigung der Tatsache, daß auch die Berufsfreiheit des Unternehmer-Eigentümers in einem sozialen Bezug und einer sozialen Funktion steht, darf dennoch in den eigentlichen Kern der Berufsfreiheit nicht eingegriffen werden; dies ist nicht der Fall bei Eingriffen, die sich lediglich als Berufsausübungsschranken für die Unternehmer darstellen.

Abgrenzend stellt das Gericht fest, daß Beschränkungen dann eine Verletzung des Rechts der Unternehmen auf freie Berufswahl darstellten, wenn die betroffenen juristischen Personen in aller Regel und nicht in Ausnahmefällen wirtschaftlich nicht mehr in der Lage seien, den gewählten "Beruf" ganz oder teilweise zur Grundlage ihrer unternehmerischen Erwerbstätigkeit zu machen. Dies treffe jedoch für die Regelungen des Mitbestimmungsgesetzes nicht zu.[29]

Im Hinblick auf Art. 2 Abs. 1 GG stellt das Gericht fest, daß dieser die Handlungsfreiheit auf wirtschaftlichem Gebiet gewährleiste unter Beachtung der Schranken des Art. 2 Abs. 1, 2. Halbsatz GG. Da die mit dem Mitbestimmungsgesetz verfolgten Zwecke des Gemeinwohls zur "verfassungsmäßigen Ordnung" im Sinne des 2. Halbsatzes gehörten, schränke dieses die wirtschaftliche Betätigungsfreiheit in

---

25 § 1 MitbestG.

26 BVerfGE 50, 290 (363).

27 Bei Großunternehmen kommt eine Verletzung des Art. 12 Abs. 1 GG im Hinblick auf die "kleinen" Anteilseigner demgegenüber nicht in Betracht; sie wurde von den Beschwerdeführern im Mitbestimmungsverfahren auch nicht gerügt.

28 So Scholz, ZfA 1981, 265 (300).

29 BVerfGE 50, 290 (364) unter Hinweis auf BVerfGE 30, 292 (314).

verfassungsrechtlich zulässiger Weise ein. Der Entfaltung der Unternehmerinitiative sei angemessener Spielraum verblieben, weshalb der Kern der wirtschaftlichen Betätigungsfreiheit der Gesellschaften oder der Anteilseigner nicht berührt sei.[30]

2. Das Mitbestimmungsurteil als Grundsatzentscheidung

Mit diesem Urteil des Bundesverfassungsgerichts ist eigentlich nur über die Verfassungsmäßigkeit der in dem Mitbestimmungsgesetz verankerten unternehmerischen Mitbestimmung entschieden worden. Die Bedeutung dieses Urteils geht jedoch weit darüber hinaus. Denn dem Gesetzgebungsverfahren zu diesem Gesetz gingen umfangreiche Auseinandersetzungen zur Verfassungsmäßigkeit einer paritätischen Mitbestimmung voraus, die interessen- und parteipolitisch geprägt und von zahlreichen wissenschaftlichen Abhandlungen begleitet waren, wobei die unterschiedlichsten politischen, gesellschaftspolitischen, verfassungsdogmatischen und methodischen Standpunkte vertreten wurden. Dem Urteil lagen zwei konträre Gutachten zugrunde, die exemplarisch die Gegenpositionen vertraten.[31]

Nur wenn man diese Vorgeschichte der Verfassungsdiskussion um das Mitbestimmungsgesetz ins Auge faßt, kann man die Bedeutung ermessen, die dem Mitbestimmungsurteil zukommt. Das Bundesverfassungsgericht hat sich den vorgetragenen Argumentationen gestellt und diese in seiner Grundrechtsdogmatik verarbeitet. Die Auslegung des Mitbestimmungsurteils ist deshalb Ausgangspunkt jeglicher Verfassungsprüfung zur Mitbestimmungsproblematik. Das Gericht weist nämlich nicht nur grundrechtsdogmatisch den Weg auf, wie eine solche Prüfung stattzufinden hat, sondern gibt auch konkrete Anhaltspunkte für die Grenzziehung verfassungsgemäßer Mitbestimmung. Da hierauf immer wieder zurückzukommen sein wird, war die Argumentation des Bundesverfassungsgericht ausführlich nachzuzeichnen.

In dem Mitbestimmungsurteil wird die Ansicht des Bundesverfassungsgerichts deutlich, aus den Grundrechten weniger objektive Prinzipien abzuleiten, als ihnen individuelle Bedeutung zuzumessen.

"Anders als die Weimarer Reichsverfassung (Art. 151 ff WRV) normiert das Grundgesetz nicht konkrete verfassungsrechtliche Grundsätze der Gestaltung des Wirtschaftslebens. ... Nach ihrer Geschichte und ihrem heutigen Inhalt sind die Einzelgrundrechte in erster Linie individuelle Rechte, Menschen- und Bürgerrechte, die

---

30 BVerfGE 50, 290 (366).
31 Sog. Kölner Gutachten von Badura/Rittner/Rüthers und das Frankfurter Gutachten von Kübler/Schmidt/Simitis.

den Schutz konkreter, besonders gefährdeter Bereiche menschlicher Freiheit zum Gegenstand haben."[32]

Damit war die Methode der Grundrechtsprüfung ausgewiesen. Ausgangspunkt sind die von einer Mitbestimmungsregelung berührten Einzelgrundrechte. Mitbestimmung wird als Eingriff in den Schutzbereich, d.h. in den garantierten Freiheits- oder Eigentumsbereich gewertet, der der Rechtfertigung bedarf. Mitbestimmung als legitimiertes Ziel greift somit in Grundrechte ein und ist nur verwirklichbar, wenn verhältnismäßig. Das bedeutet, daß Mitbestimmung ihre Schranken in den Einzelgrundrechten findet.

Das Bundesverfassungsgericht verharrt jedoch nicht allein bei dieser individuellen Bedeutung der Grundrechte. Institutionellen Gesichtspunkten, objektiven Wertprinzipien und sozialstaatlichen Auslegungsmaximen[33] werden bei der Auslegung der Einzelgrundrechte Geltung verschafft, was belegt, wie das Bundesverfassungsgericht seine zugrunde gelegte Grundrechtsdogmatik fortentwickelt.

Hiermit erteilt das Bundesverfassungsgericht denjenigen Autoren eine Absage, die in der Mitbestimmung Grundrechtsverwirklichung der Arbeitnehmer sehen und den Verfassungsstreit durch ein Austarieren zwischen den Freiheitsrechten der Arbeitnehmer einerseits und der Anteilseigner andererseits lösen wollen. In diskreditierender Art und Weise ist deshalb von den Verfechtern dieser Grundrechtsprüfung die Entscheidung des Bundesverfassungsgerichts als "traditionellem Grunddenken verhaftet" angesehen worden.[34] Um so größer ist die verfassungsdogmatische Bedeutung, die dieser Entscheidung zukommt.

Nach dem Mitbestimmungsurteil sind die Grenzen der Mitbestimmung somit zu gewinnen, in dem danach gefragt wird, "ob die durch das Mitbestimmungsgesetz bewirkte Beschränkung der betroffenen Grundrechte unter dem Gesichtspunkt der Sozialbindung oder sonst wie gerechtfertigt ist oder nicht".[35] Dies gilt für jegliche verfassungsrechtliche Prüfung von Mitbestimmungsordnungen.[36]

---

32 BVerfGE 50, 290 (337).
33 Vgl. Pernthaler, Ist Mitbestimmung verfassungsrechtlich meßbar? S. 57.
34 Zu der Einordnung dieses Ansatzes in die Methodik der Grundrechtsinterpretation und die entsprechende Ausweisung verschiedener Lösungsansätze vgl. die aufgefächerte Darstellung und Kritik bei GK-MitbestG-Naendrup, Einl. II Rdnr. 47 ff. Da diese Zuordnungen ohne Erkenntniswert im Rahmen dieser Abhandlung bleiben, sollen sie hier nicht vertieft und ausgewiesen werden.
35 So Badura, Paritätische Mitbestimmung und Verfassung, S. 77.
36 Ebenso Badura, Paritätische Mitbestimmung und Verfassung, S. 5; Pernthaler, Ist Mitbestimmung verfassungsrechtlich meßbar? S. 69; in diesem Sinne sogar Kempen, Gutachten, S. 19 jedoch nur für die Mitbestimmung im wirtschaftlichen Bereich; a.A. GK-MitbestG-Naendrup, Einl. II Rdnr. 103 f.

3. Die Grenzen unternehmerischer Mitbestimmung

a) Grundrechte der Anteilseigner aus Art. 14 Abs. 1 GG

Unter Berücksichtigung der Besonderheiten des Anteilseigentums, bei geringer Ausprägung des personalen Bezugs der Anteilsrechte und bei bedeutender sozialer Funktion, wird die Grenze der Regelungsbefugnis des Mitbestimmungsgesetzgebers nach hinten verschoben. Der Gesetzgeber hält sich dann innerhalb der Grenzen zulässiger Inhalts- und Schrankenbestimmung, wenn die Mitbestimmung der Arbeitnehmer nicht dazu führt, daß über das im Unternehmen investierte Kapital gegen den Willen aller Anteilseigner entschieden werden kann, wenn diese nicht aufgrund der Mitbestimmung die Kontrolle über die Führungsauswahl im Unternehmen verlieren und wenn ihnen das letzte Entscheidungsrecht belassen wird.[37]

Hier wird deutlich, daß die Grenze für die Mitbestimmung bei dem Unternehmer-Eigentümer als alleinigem "Anteilseigentümer" - bei dem Anteilseigentum und Sacheigentum deckungsgleich sind, der mit seinem Eigentum unmittelbar wirkt und die volle Verantwortung trägt - früher zu ziehen ist, daß sich der Gestaltungsbereich des Gesetzgebers hier verengt.[38] Dies wird deshalb bei Mitbestimmungsregelungen, die diesen Personenkreis betreffen, zu berücksichtigen sein.

b) Grundrechte der Gesellschaften aus Art. 14 Abs. 1 GG

Die Gesellschaften sind gemäß Art. 19 Abs. 2 GG grundsätzlich Träger des Grundrechts aus Art. 14 Abs. 1 GG, das auch tangiert ist, wenn durch eine veränderte Regelung die innere Organisation und das Verfahren der Willensbildung der Gesellschaften berührt wird.[39] Als Grenze der Auslegungsmacht des Mitbestimmungsgesetzgebers weist das Bundesverfassungsgericht nachfolgende Wirkungen aus: Eine Verletzung des Grundrechts aus Art. 14 Abs. 1 GG kommt dann in Betracht, wenn die erweiterte Mitbestimmung zur Funktionsunfähigkeit der Unternehmen führen würde oder wenn sie der Funktionsunfähigkeit nahe kommende Zustände zur Folge

---

37 BVerfGE 50,290 (350).

38 Zur Kritik an der Differenzierung zwischen vermitteltem Anteilseigentum und dem Eigentum des Unternehmer-Eigentümers, vgl. Wiedemann, AP § 1 MitbestG Anm. zu Nr. 1, S. 33. Danach wäre es verhängnisvoll für die gerechte Vermögensverteilung in der BRD, wenn Letzterer "besseres Eigentum" besitze und deswegen dem sozialen Ordnungsrecht stärkeren Widerstand entgegensetzen dürfe. Produktionskapital sämtlicher Formen des Unternehmenseigentums sei stets sozial gebunden.

39 Die Außenbeziehungen der Gesellschaften müssen nicht betroffen sein, BVerfGE 50, 290 (351).

hätte, etwa deswegen, weil die Willensbildung in dem Unternehmen so kompliziert würde, daß Entscheidungen nicht oder kaum mehr getroffen werden können.[40]

c) Grundrechte der Anteilseigner und Gesellschaften aus Art. 9 Abs. 1 GG

Im Hinblick auf die verfassungsrechtliche Verletzung der Gewährleistung aus Art. 9 Abs. 1 GG markiert das Bundesverfassungsgericht als Grenzmarke ebenfalls die Funktionsfähigkeit der Gesellschaften. Danach dürfen Mitbestimmungsregelungen nicht in unzulässiger Weise in die Selbstbestimmung der Gesellschaften über ihre innere Organ- und Willensbildung eingreifen und nicht für die erfaßten Gesellschaften und ihre Mitglieder die Gründungs- oder Beitrittsfreiheit, die Freiheit des Austritts und Fernbleibens berühren.[41]

d) Grundrechtliche Gewährleistungen der Koalitionen aus Art. 9 Abs. 3 GG

Die Funktionsfähigkeit des Tarifvertragssystems spielt bei der Prüfung der Koalitionsfreiheit die ausschlaggebende Rolle. Diese muß gewährleistet sein, ansonsten verstoßen Mitbestimmungsregelungen gegen die durch Art. 9 Abs. 3 GG gewährleistete Koalitionsfreiheit.[42] Wenn diese Grenze nicht überschritten ist, sind Mitbestimmungsregelungen verfassungsgemäß.

e) Grundrechte der Gesellschaften aus Art. 12 Abs. 1 GG

Unter Betonung des personalen Bezugs der Berufsfreiheit bejaht das Gericht dennoch die Frage, ob der Schutz dieses Grundrechts seinem Wesen nach auch auf juristische Personen anwendbar ist. Die somit garantierte Unternehmerfreiheit unterscheidet sich von der Berufsfreiheit dadurch, daß sich in ihr der personale Grundzug des Grundrechts im wirtschaftlichen Bereich kaum verwirklicht. Aufgrund dieses Mangels ist der Gesetzgeber durch Art. 12 Abs. 1 GG nicht gehindert, Regelungen der Berufsausübung im Hinblick auf diesen "Personenkreis" vorzunehmen.

In das Recht der Unternehmen auf freie Berufswahl darf jedoch nicht eingegriffen werden. Dies wäre dann der Fall, wenn die Beschränkungen durch Mitbestimmungs-

---

40 Zu der kritischen Beurteilung des Kriteriums der Funktionsfähigkeit, s.u. 3. Kap. I 4, sowie Nachweise bei Pernthaler, Ist Mitbestimmung verfassungsrechtlich meßbar? S. 95.
41 BVerfGE 50, 290 (356).
42 BVerfGE 50, 290 (370).

regelungen dazu führen würden, daß die betroffenen juristischen Personen in aller Regel und nicht nur in Ausnahmefällen wirtschaftlich nicht mehr in der Lage wären, den gewählten Beruf (d.h. den Unternehmenszweck, das Unternehmensziel und den Unternehmensgegenstand) ganz oder teilweise zur Grundlage ihrer unternehmerischen Erwerbstätigkeit zu machen.[43]

Die Mitbestimmungsregelungen des MitbestG stellen im Hinblick auf die Unternehmerfreiheit jedoch nur Berufsausübungsregelungen dar. Nach Auffassung des Bundesverfassungsgerichts sind diese dann verhältnismäßig, wenn der Einfluß der Mitwirkung der Arbeitnehmer im Aufsichtsrat auf die Unternehmungsführung grundsätzlich kein ausschlaggebender ist, sondern den von den Anteilseignern der Gesellschaft als Unternehmensträger gewählten Aufsichtsratsmitgliedern das Letztentscheidungsrecht zusteht.[44]

Demgegenüber ist bei Klein- und Mittelunternehmen, bei denen der personale Grundzug des Grundrechts im wirtschaftlichen Bereich voll verwirklicht ist, zumindest die o.g. Grenze zu beachten. Unter Umständen sind aufgrund des personalen Bezugs der Grundrechtsverwirklichung Eingriffe eher unverhältnismäßig und deshalb verfassungswidrig. Generell entspricht die Grenzziehung somit den Wertungen bei Art. 14 Abs. 1 GG, wovon auch das Gericht ausgeht.

f)   Grundrechte der Anteilseigner und Gesellschaften aus Art. 2 Abs. 1 GG

Art. 2 Abs. 1 GG schützt in diesem Zusammenhang die Handlungsfreiheit auf wirtschaftlichem Gebiet. Die Grenze zulässiger Mitbestimmung endet dort, wo den Anteilseignern und den Gesellschaften ein angemessener Spielraum zur Entfaltung der unternehmerischen Initiative verbleibt.[45]

4.   Die Grenzmarke der "Funktionsfähigkeit"

Offensichtlich wird, daß in diesem Urteil die Mitbestimmung immer wieder an der Grenzmarke der "Funktionsfähigkeit des Unternehmens und des Tarifvertragssystems" endet. Hierüber entbrannte eine heftige Auseinandersetzung, ob die Funktionsfähigkeit nur formal oder inhaltlich zu bestimmen sei.[46]

---

43 BVerfGE 50, 290 (364).
44 BVerfGE 50, 290 (365).
45 BVerfGE 50, 290 (366).
46 Badura, Paritätische Mitbestimmung und Verfassung, S. 60; Pernthaler, Ist Mitbestimmung verfassungsrechtlich meßbar? S. 29, 85; Wiedemann, AP § 1 MitbestG Anm. zu Nr. 1, S. 14.

Formal würde in diesem Zusammenhang bedeuten, daß ein Unternehmen dann noch funktionsfähig wäre, wenn überhaupt Unternehmensentscheidungen getroffen werden können, unabhängig vom Inhalt und vom wirtschaftlichen Gehalt der Entscheidung. Ohne Zweifel ist die formale Funktionsfähigkeit Voraussetzung für die Existenz von Unternehmen. Wenn die Entscheidungsfindung im Aufsichtsrat nicht mehr möglich ist, weil ein Gesetz keine Verfahrensregelungen vorsieht, die eine eventuelle Pattsituation aufzulösen in der Lage sind, so wäre dies verfassungswidrig. Insoweit besteht in der kontroversen Diskussion auch Einigkeit: das Mitbestimmungsgesetz wahrt durch das doppelte Stimmrecht des Aufsichtsratsvorsitzenden die formale Funktionsfähigkeit der Unternehmen.[47]

Strittig war jedoch, ob das Bundesverfassungsgericht im Mitbestimmungsurteil allein diese formale Funktionsfähigkeit als Grenze der Mitbestimmung bestimmen wollte. Als Beleg für die rein formale Auffassung wird angeführt, daß das Bundesverfassungsgericht im Anschluß an die Feststellung, daß die Montanmitbestimmung nicht zur Funktionsunfähigkeit geführt habe, betont, daß in Anbetracht der Zweit-Stimmen-Regelung im Mitbestimmungsgesetz eine Funktionsunfähigkeit der Unternehmen erst recht nicht zu befürchten sei.[48]

Entgegen dieser Auffassung kann diese Stelle des Mitbestimmungsurteils gerade gegen die formale Betrachtungsweise herangezogen werden: wenn alleine die gesetzgeberische Verfahrensregelung, die eine Möglichkeit zur Pattauflösung vorsieht, zur Garantie der Funktionsfähigkeit der Unternehmen ausreichen würde, so wäre eine weitere Prüfung weder im Hinblick auf das Montanmitbestimmungsgesetz noch auf das Mitbestimmungsgesetz notwendig gewesen. Denn beide Gesetze gehen nicht von einem Einigungszwang aus. Dann wären Rückgriffe auf die Erfahrungen, die im Montanbereich zur Funktionsfähigkeit der betroffenen Unternehmen gemacht wurden, überhaupt nicht vonnöten.

In diesem Sinne verweist das Gericht im Zusammenhang mit den Ausführungen zu der prognostischen Einschätzungprärogative auf die Erfahrungen im Montanbereich und führt aus, daß die paritätische Mitbestimmung in diesem Bereich nicht zur Funktionsunfähigkeit der Unternehmen geführt habe. Da das Pattauflösungsverfahren im Mitbestimmungsgesetz per Zweitstimmrecht des Aufsichtsratsvorsitzenden, somit im Regelfall der Anteilseignerseite, im Gegensatz zum Montanmitbestimmungsgesetz in der Sphäre der Anteilseigner und Unternehmen bleibt, deren

---

47 Verfassungsrechtlich nicht möglich wäre deshalb eine gesetzliche Lösung, die einen "Einigungszwang" kodifizierte; noch möglich aber wohl eine Lösung, die in "wichtigen unternehmerischen Entscheidungen" ein Aufhebungsrecht der Anteilseignerseite vorsähe.

48 In diesem Sinne argumentieren Wendeling-Schröder, Spieker, NJW 1981, 145 (148) unter Verweis auf BVerfGE 50, 290 (334).

Grundrechte durch die Mitbestimmung tangiert sind, führt zu der Vermutung des Gerichts, daß Zustände von Funktionsunfähigkeit eher nicht zu befürchten seien.[49]

Somit ist die Funktionsfähigkeit auch inhaltlich zu bestimmen [50]: Ausgangspunkt ist das grundrechtlich geschützte Eigentums- oder Freiheitsrecht. Der Kernbereich dieser Garantien ist im Falle der Funktionsfähigkeit gewährleistet. Der Zweck des Unternehmens stellt diesen Kern dar, wobei die soziale Komponente bei der Kernbereichsbestimmung berücksichtigt werden muß. Je mehr das Eigentumsobjekt in einem sozialen Bezug und einer sozialen Funktion steht, um so mehr ist dies bei der Bestimmung der Funktionsfähigkeit zu beachten. Andererseits gebieten es gerade der Zweck des Unternehmens, seine Rentabilität und die soziale Dimension, daß die Unternehmen optimal arbeiten. Die Grenzen der Funktionsfähigkeit sind demnach entscheidend unter Berücksichtigung einer optimaler Leistung des Unternehmens zu bestimmen.[51]

Ob unter dieser Voraussetzung im Großunternehmen sogar die paritätische Mitbestimmung verfassungsmäßig wäre, soll hier nicht entschieden werden. Wesentlich ist jedoch, daß bei der Frage nach der optimalen Leistung, d.h. der Funktionsfähigkeit, auch der soziale Bezug des Eigentums zu berücksichtigen ist. Demgegenüber ist die paritätische unternehmerische Mitbestimmung in Kleinunternehmen mit einem Unternehmer-Eigentümer ohne zusätzliche Sicherungen nicht verfassungsgemäß.[52] Denn eine Entscheidung kann unter Berücksichtigung optimaler Unternehmensleistung getroffen und dennoch wirtschaftlich im Ergebnis uneffektiv sein. Sie dürfte aber aufgrund der Gewährleistungen des Art. 14 Abs. 1 GG dem Unternehmer-Eigentümer, den die vermögensrechtliche Haftung für die wirtschaftlichen Folgen von Fehlentscheidungen als Person trifft, nicht gegen seinen Willen aufgezwungen werden können. Paritätische Mitbestimmungsmodelle bedürfen dann zusätzlicher Vorkehrungen. Das Kriterium des § 1 Abs. 2 MitbestG, die Beschäftigung von in der Regel mehr als 2000 Arbeitnehmern, reicht für die paritätische Mitbestimmung deshalb wohl nicht aus. Zu erwägen wäre beispielsweise zusätzlich für diesen Fall ein Rechtsformzwang als juristische Person.

Aber selbst wenn eine Unternehmensentscheidung unter optimaler Berücksichtigung der Leistungsfähigkeit des Unternehmens getroffen worden ist, ist dies kein Garant für den wirtschaftlichen Erfolg. Diese Entscheidungen können unter Berücksichtigung der optimalen Leistung des Unternehmens getroffen worden sein und

---

49 BVerfGE 50, 290 (334 f).

50 Ebenso Badura, Paritätische Mitbestimmung und Verfassung, S. 60 f; G. Müller, DB 1979, Beilage 5/79, S. 11; Meesen, NJW 1979, 833 (834 f).

51 So auch G. Müller, DB 1979, Beilage 5/79, S. 12.

52 In BVerfGE 50,290 (348) wird in diesem Sinne zwischen dem Unternehmer-Eigentümer und dem Anteilseigner unterschieden.

sich dennoch als wirtschaftlich erfolglos erweisen. Das Kriterium des wirtschaftlichen Erfolgs scheidet bei der Beurteilung der Funktionsfähigkeit deshalb aus, weil mit den zu treffenden Entscheidungen im Aufsichtsrat zukünftige Unternehmensfragen gestaltet werden, deren wirtschaftliche Folgen unsicher sind (wie dies grundsätzlich zukunftsausgerichteten Entscheidungen immanent ist). Maßgeblich ist deshalb, daß zum Zeitpunkt der Entscheidung die Ausrichtung des Unternehmens auf sein eigentliches Ziel, nämlich der Rentabilität des Kapitals im Hinblick auf die Anteilseigner und der Gewinnerzielung im Hinblick auf die Gesellschaften, gewahrt bleibt.[53] Diese Unternehmensziele haben die alleinige Sphäre der Anteilseigner längst verlassen, da die Gewinne in der deutschen Wirtschaft in hohem Maße auch den Arbeitnehmern zugute kommen, beispielsweise in Form von 14. Gehältern bei guter Ertragslage.

5. Zusammenfassung

Die Grenzziehung des Bundesverfassungsgerichts im Mitbestimmungsurteil ist, ebenso wie die damit einhergehende Legitimierungsdebatte, kontrovers diskutiert worden.[54] Letztendlich ist sie für den Bereich der unternehmerischen Mitbestimmung akzeptiert worden. Kritiker haben jedoch mit Bedacht Wert auf die Feststellung gelegt, daß das Bundesverfassungsgericht im Mitbestimmungsurteil keine Aussage über die Verfassungsmäßigkeit der paritätischen Mitbestimmung getroffen habe, da das Mitbestimmungsgesetz, worauf das Gericht im Urteil vielfach hinweise, unterhalb der Parität bleibe.[55] In der Folgezeit wurden keine Anstrengungen unternommen, das Recht der unternehmerischen Mitbestimmung zu novellieren.[56] Denkbar ist, daß gewerkschaftliche Vorstöße auf diesem Gebiet unterblieben, weil eine paritätische Unternehmensmitbestimmung ihre Grenze an dem Recht der Koalitionen aus Art. 9 Abs. 3 GG finden müßte. Denn auf die Auswirkungen des Mitbe-

---

53 Vgl. Wiedemann, AP § 1 MitbestG Anm. zu Nr. 1, S. 30.

54 Vgl. u.a. Badura, Paritätische Mitbestimmung und Verfassung; Meesen, NJW 1979, 833; G. Müller, DB 1979, Beilage 5/79; Hanau, ZGR 1979, 524; Martens, ZGR 1979, 493; Papier, ZGR 1979, 444; Rehbinder, ZGR 1979, 471; Th. Raiser, JZ 1979, 489; Wendeling-Schröder, Spieker NJW 1981, 145.

55 Vgl. dazu die ausführlichen Nachweise bei Badura, Paritätische Mitbestimmung und Verfassung, S.8 ff; so auch bspw. GK-MitbestG-Naendrup, Einl. II Rdnr. 129; Th. Raiser, JZ 1979, 489 (495).

56 Lediglich im Bereich der Montanmitbestimmung entfaltete der Gesetzgeber Aktivitäten, z.B. Art. 3 des Gesetzes zur Änderung des BetrVG, über Sprecherausschüsse der leitenden Angestellten und zur Sicherung der Montan-Mitbestimmung vom 20.12.1988; BGBl. 1988, S. 2312 ff.

stimmungsgesetzes auf die Funktionsfähigkeit des Tarifvertragssystems hat das Bundesverfassungsgericht im Mitbestimmungsurteil besonders hingewiesen.[57]

II. Betriebsverfassungsrechtliche Mitbestimmung

1. Betriebsverfassungsrechtliche Mitbestimmung ohne unternehmerische Auswirkungen

Gemäß den vom Bundesverfassungsgericht im Mitbestimmungsurteil aufgestellten Kriterien verstößt die betriebsverfassungsrechtliche Mitbestimmung grundsätzlich nicht gegen Grundrechte der Arbeitgeber. So bewegt sich das System der betriebsverfassungsrechtlichen Mitbestimmung (im Idealtypus) auf der Ebene der zulässigen Schrankenbestimmungen gemäß Art. 14 Abs. 1 GG oder der Berufsausübungsregelungen gemäß Art. 12 Abs. 1 GG.

2. Betriebsverfassungsrechtliche Mitbestimmung mit unternehmerischen Auswirkungen

Entwicklungen in der Rechtsprechung belegen jedoch, daß zu einigen Mitbestimmungsvorschriften, insbesondere des § 87 BetrVG, Auslegungen vorgenommen werden, die in Kollision mit den Grundrechten der Arbeitgeber aus Art. 14, 12 und 2 GG geraten können.[58] Vornehmlich die Rechte des Betriebsrats aus § 87 Abs 1 Nr. 2 BetrVG tangieren die wirtschaftliche Entscheidungsgewalt der Unternehmen, da flexible Arbeitszeiten Rationalisierungsressourcen der Unternehmen darstellen; denn die Personalkosten verringern sich, wenn die Arbeitszeit unmittelbar dem Arbeitsanfall angepaßt werden kann.[59] Gleiches gilt für jüngere Novellierungsvorschläge der SPD[60], wo beispielsweise die Einführung neuer Technologien der umfassenden Mitbestimmung des Betriebsrats unterfallen soll.

Kollisionen treten immer dann auf, wenn betriebliche Mitbestimmung in die wirtschaftlichen Angelegenheiten des Unternehmens eingreift, d.h. in unternehmerische Entscheidungskompetenzen einwirkt. Im Bereich des Mitbestimmungstatbestands

---

57 BVerfGE 50, 290 (377).

58 Vgl. Fitting/Wlotzke/ Wißmann, MitbG, Einl. Rdnr. 56; Scholz, ZfA 1981, 265 (300).

59 Vgl. Klevemann, DB 1988, 339, der diese Entwicklung beklagt und die Tarifparteien aufruft, Mindeststandards für die sozial verträgliche Ausgestaltung der Arbeitszeitflexibilisierung zu vereinbaren.

60 Gesetzentwurf der SPD-Fraktion vom 23.07.1985, BT-Drucksache 10/3666, der insgesamt einen Ausbau der betrieblichen Mitbestimmung vorsieht; vgl. dazu Papier, NJW 1987, 990.

des § 87 Abs. 1 Nr. 2 BetrVG, der im Rahmen dieser Arbeit alleiniger Prüfungsmaßstab sein soll, ist dies immer dann der Fall, wenn die Wirkung der Mitbestimmung bei Arbeitszeitfragen Auswirkungen auf die wirtschaftliche Betätigung des
Unternehmens hat und dadurch den Wirkungskreis der sozialen Angelegenheiten
überschreitet. Somit ist die Unternehmerfreiheit nicht mehr nur durch eine verfaßte
Unternehmensmitbestimmung betroffen, sondern gleichwohl auch durch das bestehende Betriebsverfassungsgesetz.

Entsprechend dem Mitbestimmungsurteil wäre die Grenze einer Mitbestimmung
in sozialen Angelegenheiten mit Auswirkungen auf unternehmerische Entscheidungen an den Gegengrundrechten der Anteilseigner und Unternehmen ausfindig zu
machen. Die oben dargelegten Grenzmarken haben insoweit auch für betriebliche
Mitbestimmungsregelungen unmittelbar Bedeutung.

3. **Die Kaufhausentscheidung des Vorprüfungsausschusses des Bundes-
    verfassungsgerichts**

Der diesem Weg widersprechende Beschluß des Bundesverfassungsgerichts, die
sogenannte Kaufhausentscheidung[61], zieht die verfassungsrechtliche Grenze einer
betrieblichen Mitbestimmung mit unternehmerischer Auswirkung demgegenüber
durch eine Konkordanzprüfung zwischen den Grundrechten der Arbeitnehmer und
Arbeitgeber. Allerdings ist nicht nur die Prämisse verfehlt, wonach Mitbestimmung
Grundrechtsgewährleistung der Arbeitnehmer aus Art. 12 Abs. 1 GG darstellt. Auf
Kritik[62] ist auch die einseitige Prüfung an Art. 12 Abs. 1 GG als Grenze gestoßen,
da dies eine unzulässige Verkürzung darstelle. Art. 12 Abs. 1 GG müsse in Einklang
mit Art. 14 Abs. 1 GG stehen, so wie das Bundesverfassungsgericht dies im Mitbestimmungsurteil ausgeführt habe. Dort habe das Gericht ausdrücklich darauf hingewiesen, daß Art. 12 Abs. 1 GG und Art. 14 Abs. 1 GG funktionell aufeinander
bezogen seien, mit der Konsequenz, daß die verfassungsrechtliche Beurteilung einer
Mitbestimmungsordnung aus der Sicht des Art. 12 Abs. 1 GG prinzipiell keine andere als die aus der Sicht des Art. 14 Abs. 1 GG sein könne. Da das Bundesverfassungsgericht im Mitbestimmungsurteil die Kriterien für die Verfassungsmäßigkeit
nicht nur des Mitbestimmungsgesetzes sondern jeder Mitbestimmungsordnung aufgestellt habe,[63] hätte das Gericht die Grenze der Mitbestimmung auch in der Kaufhausentscheidung nicht allein an Art. 12 Abs. 1 GG festmachen dürfen, sondern

---

61 BVerfG, Beschluß vom 18.12.1985, NJW 1986, 1601; s.o. 2. Kap. II 1b und zum Sachverhalt
    1. Kap. II 4 d.
62 Vgl. zur folgenden Kritik Scholz, NJW 1986, 1587 ff.
63 Vgl. Scholz, NJW 1986, 1587 (1590); Kempen, Gutachten, S. 19 bestätigt dies für den öf-
    fentlichen Bereich.

Art. 14 Abs. 1 GG in seine Betrachtungen mit einbeziehen müssen. Soweit es dies getan habe, divergierten seine Ansichten mit den Ausführungen zum Mitbestimmungsgesetz. Sie seien zumindest unvollständig, weil sie Art. 14 Abs. 1 GG tatbestandlich verkürzt prüften. Das Gericht sei nicht der Frage nachgegangen, wie weit die Funktionsfähigkeit des Unternehmens als Element des Eigentumschutzes durch den Spruch der Einigungsstelle tangiert sei. Diese Prüfung sei jedoch erforderlich gewesen und hätte im konkreten Fall, gemessen an den Kriterien des Mitbestimmungsurteils, zur Verfassungswidrigkeit des Spruches führen müssen.[64]

Die Kritik an der Kaufhausentscheidung des Vorprüfungsausschusses des Bundesverfassungsgerichts ist berechtigt, soweit bei der Prüfung der Grenze der Mitbestimmung allein Art. 12 Abs. 1 GG herangezogen wurde. Schon aus diesem Grunde trägt die Entscheidung zur Grenzfindung betriebsverfassungsrechtlicher Mitbestimmung wenig bei. Dennoch läßt sich an diesem Fall die Grenze betriebsverfassungsrechtlicher Mitbestimmung mit unternehmerischem Inhalt verdeutlichen.

Nach der Rechtsprechung des Bundesverfassungsgerichts im Mitbestimmungsurteil ist ein "angemessener Spielraum zur Entfaltung der Unternehmerinitiative unantastbar"[65], was bedeutet, daß die Unternehmerfreiheit verfassungsrechtlich nur in einem Kernbereich geschützt ist. Dieser Spielraum ist im Hinblick auf Art. 14 Abs. 1 GG gewahrt, wenn die Mitbestimmung der Arbeitnehmer nicht dazu führt, daß über das im Unternehmen investierte Kapital gegen den Willen aller Anteilseigner entschieden werden kann, wenn diese nicht aufgrund der Mitbestimmung die Kontrolle über die Führungsauswahl im Unternehmen verlieren und wenn ihnen das letzte Entscheidungsrecht belassen wird.[66] Handelt es sich hierbei um einen Unternehmens-Eigentümer, ist die Grenze noch eher zu ziehen. In der Entscheidung, das Ladengeschäft eine halbe Stunde eher zu schließen, liegt kein Eingriff in das Recht auf freie Berufswahl. Diese Grenze ist mit der Maßnahme noch nicht überschritten. Sehr wohl ist jedoch die Berufsausübung des Unternehmers betroffen. Nach den Kriterien des Bundesverfassungsgerichts ist dies so lange möglich, als dem Eigentümer des Unternehmens das Letztentscheidungsrecht verbleibt. Wiederum ist die Maßnahme dann eher unverhältnismäßig, wenn die Berufsausübung eines Unternehmer-Eigentümers tangiert ist und nicht die Gewerbefreiheit eines Großunternehmens.[67] Eigentumseingriffe und Berufsausübungsregelungen durch Mitbestimmung der Arbeitnehmer sind nach dem Bundesverfassungsgericht in weitreichendem Umfange möglich. Um so weiter, je mehr der personale Grundzug der Grundrechtsgewährleistung aufgrund der Größe der Unternehmen verloren gegangen ist. Hiermit

---

64 Vgl. Scholz NJW 1986, 1587 ff.
65 BVerfGE 50, 290 (350).
66 S.o. zur Grenze 3. Kap. I 3 a.
67 S.o. zur Grenze 3. Kap. I 3 e.

korrespondiert jedoch die Feststellung des Bundesverfassungsgericht im Mitbestimmungsurteil, daß dies nur zulässig ist, wenn bei den Eigentümern das Letztentscheidungsrecht verbleibt. Da das Mitbestimmungsgesetz unterhalb der Parität bleibt, war diese Grenze der Mitbestimmung nicht überschritten.

Diese Grenzziehungen des Bundesverfassungsgerichts im Mitbestimmungsurteil können jedoch nicht direkt herangezogen werden, wenn betriebliche Mitbestimmung die Unternehmensautonomie berührt, da die betriebsverfassungsrechtliche Mitbestimmung des § 87 Abs. 1 Nr. 2 BetrVG im Gegensatz zur Unternehmensmitbestimmung des Mitbestimmungsgesetzes eine paritätische Beteiligung darstellt. Steht dem Unternehmer nicht mehr das Letztentscheidungsrecht zu, so ist im Gegenzug die Eingriffsintensität um so höher, die Grenze der möglichen Eingriffe eher zu ziehen.[68] Das Mitbestimmungsurteil ist somit zwar eine dogmatische Hilfe, gibt jedoch keine Anhaltspunkte für die Bestimmung der Grenzen der Mitbestimmung aus § 87 Abs. 1 Nr. 2 BetrVG, wenn diese Unternehmensbelange berührt.

Somit stellt sich die Frage nach dem mitbestimmungsfreien Kern der Unternehmensautonomie und gleichzeitig die Frage nach den Grenzen der paritätischen, betriebsverfassungsrechtlichen Mitbestimmung mit Auswirkungen auf den unternehmerischen Bereich. Verfassungsrechtlich ergibt sich dieser Kern, entgegen der Auffassung des Vorprüfungsausschusses und in Übereinstimmung mit dem Mitbestimmungsurteil aus den Gewährleistungen der Art. 14 Abs. 1 und 12 Abs. 1 GG.[69]

Für die Kaufhausentscheidung bedeutet dies, daß die durch die Mitbestimmung erzwungene Vorverlegung der Ladenöffnungszeiten als Berufsausübungsregelung nur dann gerechtfertigt wäre, wenn vernünftige Erwägungen des Gemeinwohls dies rechtfertigen und die Maßnahme verhältnismäßig wäre. Zu berücksichtigen ist hierbei, daß der Unternehmer die ihm verbürgte Berufsfreiheit nur mit Hilfe Anderer, der Arbeitnehmer, wahrnehmen kann, die ebenfalls Träger des Grundrechts aus Art. 12 Abs. 1 GG sind. Dem Vorprüfungsausschuß ist zuzugeben, daß deshalb die Unternehmerfreiheit der Arbeitgeber und die Arbeitsfreiheit der Arbeitnehmer in einer Wechselbeziehung stehen.[70] Das System wird jedoch gesprengt, wenn die Lösung durch ein Austarieren dieser Rechte gefunden würde. Hierzu zwingt auch nicht die Feststellung, daß die Fälle, in denen betriebsverfassungsrechtliche Mitbestimmung in Bereiche der Unternehmerfreiheit hinein ragen, sich nicht trennen lassen in eine unternehmerische und in eine arbeitsplatzbezogene Maßnahme,

---

68 A.A. Papier, NJW 1987, 989 (992), der allein aufgrund der fehlenden Letztentscheidungsrechte Verfassungswidrigkeit annimmt.

69 Verfassungsrechtliche Grenzen durch Art 9 Abs. 3 GG sind an dieser Stelle nicht relevant, da das Bundesverfassungsgericht diese nur durch eine Kummulation von paritätischer betrieblicher und paritätischer Unternehmensmitbestimmung in Gefahr sieht.

70 So Beuthien, ZfA 1988, 1 (17).

sondern daß dieser beide Seiten immanent sind. Betriebliche Mitbestimmung muß deshalb den Kern der Unternehmensautonomie respektieren ebenso wie der Unternehmer die Mitbestimmung als arbeitsautonome Vorgaben akzeptieren und einberechnen muß.[71]

Unter Zugrundelegung der Dogmatik des Mitbestimmungsurteils wäre somit gemessen an Art. 12 Abs. 1 GG in der Kaufhausentscheidung zu fragen gewesen, ob die durch die frühere Ladenschlußzeit befürchtete Umsatzeinbuße im Verhältnis zu dem Freizeitgewinn der betroffenen Arbeitnehmer stand.[72] Im Hinblick auf Art. 14 Abs. 1 GG wäre die Privat- oder Unternehmensautonomie - je nach Eigentumsverhältnissen am Unternehmen - dann verfassungswidrig eingeschränkt gewesen, wenn jede "ins Gewicht fallende" privat autonome Verfügungsmacht in Ansehung spezifischer Eigentumsgegenstände genommen worden wäre.[73]

Die Einzelfallentscheidung mag dahinstehen; u.U. wäre in einem großen Unternehmen sogar eine Abwägung denkbar, wonach die Reduzierung der Ladenöffnungszeiten gerade noch vertretbar wäre, weil die Eigentumseinbuße noch "nicht ins Gewicht fällt" und der Umsatzrückgang nicht außer Verhältnis zum Freizeitvorteil der Mehrzahl der Arbeitnehmer steht. Die Kaufhausentscheidung wäre jedoch dann nicht zu billigen gewesen, wenn es sich bei dem Kaufhaus um ein kleines Einzelhandelsunternehmen eines Unternehmer-Eigentümers gehandelt hätte. Denn das Bundesverfassungsgericht hat im Mitbestimmungsurteil zwischen großen und kleinen Unternehmen unterschieden, wo der personale Grundzug der zu gewährleisteten Gegenrechte stärker im Vordergrund steht.[74] Dies ist auch bei der Abwägung hier zu beachten. In den Bereich der "betrieblichen Unternehmensmitbestimmung" fallen nämlich auch Kleinbetriebe, wo der personale Kern der Berufs- und Eigentumsfreiheit direkt betroffen ist. Die Beschwerdeführerin in dem Verfahren des Bundesverfassungsgerichts betrieb jedoch eine Kette von Kaufhäusern, unter anderem ein Kaufhaus in G. mit 270 Arbeitnehmern, deren Arbeitszeitregelung im Streit stand.

---

71 So Beuthien, ZfA 1988, 1 (17); im übrigen haben die Arbeitgeber die positive Auswirkung der Mitbestimmung in der erhöhten Akzeptanz der mitbestimmten Entscheidung längst erkannt.

72 Art. 12 Abs. 1 GG kann zulasten der Arbeitgeber im Wege der Dreischrankentheorie weitgehend eingeschränkt werden, so daß soziale Regelungen ohne meßbare Auswirkungen auf unternehmerische Entscheidungen gedeckt sein werden. Die Ergebnisse werden sich jedoch von denjenigen, die im Wege der Konkordanzprüfung gefunden werden würden, unterscheiden.

73 So Maunz u.a.-Papier, GG, Art. 14 Rdnr. 276 m.w.N.

74 Vgl. zu der Frage von welcher Größe an in Unternehmen eine Mitbestimmung der Arbeitnehmer auf Unternehmensebene geboten erscheint, Benda/Maihofer/Vogel, Handbuch des Verfassungsrechts der Bundesrepublik Deutschland, S. 723.

4. Die Grenzmarke der "Funktionsfähigkeit"

Diese Überlegungen am Einzelfall sind jedoch unter Zuhilfenahme der Kriterien des Mitbestimmungsurteils zu verallgemeinern. Dort war als Grenzmarke die Funktionsfähigkeit des Unternehmens mehrfach hervorgehoben worden. Die Abwägung im Bereich der "betriebsverfassungsrechtlichen Unternehmensmitbestimmung" ergibt, daß sich dieses Kriterium auch hier anbietet. Eine Einbuße der eigentumsrechtlichen Verfügungsmacht "fällt dann ins Gewicht", wenn die Funktionsfähigkeit des Unternehmens auf dem Spiel steht. Gleiches gilt für eine Berufsausübungsregelung, die ein Unternehmen nicht mehr gewinnbringend entsprechend dem Unternehmenszweck arbeiten läßt.

Das Kriterium der Funktionsfähigkeit stellt somit auch die verfassungsrechtliche Grenze für betriebsverfassungsrechtliche Mitbestimmung mit unternehmerischen Auswirkungen dar. Hier kann auf das o.a. verwiesen werden, wobei zu berücksichtigen ist, daß es sich bei der betrieblichen Mitbestimmung um eine paritätische Mitbestimmung handelt.

Entsprechend den Ausführungen im Mitbestimmungsurteil ist zwischen großen Unternehmen mit hoher sozialer Dimension, in der Rechtsform einer juristischen Person und zwischen dem Unternehmer-Eigentümer, dem Einzelhandelskaufmann, der OHG sowie KG, wo der Inhaber persönlich haftet, zu unterscheiden. Bei ersteren bestimmt sich die Funktionsfähigkeit an der optimalen Leistung des Unternehmens, die sozialen Gesichtspunkte sind hierbei jedoch zu berücksichtigen. Bei den kleinen Unternehmen kann paritätische Unternehmensmitbestimmung demgegenüber nicht in Betracht kommen. Das BetrVG hat keine Sicherungen vorgesehen, die verhindern würden, daß fremdbestimmte unternehmerische Fehlentscheidungen den Unternehmer als Person treffen. Vielmehr wird dadurch der Kernbereich der grundrechtlichen Gewährleistungen der Eigentums-und Freiheitsrechte des Unternehmers betroffen. De lege lata ist betriebsverfassungsrechtliche Mitbestimmung mit unternehmerischen Auswirkungen bei Kleinunternehmen deshalb verfassungswidrig.[75]

Demgegenüber ist die Grenze der Funktionsfähigkeit bei Großunternehmen jedenfalls dann erreicht, wenn durch die mitbestimmte Entscheidung eine erhebliche, ungewöhnliche und nicht nur vorübergehende Herabsetzung der Leistungsfähigkeit des Betriebes bewirkt wird. Diese Definition hat das Bundesarbeitsgericht für die

---

75 Nach Martens, ZGR 1979, 493 (522), wäre de lege ferenda nur eine Lösung denkbar, wonach der Einzelunternehmer einem Rechtsformzwang unterliegt und sein Unternehmen in der für die paritätische Mitbestimmung geeigneten Rechtsform einer juristischen Person betreiben muß.

Betriebseinschränkung im Sinne von § 111 Satz 2 Nr. 1 BetrVG gefunden;[76] sie kann jedoch nur als äußerste, verfassungsrechtlich gebotene Grenze der Mitbestimmung in sozialen Angelegenheiten verwandt werden. In der Regel wird bereits im Vorfeld die Grenze der sozialen Mitbestimmung zu ziehen sein. So nimmt das Bundesarbeitsgericht bspw. eine Betriebseinschränkung - mit den Folgen der Anwendbarkeit des § 111 BetrVG - erst ab einer Entlassung von 5 % der Belegschaft an, während in der Kaufhausentscheidung diese Folge mit Sicherheit zur Unzulässigkeit des Spruches der Einigungsstelle geführt hätte.

Dies bedeutet jedoch nicht, daß die Kernbereichsfestlegung dem subjektiven Ermessen der Unternehmensleitung anheim gegeben ist; vielmehr trägt der Arbeitgeber die Beweis- und Darlegungslast. Seine Angaben sind dann der objektiven Entscheidung zugrunde zu legen, ob das Unternehmen in die Funktionsunfähigkeit getrieben würde. Im Kaufhausfall würde dies bedeuten, daß zu fragen ist, ob die vorgegebene Umsatzeinbuße noch verhältnismäßig zum Vorteil der Arbeitnehmer ist.

Die Einschränkbarkeit der Unternehmensautonomie bis zur Grenze der Funktionsfähigkeit ist gerechtfertigt, da diese, der betrieblichen Mitbestimmung unterliegenden Maßnahmen in beide Richtungen wirken. Nur weil eine Maßnahme in den Unternehmensbereich hineinragt, verliert sie nicht ihren arbeitsplatzbezogenen Charakter. Aus diesem Grunde ist ein so weitgehender Eingriff legitimierbar, weil sozial gerechtfertigt.[77]

Abschließend sei darauf hingewiesen, daß de lege ferenda weitergehende Eingriffe in die Unternehmensautonomie qua betriebsverfassungsrechtlicher Mitbestimmung möglich wären (z.B. durch Ausweitung der Beteiligungstatbestände), wenn für diese Fälle der Einigungsstelle das Letztentscheidungsrecht genommen und auf den Arbeitgeber übertragen würde. Bedenken verblieben dann nur noch wegen der zeitlichen Verzögerungen durch das Einigungsstellenverfahren. Die Parallelen zu den verfassungsrechtlichen Grenzen der personalvertretungsrechtlichen Mitbestimmung ergeben sich aus dem fünften Kapitel. Vorwegnehmend sei darauf hingewiesen, daß der Gesetzgeber den oben genannten Weg bereits beschritten hat: weitgehende Beteiligungsrechte wurden festgelegt, wobei das verfassungsrechtliche Verdikt vermieden werden soll, indem am Ende des Einigungsstellenverfahrens der Einigungsstelle das Letztentscheidungsrecht genommen wird.

---

76 Zu dieser Definition vgl. BAG, Beschluß vom 02.08.1983, AP § 111 BetrVG 1972, Nr. 12 = BAG 32, 14; vgl. Fitting u.a., BetrVG, § 111 Rdnr 15.

77 Ebenso Beuthien, ZfA 1988, 1 (8).

Viertes Kapitel
Auswirkungen der verfassungsrechtlichen Grenzen auf die gesetzliche Mitbestimmung in Arbeitszeitfragen nach dem Betriebsverfassungsgesetz

Nachdem in dem vorangegangenen Teil die verfassungsrechtlichen Grenzen der Mitbestimmung aufgezeigt wurden, soll nun geprüft werden, wie die verfassungsrechtlich geforderte Einhaltung dieser Grenzen bei der einfach-gesetzlichen Auslegung der Mitbestimmung bei Arbeitszeitfragen im Rahmen des Betriebsverfassungsgesetzes zu berücksichtigen ist.

Die Berücksichtigung dieser Grenzen wird von Rechtsprechung und Literatur vielfach diskutiert, wobei gerade die jüngste Rechtsprechung, wie eingangs aufgezeigt, im Kreuzfeuer der Kritik steht, da sie im Bereich des Betriebsverfassungsgesetzes keine Grenzen der Mitbestimmung zur Garantie der Unternehmensautonomie anerkennt.

I. Die Unternehmensautonomie im Kontext des Betriebsverfassungsgesetzes

Aufgrund der thematischen Eingrenzung dieser Ausarbeitung sollen die Grenzen der Mitbestimmung allein an § 87 Abs. 1 Nr. 2 BetrVG, dem Mitbestimmungstatbestand der Arbeitszeiteinteilung, gezeigt werden.[1] Mitbestimmung gemäß § 87 Abs. 1 Nr. 2 BetrVG unterliegt, solange allein soziale Angelegenheiten ohne wirtschaftliche Nebenfolgen geregelt werden, keinen verfassungsrechtlich gebotenen Grenzen. Entsprechend wurde oben ausgeführt,[2] daß der Mitbestimmung des Betriebsverfassungsgesetzes verfassungsrechtlich keine Bedenken entgegenstehen, sofern es sich um den "Idealtypus" arbeitsplatzbezogener Mitbestimmung handelt. So wurde auch das Betriebsverfassungsgesetz keiner verfassungsgerichtlichen Prüfung unterzogen, wenngleich bei seinem Entstehen verfassungsrechtliche Bedenken geltend gemacht wurden.[3] Die Frage, ob dieser arbeitsplatzbezogenen Mitbestimmung Grenzen zur Garantie der Unternehmensautonomie aufzuerlegen sind, ist erst aufgeworfen wor-

---

1   Zwar werden nicht nur in diesem Tatbestand Materien geregelt und der Mitbestimmung der Arbeitnehmer unterworfen, die materiell "wirtschaftliche" Angelegenheiten sind, die Grenzen der Mitbestimmung lassen sich an diesem Tatbestand jedoch exemplarisch zeigen.
2   S.o. 3. Kap. II 1.
3   So bspw. Obermayer, DB 1971, 1715; Galperin, Der Regierungsentwurf eines neuen BetrVG.

den, als mit dem Beteiligungsrecht gleichzeitig unternehmerische Entscheidungen berührt wurden.

1. Die Kaufhausentscheidung des Bundesarbeitsgerichts

Exemplarisch für diese Fallgestaltung ist der eingangs geschilderte Fall des Bundesarbeitsgerichts,[4] wo es um die Überprüfung eines Spruches der Einigungsstelle ging, wonach die Arbeitszeit des Verkaufspersonals in einem Kaufhaus so festgesetzt worden war, daß der Arbeitgeber die Ladenschlußzeiten nicht mehr einhalten konnte und sein Kaufhaus früher schließen mußte.

Das Bundesarbeitsgericht hat entschieden, daß dieser Spruch der Einigungsstelle wirksam sei. Die Einigungsstelle habe in einer Angelegenheit entschieden, für die dem Betriebsrat ein erzwingbares Mitbestimmungsrecht zustehe. Dieses Mitbestimmungsrecht werde in seinem Umfang nicht dadurch beschränkt, daß gleichzeitig Einfluß auf die Ladenöffnungszeiten des Unternehmens ausgeübt werde. Zwar sei diese Entscheidung unternehmerischer Natur. Die mögliche Beschränkung unternehmerischer Entscheidungen durch Mitbestimmung gemäß § 87 Abs. 1 Nr. 2 BetrVG führe jedoch nicht zu einer Beschränkung der Mitbestimmung dahingehend, daß die von dem Unternehmen festgelegte Ladenöffnungszeit als mitbestimmungsfreies Datum unberührt bleiben müsse. So gebe es keine immanente Schranke der Mitbestimmungsfreiheit unternehmerischer Entscheidungen. Vielmehr habe der Gesetzgeber durch ein abgestuftes System von Mitbestimmung, Mitwirkung und bloßer Anhörung seiner Grundentscheidung Rechnung getragen, wonach "eigentlich unternehmerische Entscheidungen" durch betriebsverfassungsrechtliche Mitbestimmung nicht geregelt werden sollten. Darüber hinausgehende Einschränkungen seien deshalb nicht begründbar, vielmehr hätten die Gerichte diese Entscheidung des Gesetzgebers zu akzeptieren.[5]

Nachdem das Bundesarbeitsgericht somit eine immanente Grenze der Mitbestimmungsfreiheit unternehmerischer Entscheidungen abgelehnt hat, überprüft es die Entscheidung der Einigungsstelle zunächst an § 76 Abs. 5 Satz 3 BetrVG[6] und kommt schließlich zu dem Ergebnis, daß sich auch hieraus keine Beschränkung er-

---

4 BAG, EzA § 87 BetrVG 1972 - Arbeitszeit - Nr. 13, S. 83 ff = AP § 87 BetrVG 1972 - Arbeitszeit - Nr. 8; s.o. 1. Kap. II 4 d. Gegen diesen Beschluß des BAG wurde Verfassungsbeschwerde eingelegt, die jedoch abgelehnt wurde und nur zu dem oben ausführlich besprochenen Spruch des Vorprüfungsausschusses führte.

5 BAG, EzA § 87 BetrVG 1972 - Arbeitszeit - Nr. 13, S. 86 ff.

6 § 76 Abs. 5 S. 3 BetrVG besagt, daß die Einigungsstelle ihre Beschlüsse unter angemessener Berücksichtigung der Belange des Betriebs und der betroffenen Arbeitnehmer nach billigem Ermessen faßt.

zwingbarer Mitbestimmungsrechte des Betriebsrates insoweit ergebe, als durch diese die unternehmerische Entscheidungsfreiheit berührt werde.[7] Ebensowenig seien Beschränkungen aus der Systematik und dem Sinnzusammenhang des Betriebsverfassungsgesetzes, insbesondere aus dessen Regelungen der Beteiligung des Betriebsrats bei wirtschaftlichen Angelegenheiten gemäß § 111 BetrVG, herleitbar.[8] Nach Auffassung des Bundesarbeitsgerichts bedeutet dies, daß § 111 BetrVG keine Grenze dergestalt darstelle, daß bei gleichzeitiger Tatbestandsverwirklichung von § 87 Abs. 1 Nr. 2 und § 111 BetrVG, d.h. bei einer sogenannten Gemengelage, § 111 BetrVG als schwächeres Beteiligungsrecht für den Umfang der Mitbestimmung ausschlaggebend sei.

Letztendlich stellt das Gericht fest, daß der angefochtene Spruch der Einigungsstelle die Grenzen des der Einigungsstelle eingeräumten Ermessens nicht überschreite und kommt somit zu dem Ergebnis, daß dieser Spruch wirksam sei.

2. Kein Vorbehalt der generellen Mitbestimmungsfreiheit unternehmerischer Entscheidungen

Inwieweit betriebsverfassungsrechtliche Mitbestimmung mit Auswirkungen auf unternehmerische Entscheidungen aus verfassungsrechtlichen Gründen eingeschränkt werden müssen, wurde bereits oben gezeigt. Denn unter diesem erweiterten Anwendungsbereich, d.h. mit diesen Folgewirkungen, stellt sich die Frage nach der Verfassungsmäßigkeit der betrieblichen Mitbestimmung nach dem Betriebsverfassungsgesetz. Bei der verfassungsrechtlichen Prüfung wurde auf den Kernbereich der Unternehmensautonomie verwiesen und wurden die Grenzen an den Art. 14, 12, 9 Abs. 1 und 2 Abs. 1 GG nachgewiesen.

Zurecht weist Martens jedoch darauf hin,[9] daß eine solche Restriktion der unternehmerischen Entscheidungsautonomie unter dem Aspekt betriebsverfassungsrechtlicher Problemrelevanz nicht zu überzeugen vermag. Die einfach-gesetzliche Dimension dieser Problematik dürfe nicht vernachlässigt werden. Es stelle sich deshalb nicht die Frage nach den generellen verfassungsrechtlich gesteckten Grenzen der betrieblichen Mitbestimmung, sondern zu beurteilen sei der betriebsverfassungsrechtsspezifische Stellenwert der unternehmerischen Entscheidungsautonomie.

Somit ist zu prüfen, ob einfach-gesetzliche Gründe eine Einschränkung betriebsverfassungsrechtlicher Mitbestimmung mit Auswirkungen auf unternehmerische Entscheidungen zu bewirken vermögen. In Betracht kommt hier vor allem die An-

---

7   BAG, EzA § 87 BetrVG 1972 - Arbeitszeit - Nr. 13, S. 93.
8   BAG, EzA § 87 BetrVG 1972 - Arbeitszeit - Nr. 13, S. 94.
9   Vgl. Martens, RdA 1989, 164 (166).

nahme einer dem Betriebsverfassungsgesetz innewohnenden immanenten Schranke der Mitbestimmungsfreiheit unternehmerischer Entscheidungen.

a) Die Auffassung des Bundesarbeitsgerichts

Hierzu hat das Bundesarbeitsgericht unzweifelhaft festgestellt, daß Mitbestimmungsrechte des Betriebsrats nicht unter dem allgemeinen Vorbehalt stünden, daß durch sie nicht in die unternehmerische Entscheidungsfreiheit eingegriffen werden dürfe.[10]

Hätte das Gericht diesem Vorbehalt Gültigkeit verliehen, hätte der im Streit stehende Einigungsstellenbeschluß bereits hieran scheitern müssen. Denn Verwerfungen zwischen betriebsverfassungsrechtlicher Mitbestimmung und Unternehmensautonomie wären bei Annahme dieser Prämisse nicht entstanden. Das Bundesarbeitsgericht hat jedoch in der Kaufhausentscheidung genau diese Prämisse abgelehnt. Zwar verweist das Gericht auf den historischen Gesetzgeber und akzeptiert dessen Grundentscheidung, die in der amtlichen Begründung des Regierungsentwurfs zum Ausdruck komme und besage, daß durch die Gewährung von Mitbestimmungs- und Mitwirkungsrechten an den Betriebsrat nicht in die "eigentlich unternehmerischen Entscheidungen" eingegriffen und die Beteiligung der Arbeitnehmer an der Unternehmensführung nicht im Rahmen der Betriebsverfassung geregelt werden solle.[11] Wie oben ausgeführt, leitet es hieraus jedoch nicht einen allgemeinen Grundsatz der betriebsverfassungsrechtlichen Mitbestimmungsfreiheit unternehmerischer Entscheidungen ab, sondern sieht die Wertentscheidung des Gesetzgebers allein und abschließend in den Regelungen mit abgestufter Beteiligungsintensität des Betriebsverfassungsgesetzes verwirklicht.

b) Meinungsstand in der Literatur

Dieser Argumentation ist vielfach widersprochen worden. So kritisiert Martens,[12] daß das Bundesarbeitsgericht diesen Programmsatz lediglich als Beschreibung der sodann verabschiedeten Gesetzesregelung reduzierend verkannt und nicht als darüber hinausgehendes Zweckprogramm erkannt habe. Wenn das Bundesarbeitsgericht voraussetze, daß der Gesetzgeber jeden denkbaren Konfliktsfall vorausgesehen und entsprechend vorentschieden habe, so liege diese Argumentation neben der

---

10   BAG, EzA § 87 BetrVG 1972 - Arbeitszeit - Nr. 13, 1. Leitsatz der Entscheidung und S. 89.

11   BAG, EzA § 87 BetrVG 1972 - Arbeitszeit - Nr. 13, S. 89 unter Verweis auf BR-Drucksache 715/70, S. 31. Ausführlich zur Entstehungsgeschichte Rüthers, ZfA 1973, 399.

12   Martens, RdA 1989, 164 (170).

Sache. Gerade die Regelung des § 87 Abs. 1 Nr. 2 BetrVG beweise das Gegenteil. Mit Sicherheit habe die Phantasie des Gesetzgebers nicht ausgereicht, um die Problematik der Kaufhausentscheidung zu antizipieren. Entstünden über den Wortlaut der einzelnen Mitbestimmungstatbestände hinaus Wertungswidersprüche zwischen unternehmerischer Entscheidungsautonomie und betrieblicher Mitbestimmung, liege die Lösung in einer teleologischen Reduktion der einzelnen nach dem Wortlaut zu weit gefaßten Mitbestimmungsregelungen.[13]

Richardi[14] wirft dem Bundesarbeitsgericht vor, daß es übersehen habe, daß bei den im Katalog des § 87 Abs. 1 BetrVG genannten sozialen Angelegenheiten fast durchwegs eine mitbestimmungsfreie Entscheidung vorgelagert sei; deshalb akzeptiert Richardi die grundsätzliche Feststellung des Bundesarbeitsgerichts, daß es keinen Vorbehalt der Mitbestimmungsfreiheit unternehmerischer Entscheidungen gebe. Für Richardi bedeutet dies jedoch, daß es kein Recht auf Beteiligung an der unternehmerischen Entscheidung über das "ob" einer Maßnahme gibt. Über das "wie" werde, auch wenn dadurch unternehmerische Entscheidungsfreiheit tangiert sei, jedoch im vollem Umfang entsprechend den Regelungen des Betriebsverfassungsgesetz mitbestimmt. Für die Kaufhausentscheidung würde dies bedeuten, daß das Mitbestimmungsrecht erst dann einsetze, wenn feststehe, wann die Verkaufsstelle geöffnet und wann sie geschlossen werden solle.[15] Zusammenfassend bedeutet dies, daß Richardi ebenso wie das Bundesarbeitsgericht davon ausgeht, daß es keinen Vorbehalt der Mitbestimmungsfreiheit unternehmerischer Entscheidungen gibt. Zu einer Einschränkung der Mitbestimmung kommt er somit nicht durch die Bejahung einer immanenten Grenze, sondern durch teleologische Reduktion und dadurch erfolgende Präzision der einzelnen Mitbestimmungstatbestände.

Im Ergebnis entspricht dies der Auffassung von Rath-Glawatz[16] und von Joost. Auch von Joost[17] wird die grundsätzliche Prämisse, daß es keinen Vorbehalt der Mitbestimmungsfreiheit unternehmerischer Entscheidungen gibt, vertreten. Da er insoweit eine Restriktion von betriebsverfassungsrechtlicher Mitbestimmung ablehnt, prüft er im Folgenden ausführlich die einzelnen Mitbestimmungstatbestände und deren Tragweite und kommt letztlich durch teleologische Reduktion und systematische Auslegung zu demselben Ergebnis wie Richardi. Verfahrensrechtlich

---

13 Martens, RdA 1989, 164 (171).

14 Richardi, EzA § 87 BetrVG 1972 - Arbeitszeit - Anm. zu Nr. 13, S. 102 a.

15 Richardi, EzA § 87 BetrVG 1972 - Arbeitszeit - Anm. zu Nr. 13, S. 102 e; evident ist dies für Ladengeschäfte bspw. am Flughafen (§ 9 LSchG), die ihr Angebot rund um die Uhr erbringen können.

16 Rath-Glawatz, AP § 87 BetrVG 1972 - Arbeitszeit - Anm. zu Nr. 8, S. 1018 (1028).

17 Joost, DB 1983, 1818.

finde der Schutz jedoch über die Ermessensprüfung der Einigungsstellenbeschlüsse statt.

Beuthien[18] schließlich schließt sich ebenfalls der Prämisse des Bundesarbeitsgerichts in ihrer Grundsätzlichkeit an mit der Folge, daß sich der Funktionsbereich des Betriebsrats nicht ausschließlich auf arbeitstechnische Folgeprobleme unternehmerischer Entscheidungen beschränke. Entgegen der Auffassung des Bundesarbeitsgerichts unterliegen nach Beuthien jedoch sämtliche Teilhaberrechte des Betriebsrats insofern einer ihnen innewohnenden Schranke, als durch sie nicht der Kernbereich der Unternehmensautonomie betroffen werden dürfe.[19] Verwirklichen sich in einer mitzubestimmenden Entscheidung sowohl soziale als auch wirtschaftliche Aspekte bleibe es bei dem Mitbestimmungsrecht des Betriebsrats; dies sei nicht ausgeschlossen, dürfe aber nur bis zu der obengenannten Grenze des Kernbereichs reichen, d.h. das einzelne Mitbestimmungsrecht sei sachlich-rechtlich dadurch begrenzt. Der Kernbereich sei im Ergebnis dann berührt, wenn eine Maßnahme für den Unternehmer wirtschaftlich nicht mehr vertretbar sei.[20]

Ebenso widerspricht Löwisch[21] dem Ergebnis der Kaufhausentscheidung des Bundesarbeitsgerichts. Er reduziert den Anwendungsbereich von § 76 Abs. 5 Satz 3 BetrVG dahingehend, daß bei Abwägung der betrieblichen Belange gegen die Belange der betroffenen Arbeitnehmer, die ersteren so zugrunde zu legen seien, wie sie sich aufgrund der getroffenen unternehmerischen Entscheidung darstellten. Nach Ansicht Löwischs habe das Bundesarbeitsgericht diese Abwägung in nicht nachzuvollziehender Weise vorgenommen.

Die zusammenfassende Auswertung der literarischen Urteilsanmerkungen ergibt, daß dem Abwägungsergebnis des Bundesarbeitsgerichts von keinem der Autoren zugestimmt wird. Methodisch werden bei der Kritik der Kaufhausentscheidung jedoch zwei Wege beschritten: Zum einen wird die Grenze der betrieblichen Mitbestimmung mit Auswirkungen auf unternehmerische Entscheidungen über eine teleologische Auslegung des einzelnen Mitbestimmungstatbestands gefunden, zum anderen wird die unternehmerische Entscheidung als Datum vorgegeben, das die Einigungsstelle zu beachten habe. Bemerkenswert ist jedoch, daß von keinem der Autoren ein grundsätzlicher Vorbehalt der Mitbestimmungsfreiheit unternehmerischer

18 Beuthien, ZfA 1988, 1.
19 Beuthien, ZfA 1988, 1 (10) insoweit anders als Richardi, EzA § 87 BetrVG 1972 - Arbeitszeit - Anm. zu Nr. 13.
20 Beuthien, ZfA 1988, 1 (15).
21 Löwisch, SAE 1983, 141.

Entscheidungen angenommen wird, wie dies Reuter[22] in dem der Entscheidung vorausgegangen Gutachten zu belegen versuchte.

3. Der Kernbereich der "betrieblichen" Unternehmensautonomie

a) Die Entscheidung des Gesetzgebers des Betriebsverfassungsgesetzes 1972

Welcher der Auffassungen der Vorzug zu geben ist, ergibt letztlich die Auswertung der Gesetzesmaterialien zum Betriebsverfassungsgesetz. So ist in der amtlichen Begründung des Regierungsentwurfs ausgeführt:

> "Im kollektiven Bereich erweitert der Entwurf die Mitbestimmungs- und Mitwirkungsrechte des Betriebsrats auf wichtigen Gebieten, ohne in die eigentlichen unternehmerischen Entscheidungen, insbesondere auf wirtschaftlichem Gebiet einzugreifen. Die Bundesregierung ist der Ansicht, daß die Fragen der Beteiligung der Arbeitnehmer an der Unternehmensführung nicht im Rahmen des Betriebsverfassungsgesetzes geregelt werden sollten, sondern einer Neuregelung des Unternehmensverfassungsrechts vorbehalten bleiben müssen."[23]

Festzustellen ist weiterhin, daß das Betriebsverfassungsgesetz den Vorrang der "eigentlich unternehmerischen Entscheidung" nicht explizit geregelt hat. Fehlt eine solche positiv-rechtliche Fixierung, sozusagen "vor der Klammer" entsprechend der des gesetzlichen Tarifvorrangs beispielsweise, so bedeutet dies, daß die Frage nach der Mitbestimmungsfreiheit unternehmerischer Entscheidungen nicht als Vorfrage, als Voraussetzung überhaupt für die Anwendung des Betriebsverfassungsgesetzes aufgeworfen werden kann. Vielmehr kommt die unternehmerische Entscheidungsfreiheit allenfalls als Grenze eines jeden Mitbestimmungstatbestandes in Betracht.[24] Diese Ansicht vertreten im übrigen sämtliche der oben zitierten Autoren.[25]

Das Bundesarbeitsgericht seinerseits lehnt nach der Auswertung der Gesetzesmaterialien die Berücksichtigung der unternehmerischen Entscheidungsfreiheit als immanente Schranke ab, indem es ausführt, daß dieses Datum allein und abschießend durch die gestuften Beteiligungsrechte verwirklicht und eine Korrektur deshalb nicht

---

22 Reuter, ZfA 1981, 165, der auf S. 202 zusammenfassend als positiv-rechtlichen Sitz des Vorbehalts der unternehmerischen Entscheidungsfreiheit in sozialen Angelegenheiten § 76 Abs. 5 Satz 3 BetrVG ausweist.

23 BR-Drucksache 715/70, S. 31.

24 Generell zu dem Aspekt, daß Restriktionen der betriebsverfassungsrechtlichen Mitbestimmung sich nicht "übergeordnet" ergeben, sondern aufgrund einer sorgsam differenzierenden Interpretation der einzelnen Tatbestände des § 87 Abs. 1 BetrVG, vgl. GK-BetrVG-Thiele, Einl. Rdnr. 28 mit dem Verweis auf Säcker, Gruppenautonomie und Übermachtkontrolle im Arbeitsrecht, S. 346 f.

25 Ebenso GK-BetrVG-Wiese, § 87 Rdnr. 104 m.w.N.; a.A. Fitting u.a., BetrVG, § 87 Rdnr. 47.

möglich sei.[26] Nach Ansicht des Bundesarbeitsgerichts sei der Gesichtspunkt der unternehmerischen Entscheidungsfreiheit deshalb nicht geeignet, entgegen dem Wortlaut des § 87 Abs. 1 BetrVG Mitbestimmungsrechte einzuschränken.

Dieser Schlußfolgerung kann nach Auswertung der Gesetzesmaterialien nicht gefolgt werden. Noch in Übereinstimmung mit dem Bundesarbeitsgericht ergibt diese, daß der Gesetzgeber durch das Betriebsverfassungsgesetz nicht in die eigentlichen unternehmerischen Entscheidungen, insbesondere auf wirtschaftlichem Gebiet, eingreifen wollte.[27] Das Bundesarbeitsgericht übersieht jedoch, daß die Beteiligung der Arbeitnehmer an der Unternehmensführung nicht im Rahmen der Betriebsverfassung geregelt werden sollte; diese Frage sollte vielmehr einem künftigen Unternehmensverfassungsrecht vorbehalten sein. Im Verlaufe der Gesetzesberatungen zum Betriebsverfassungsgesetz 1972 wollten noch nicht einmal die Gewerkschaften, daß eine unternehmerische Mitbestimmung im Betriebsverfassungsgesetz verankert wird, unter anderem deshalb, weil sie ihre Stellung bei der Diskussion der Mitbestimmung in den Aufsichtsräten nicht schwächen wollten.[28] Die unternehmerische Mitbestimmung sollte einem besonderen Gesetz vorbehalten bleiben.[29] Dem Entwurf ist jedenfalls nicht zu entnehmen, daß durch die gestuften Beteiligungsrechte abschließend über den Eingriff in die eigentlichen unternehmerischen Entscheidungen entschieden werden sollte.

Hieran ändert auch die Begründung der beiden vorgelegten Gesetzesentwürfe der SPD-Fraktion des Deutschen Bundestages[30] und des DGB[31] nichts, wonach Ziel der Entwürfe sei, den Betriebsrat an immer mehr unternehmerischen Leitentscheidungen teilhaben zu lassen und so die Unternehmensautonomie wesentlich zurückzudrängen. Diese Entwicklung hat jedoch für die Auslegung des bestehenden BetrVG keine Bedeutung.

Entgegen der Auffassung des Bundesarbeitsgerichts resultiert schon aus den Gesetzesmaterialien die folgende Schranke: Zwar gibt es keinen Grundsatz der Mitbestimmungsfreiheit unternehmerischer Entscheidungen; in diese darf durch betriebsverfassungsrechtliche Mitbestimmung jedoch nur soweit eingegriffen werden, als der

---

26 BAG, EzA § 87 BetrVG 1972 - Arbeitszeit - Nr. 13, S. 89; ebenso Fitting u.a., BetrVG, § 87 Rdnr. 47.

27 Vgl. dazu auch die Begründung des Regierungsentwurfs des BetrVG, BT-Drucksache 6/1786, S. 31.

28 So Loritz, ZfA 1991, 1 (19) mit Hinweis auf BT-Drucksache 6/1786, S. 31 (33).

29 Vgl. Biedenkopf, in: Festschr. für Heinz Kaufmann, Anmerkungen zum neuen Betriebsverfassungsgesetz, S. 91 (104).

30 Entwurf eines Gesetzes zum Ausbau und zur Sicherung der betrieblichen Mitbestimmung, BT-Drucksache 10/3666.

31 Gesetzesvorschlag des DGB, hsg. vom DGB-Bundesvorstand 10/85 (zit. nach Beuthien, ZfA 1988, 1 (4)).

Kern der Unternehmensautonomie, die "eigentliche unternehmerische Entscheidungsfreiheit", nicht berührt wird. Wenngleich diese Grenze im Wortlaut der einzelnen Mitbestimmungstatbestände, insbesondere des § 87 Abs. 1 Nr. 2 BetrVG, keinen Niederschlag gefunden hat, wird sie untermauert aus der Systematik und dem Sinnzusammenhang des Betriebsverfassungsgesetzes.

b)   Systematik des Betriebsverfassungsgesetzes

Die Systematik der Mitbestimmung in der Privatwirtschaft läßt erkennen, daß die Materie "unternehmerische Mitbestimmung" in dem Mitbestimmungsgesetz und nicht in dem Betriebsverfassungsgesetz geregelt werden sollte.

Innerhalb des Betriebsverfassungsgesetzes wird die Mitbestimmung durch eine Einteilung in soziale, personelle und wirtschaftliche Angelegenheiten verwirklicht. Diesen Angelegenheiten sind in ihrer Intensität unterschiedliche Beteiligungsrechte zugeordnet: Von der paritätischen Mitbestimmung über die Mitwirkung bis hin zur bloßen Anhörung. Bei den wirtschaftlichen Angelegenheiten wird dem Betriebsrat im Betriebsverfassungsgesetz nicht hinsichtlich der Grundentscheidung, sondern nur bezüglich der Folgen für die Arbeitnehmer ein Mitbestimmungsrecht gewährt. Wenn im Betriebsverfassungsgesetz bei den wirtschaftlichen Angelegenheiten des § 106 ff BetrVG dem Betriebsrat lediglich eine Mitwirkung übertragen wird, ist davon auszugehen, daß das Gesetz außerhalb dieser Angelegenheiten wohl kaum weitergehende unternehmerisch-wirtschaftliche Mitbestimmungsrechte gewähren will.[32] Die gesetzliche Regelung über Sozialplan und Interessenausgleich belegt, daß nach dem Betriebsverfassungsgesetz nicht über die unternehmerische Sachentscheidung, sondern nur über deren Folgen mitbestimmt werden soll.[33]

So werden die §§ 111 bis 113 BetrVG in der dem Bundesrat vorgelegten Regierungsvorlage wie folgt begründet:

> "Dabei (bei den wirtschaftlichen Angelegenheiten) sind zwei Bereiche zu unterscheiden, nämlich die unternehmerisch-wirtschaftliche Entscheidung als solche und die Auswirkungen dieser Entscheidung auf die Arbeitnehmer. Hinsichtlich der unternehmerisch-wirtschaftlichen Entscheidung als solcher räumt der Entwurf dem Betriebsrat schon im Stadium der Planung ein umfassendes Informations- und Beratungsrecht ein. ... Bezüglich der sozialen Auswirkungen solcher unternehmerisch-wirtschaftlichen Entscheidungen besitzt der Betriebsrat demgegenüber ein echtes Mitbestimmungsrecht."[34]

---

32   Ebenso Beuthien, ZfA 1988, 1 (10).
33   Ebenso Loritz, ZfA 1991, 1 (12).
34   BR-Drucksache 715/70, S. 33.

Diese Aussage ist im Zusammenhang mit der allgemeinen Begründung dieses Entwurfes zu sehen, in der ausgeführt ist, daß die Fragen der Beteiligung der Arbeitnehmer an der Unternehmensführung nicht im Rahmen des Betriebsverfassungsgesetzes geregelt werden sollten. Hieraus kann allgemein für das Betriebsverfassungsgesetz abgeleitet werden, daß die Planungs-, Organisations- und Leitungskompetenz des Arbeitgebers als Unternehmer im Grundsatz unangetastet bleiben soll.[35]

Entgegen der Ansicht Reuters[36] läßt sich dieses Ergebnis jedoch nicht aus einer Interpretation des § 76 Abs. 5 Satz 3 BetrVG deduzieren. Nach § 76 Abs 5 Satz 3 BetrVG faßt die Einigungsstelle ihre Beschlüsse unter angemessener Berücksichtigung der Belange des Betriebs und der betroffenen Arbeitnehmer nach billigem Ermessen. Insbesondere Reuter vertritt die Ansicht, daß der Schlüssel zum Verhältnis von unternehmerischer Entscheidungsfreiheit und Mitbestimmung in sozialen Angelegenheiten in den §§ 87 Abs. 1 und 76 Abs. 5 Satz 3 BetrVG liege. Die "Belange des Betriebs" ergäben eine Schranke dergestalt, daß Mitbestimmung gemäß § 87 Abs. 1 BetrVG allein betriebsbezogene Mitbestimmung sei und als Gegensatz zur unternehmensbezogenen Mitbestimmung aufgrund des § 76 Abs. 5 Satz 3 BetrVG dergestalt eingeschränkt interpretiert werden müsse.[37]

Trotz der umfassenden Begründung durch Reuter kann dieser Argumentation nicht zugestimmt werden. Spätestens seit der Neukodifikation 1972 des Betriebsverfassungsgesetzes, als durch die Regelungen in den Nummern 3 und 11 des § 87 Abs. 1 BetrVG auch materielle Arbeitsbedingungen Gegenstand der sozialen Mitbestimmung wurden, sind notwendigerweise mittelbar auch unternehmerische Entscheidungen durch tatbestandliche Mitbestimmung tangiert. § 76 Abs. 5 Satz 3 BetrVG kann deshalb nicht mehr als Argument gegen die Unterworfenheit auch von unternehmerischen Entscheidungen unter die betriebliche Mitbestimmung gemäß § 87 Abs. 1 BetrVG verwandt werden. Vielmehr müssen die "Belange des Betriebs" als Prüfungskriterium der Einigungsstelle (zugunsten der Arbeitgeber und im Gegensatz zu den Belangen der betroffenen Arbeitnehmer) korrespondierend zu den Mitbestimmungstatbeständen des § 87 Abs. 1 BetrVG ausgelegt werden, d.h. auch die Belange des Unternehmens als Ganzes müssen als Schutzgut in die "Belange des Betriebs" aufgenommen werden.[38] Neben den sozialen Belangen der Arbeitnehmer hat die Einigungsstelle bei ihrer Entscheidung auch die wirtschaftliche Vertretbarkeit der Entscheidung für das Unternehmen miteinzubeziehen.[39] Die Argumentation, daß

---

35 Ebenso GK-BetrVG-Thiele, Einl. Rdnr. 23.
36 Reuter, ZfA 1981, 165 (182 ff).
37 Reuter, ZfA 1981, 165 (183).
38 Ebenso Beuthien, ZfA 1988, 1 (13).
39 So auch der Wortlaut des § 112 Abs. 4 Satz 2 BetrVG.

die Kompetenz der Einigungsstelle nur "Belange des Betriebs" umfaßt, eignet sich somit nicht zur Begrenzung der Mitbestimmung nach dem BetrVG nur auf betriebliche Angelegenheiten.

c) Sinn, Aufgabe und Zweck der betrieblichen Mitbestimmung

Das Leitprinzip der betriebsverfassungsrechtlichen Mitbestimmungsfreiheit unternehmerischer Entscheidungen gilt somit - entgegen der Auffassung des Bundesarbeitsgerichts - für die Auslegung eines jeden einzelnen Mitbestimmungstatbestandes. Dem gegenüber wird das Betriebsverfassungsrecht jedoch auch von dem entgegenstehenden Leitprinzip der Schutzfunktion, die von der Gewährung von Mitbestimmung- und Mitwirkungsrechten zugunsten der Arbeitnehmer ausgeht, beherrscht; Zweck der Mitbestimmung ist die Partizipation der Arbeitnehmer zur Gewährleistung der Grundsätze der Selbstbestimmung, der Achtung vor der Würde des Menschen und der Ausgleich oder Abbau einseitiger Machtstellungen durch Kooperation der Beteiligten und die Mitwirkung an Entscheidungen durch die von der Entscheidung Betroffenen.[40]

Unternehmerische Entscheidungsfreiheit und betriebsverfassungsrechtliche Mitbestimmung befinden sich somit in einem Spannungsverhältnis, dessen Auflösung bei der Auslegung eines jeden einzelnen Mitbestimmungstatbestandes gefunden werden muß. Als Leitprinzipien des Betriebsverfassungsgesetzes beanspruchen sie - jedes für sich - Geltung. Entgegen der Auffassung des Bundesarbeitsgerichts kann deshalb nicht davon ausgegangen werden, daß durch die positiv-rechtlich abgestufte Beteiligungsregelung des Betriebsverfassungsgesetzes das erste Leitprinzip der unternehmerischen Entscheidungsfreiheit sozusagen "verbraucht", d.h. umfassend verwirklicht ist und deshalb als Datum bei der Auslegung der Mitbestimmungstatbestände nicht mehr zu prüfen ist.

Der Ausgleich zwischen diesen Leitprinzipien kann auch nicht in dem weiteren Leitprinzip des Gebotes der vertrauensvollen Zusammenarbeit, § 2 Abs. 1, 74 Abs. 1 Satz 2 BetrVG, gesehen werden. Dieses Prinzip bindet seinerseits jeden der Beteiligten bei der Ausübung seiner eigenen Rechte und enthält somit eine grundlegende Verhaltensnorm für Arbeitgeber und Betriebsrat.[41]

---

40 So im Bericht der Mitbestimmungskommission, BT-Drucksache 6/334, S. 65.
41 GK-BetrVG-Thiele, Einl. Rdnr. 60.

4. Die Bestimmung der "eigentlich unternehmerischen Entscheidung"

Da die unternehmerische Entscheidungsfreiheit somit als Datum bei der Prüfung der einzelnen Mitbestimmungstatbestände erhalten bleibt, stellt sich die entscheidende Frage, was unter den "eigentlich unternehmerischen Entscheidungen" zu verstehen ist, d.h. welche Bedeutung diese Aussage in den Materialien des Betriebsverfassungsgesetzes hat,[42] denn dieser Kernbereich muß mitbestimmungsfrei bleiben.

Liegt eine "eigentlich unternehmerische Entscheidung" nur dann vor, wenn eine Entscheidung "Sein" oder "Nichtsein" eines Unternehmens bedeutet, d.h. seine Funktionsfähigkeit im Kern betrifft oder fällt hierunter jede Entscheidung, die den Zweck des Unternehmens auch nur tangiert. Die Tatsache, daß die Funktionsfähigkeit die Grenzmarke der Verfassungswidrigkeit markiert, bedeutet nicht notwendigerweise, daß der Gesetzgeber im Betriebsverfassungsgesetz alle Maßnahmen bis zu dieser Grenze der betrieblichen Mitbestimmung unterwerfen wollte.[43] Sie bedeutet jedoch zwingend, daß eine Auslegung, die die Funktionsfähigkeit des Unternehmens durch mitbestimmte Entscheidungen bedrohen würde, verfassungswidrig wäre. Verfassungskonforme Auslegung zwänge somit zur Einhaltung dieser letzten Grenze. Hierauf ist jedoch nicht zurückzugreifen, da bereits die einfach-gesetzliche Auslegung im Vorfeld Lösungen anbietet, die sowohl der betrieblichen Mitbestimmung als auch der unternehmerischen Entscheidungsfreiheit größtmöglichen Entfaltungsspielraum gewähren.

Das Bundesarbeitsgericht hat zu dieser Frage in der Kaufhausentscheidung lapidar ausgeführt[44]:

> "Die Beantwortung der Frage, wann die unternehmerische Entscheidungsfreiheit in ihrem Kernbereich berührt wird, oder was eine unternehmerische Entscheidung von besonderem Gewicht ist, läßt sich verläßlich nicht beantworten."

Aus diesem Grunde verneint dann das Bundesarbeitsgericht diesen Gesichtspunkt als Vorgabe für das Vorliegen von Mitbestimmungsrechten des Betriebsrats.

Entgegen dieser Auffassung des Bundesarbeitsgerichts sind in der Literatur vielfältige Lösungsansätze ausgearbeitet worden, um den Kern der unternehmerischen Entscheidungsfreiheit zu definieren.[45] Abzulehnen ist der Ansatz des Bundesarbeitsgerichts, wonach allein diese Abgrenzungsschwierigkeiten zur Ablehnung der unternehmerischen Entscheidungsfreiheit als Grenze der betrieblichen Mitbestimmung

---

42 S.u. 6. Kap. I 4 zu der parallelen Fragestellung im öffentlichen Recht, wo "wichtige öffentliche Aufgaben" nicht der Regierungsgewalt entzogen und der Entscheidung von Regierung und Parlament unabhängiger Stellen übertragen werden dürfen.

43 So aber Beuthien, ZfA 1988, 1 (3).

44 BAG, EzA § 87 BetrVG 1972 - Arbeitszeit - Nr. 13, S. 92.

45 Vgl. zum Überblick Loritz, ZfA 1991, 1 (22).

führen. Denn die Entstehungsgeschichte, Systematik und der Sinnzusammenhang des Betriebsverfassungsgesetzes zwingen zur Vornahme dieser Abgrenzung.

Spricht die Begründung des Betriebsverfassungsgesetzes von "eigentlich" unternehmerischen Entscheidungen, so bedeutet dies, daß in dem Betriebsverfassungsgesetz unternehmerische Entscheidungen von besonderem Gewicht nicht der betrieblichen Mitbestimmung unterliegen sollen.

Die Entscheidung, wann eine unternehmerische Entscheidung von besonderem Gewicht vorliegt, entscheidet das Bundesarbeitsgericht letztlich auch, wenn auch dogmatisch auf anderem Weg, indem es in der Kaufhausentscheidung den Einigungsstellenbeschluß dahingehend überprüft, ob ein Umsatzrückgang von 6% für das Unternehmen noch verkraftbar ist. Dadurch reduziert das Bundesarbeitsgericht die Frage nach dem Kernbereich der Unternehmensautonomie auf eine "von Fall zu Fall"- Rechtsprechung, die für die Praxis erhebliche Unsicherheiten mit sich bringt.

Als maßgebliche Kriterien für die Bemessung des Kerns der Unternehmensautonomie sollen im Folgenden fünf Gesichtspunkte dargelegt werden:

- die Gemengelage,

- Größe und Rechtsform der mitbestimmten Unternehmen,

- die jeweilige Ausgestaltung der Beteiligungsbefugnisse,

- der Pegelstand der unternehmerischen Mitbestimmung,

- die Zeitverzögerung durch das betriebsverfassungsrechtliche Mitbestimmungsverfahren.

a)   Die Gemengelage

Eine Gemengelage[46] liegt immer dann vor, wenn eine Maßnahme zwei Mitbestimmungstatbestände gleichzeitig verwirklicht, wobei jeder mit unterschiedlicher Beteiligungsintensität ausgestattet ist. Hierbei kann es sich um zwei betriebsverfassungsrechtliche Tatbestände handeln, beispielsweise wenn eine organisatorische Angelegenheit (Einführung einer EDV-Anlage, d.h. Unterrichtungs- und Beratungsrechte) gleichzeitig eine soziale Maßnahme (Hebung der Arbeitsleistung, d.h. volle Mitbestimmung) darstellt.

In Betracht kommt aber auch, daß eine der betriebsverfassungsrechtlichen Mitbestimmung unterliegende Maßnahme gleichzeitig eine der unternehmerischen Mitbestimmung unterliegende Entscheidung beinhaltet, so bei der der Kaufhausentschei-

---

46 Die Terminologie ist dem öffentlichen Bereich entliehen, da sie die rechtliche Situation besser veranschaulicht, als die im betriebsverfassungsrechtlichen Bereich verwandte Bezeichnung als Mischtatbestände.

dung zugrunde liegenden Konstellation, wo durch die Vorverlegung des Endes der Arbeitszeit die gesetzlichen Ladenschlußzeiten nicht mehr ausgeschöpft werden konnten und das Unternehmen gezwungen war, sein Ladengeschäft früher zu schließen. Gleichzeitig lag in der Vorverlegung des Endes der Arbeitszeit der Tatbestand des § 87 Abs. 1 Nr. 2 BetrVG.

Für die Lösung dieser Gemengelagen stellt sich die Frage, ob sich der Grad der Beteiligung am stärkeren oder am schwächeren Recht orientiert. Anknüpfungspunkt ist der Regelungsgegenstand des Mitbestimmungsbegehrens, d.h. die Frage, auf welchem Tatbestand das Schwergewicht liegt. Maßgeblich ist, ob dieses nur mittelbare Folgen für ein weiteres Mitbestimmungsrecht oder für den unternehmerischen Bereich zeitigt oder ob die Maßnahme unmittelbar in den Kernbereich des schwächeren Rechts zielt.

Muß der Regelungsgegenstand unmittelbar dem schwächeren Beteiligungsrecht oder dem unternehmerischen Entscheidungsbereich zugeordnet werden, ergibt sich die Intensität nach der jeweiligen Regelung und nicht nach dem stärkeren, mittelbar betroffenen, der vollen Mitbestimmung unterliegenden Beteiligungsrecht. Die unternehmerische Entscheidung ist betriebsverfassungsrechtlich nicht geregelt, sondern Mitbestimmung vollzieht sich hier nach dem Unternehmensverfassungsrecht. Hierzu führt Wiese zutreffend aus[47]:

> "Deshalb kann es nicht der Formulierungskunst des Betriebsrat überlassen bleiben, ob er in diesen Fällen die Mitbestimmungsfreiheit dadurch umgeht, daß er sein Begehren in das Gewand einer sozialen Angelegenheit kleidet. Auch wenn es keinen Grundsatz gibt, daß durch die Mitbestimmung nicht in die unternehmerische Entscheidungsfreiheit eingegriffen werden dürfe, können eindeutig mitbestimmungsfreie unternehmerische Entscheidungen nicht durch die Etikettierung als soziale Angelegenheiten in die Mitbestimmung einbezogen werden, so daß die Entscheidungsfreiheit des Unternehmens dadurch beseitigt wird."

Als Beispiel hierfür führt Wiese den Fall an, daß nicht über die Mitbestimmung gemäß § 87 Abs. 1 Nr. 2 BetrVG die Lage der Arbeitszeit von Arbeitnehmern eines Nachtlokals so beeinflußt werden dürfe, daß dieses nur noch als Tagesrestaurant betrieben werden könne.

Somit ergibt sich, daß der Regelungsgegenstand unmittelbar auf die unternehmerische Entscheidungsfreiheit gerichtet ist, wenn der eigentliche Zweck des Unternehmens tangiert, somit "Sein" oder "Nichtsein" des Unternehmens berührt ist. Dies bedeutet, daß ein Mitbestimmungsbegehren, dessen Regelungsgegenstand unmittelbar den Zweck des Unternehmens berührt, nicht der betriebsverfassungsrechtlichen Mitbestimmung unterliegt. Diese Konstellation führt zur Auflösung der Gemengelage nach dem schwächeren Beteiligungsrecht.

---

47   GK-BetrVG-Wiese, § 87 Rdnr. 104.

Liegt bei einem Mitbestimmungsbegehren der Schwerpunkt jedoch auf einer Angelegenheit des § 87 Abs. 1 BetrVG und werden nur mittelbar auch schwächere Beteiligungsrechte oder die unternehmerische Entscheidungsfreiheit tangiert, ist nicht ersichtlich, weshalb das stärkere Mitbestimmungsrecht auch in diesem Fall gänzlich zurücktreten sollte.[48] Die Kaufhausentscheidung verwirklicht exemplarisch diese Konstellation: Regelungsgegenstand des zu überprüfenden Einigungsstellenbeschlusses war nicht unmittelbar die unternehmerische Entscheidung über die Öffnungszeiten des Unternehmens, sondern die Lage der Arbeitszeit der im Verkauf Beschäftigten nach § 87 Abs. 1 Nr. 2 BetrVG. Da in dieser Fallkonstellation das Mitbestimmungsrecht des Betriebsrats nicht gänzlich zurücktritt, da nicht unmittelbar ein Gegenstand, der der unternehmerischen Entscheidungsfreiheit unterliegt, geregelt werden sollte, stellt sich die Frage, wie weit mittelbare Beeinflußung unternehmerischer Entscheidungsfreiheit möglich ist, ohne den Kernbereich der betriebsverfassungsrechtlichen Unternehmensautonomie zu berühren. Denn diese wesentlichen, unternehmerischen Entscheidungen sind, wie oben dargelegt, der betriebsverfassungsrechtlichen Mitbestimmung verschlossen.

Eine in diesem Punkt restriktivere Auffassung vertritt Loritz,[49] indem er die Mitbestimmung bei Arbeitszeitfragen auch nur bei mittelbarer Beeinflussung der unternehmerischen Entscheidungsfreiheit generell dann einschränken will, wenn die "Wertschöpfung" des Unternehmens gleichzeitig in der Arbeitszeit der Arbeitnehmer liegt. Dies sei bei Einzelhandelsunternehmen der Fall, wo das Anbieten der Ware das wesentliche Produkt des Unternehmens sei. Die Gemengelage wäre nach dieser Auffassung in diesen Fällen so zu lösen, als ob der Betriebsrat unmittelbar die unternehmerische Entscheidung über das Anbieten der Waren zu einem bestimmten Zeitpunkt beeinflussen wollte.

Dieser Auffassung kann in diesem Umfang nicht zugestimmt werden. Der Kern der Unternehmensautonomie ist nicht bei jeder mittelbaren Beeinflussung durch Arbeitszeitmitbestimmung tangiert, auch wenn bei einem Unternehmen, wie beispielsweise einem Einzelhandelsunternehmen, die Arbeitszeit zu einem wesentlichen Teil zur Wertschöpfung des Unternehmens beiträgt. Nur wenn die Verlegung der Arbeitszeit gänzlich den Zweck des Unternehmens ad absurdum führt (wie das Beispiel von der Arbeitszeit in einem Nachtlokal), muß die Mitbestimmung entfallen. Aus diesem Grunde sind weitere Kriterien erforderlich, um den Kernbereich der Unternehmensautonomie zu ermitteln.

---

48 Ebenso die h.M., z.B. Wiese, GK-BetrVG-Wiese, § 87 Rdnr. 103, ders., Das Initiativrecht nach dem Betriebsverfassungsgesetz, S. 39; Löwisch, SAE 1983, 134; a.A. die h.M. der Rechtsprechung und Literatur im Personalvertretungsrecht, BVerwG, ZBR 1981, 72; Kisker, Gutachten, S. 25; Ossenbühl, Gutachten, S. 59.

49 Loritz, ZfA 1990, 1 (24).

b) Größe und Rechtsform des Unternehmens

Für die Frage, wann ein Eingriff in eine "wesentliche unternehmerische Entscheidung" vorliegt, die den Kernbereich der Unternehmensautonomie berührt, ist vor allem die Größe und die Rechtsform des Unternehmens maßgeblich.

Je kleiner das Unternehmen ist, um so weniger ist das Eigentum daran sozial vermitteltes Eigentum, um so eher ist bei Eingriffen in dieses Eigentum der Kern der Unternehmensautonomie berührt. Die Eingriffsintensität nimmt direkt proportional zu. Handelt es sich zudem um eine Unternehmensform, die die persönliche Haftung des Unternehmers beinhaltet, steigt die Eingriffsintensität durch Mitbestimmung zunehmend. Entsprechend wird auch in der Entscheidung des Bundesverfassungsgerichts im Mitbestimmungsurteil im Hinblick auf die unternehmerische Mitbestimmung unterschieden zwischen großen Unternehmen, die dem Mitbestimmungsgesetz unterfallen, und kleinen Unternehmen mit dem Hinweis, daß bei letzteren die Mitbestimmung in unternehmerische Entscheidungen weit eher verfassungsrechtlichen Bedenken ausgesetzt sei.[50] Da diese kleinen Unternehmen jedoch nicht dem Mitbestimmungsgesetz unterliegen, hatte das Gericht nicht über die Grenze der unternehmerischen Mitbestimmung bei Kleinunternehmen zu entscheiden.

Diese Differenzierung zwischen Groß- und Kleinunternehmen gilt jedoch auch bei Eingriffen in die unternehmerische Entscheidungsgewalt, die im betrieblichen Bereich begründet sind. Denn aufgrund welcher Rechtsvorschrift Mitbestimmung verwirklicht wird, ist insoweit unerheblich. Die kleinen Unternehmen unterfallen unabhängig von ihrer Größe und Rechtsform dem Betriebsverfassungsgesetz. Betriebsverfassungsrechtliche Mitbestimmung im Idealtypus, d.h. nicht in der Gemengelage, stellt keinen Eingriff in die Funktionsfähigkeit der kleinen Unternehmen dar. Anders ist die Rechtslage jedoch bei der Gemengelage mit mittelbaren unternehmerischen Folgewirkungen zu beurteilen.

Die Gemengelage bedeutet in diesem Fall nämlich nicht zwei Beteiligungsrechte unterschiedlicher Intensität, sondern ein Beteiligungsrecht höchster Intensität (gemäß § 87 Abs. 1 Nr. 2 BetrVG bspw.) gekoppelt mit keinem Mitbestimmungsrecht. Bei Unternehmen, die nicht unter das MitbestG, das Montan-MitbestG, das MitbestEG oder § 76 BetrVG 52 fallen, gibt es keine unternehmerische Mitbestimmung. Sie unterfallen jedoch alle dem BetrVG. Würde man bei diesen Mischtatbeständen der paritätischen Mitbestimmung den Vorrang geben, wären diese Unternehmen contra legem der Mitbestimmung in unternehmerischen Angelegenheiten unterworfen.

---

50 BVerfGE 50, 290.

106

Dies bedeutet, daß bei Unternehmen, die nicht in der Rechtsform der juristischen Person organisiert sind oder die zwar in dieser Form organisiert sind, aber weniger als 500 Arbeitnehmer beschäftigen oder die sonstigen Voraussetzungen der o.g. Gesetze nicht erfüllen, betriebsverfassungsrechtliche Mitbestimmung mit mittelbaren Folgen auf unternehmerische Entscheidungsfreiheit nicht möglich ist. So wäre in der Kaufhausentscheidung anders zu entscheiden gewesen, wenn es sich bei dem Kaufhaus nicht um ein großes Unternehmen in der Rechtsform einer AG, sondern um einen kleinen Einzelhandelsladen gehandelt hätte. In diesem Fall kann es keine "Vorranglösung" bis zu einem bestimmten Kernbereich geben. Vielmehr ist eine Mitbestimmung bei dieser Gemengelage grundsätzlich nicht möglich.[51]

Zusammenfassend ergibt sich somit, daß bei Kleinunternehmen mit weniger als 500 Arbeitnehmern oder ohne die Rechtsform einer juristischen Person, selbst mittelbare Eingriffe in die unternehmerische Entscheidungsfreiheit nicht möglich sind. Nicht ohne Grund handelt es sich bei den beiden exemplarischen Entscheidungen, in denen das Bundesarbeitsgericht betriebsverfassungsrechtliche Mitbestimmung auf unternehmerische Entscheidungen ausdehnt - der Kaufhausentscheidung[52] und der Kurzarbeitsentscheidung[53] - um Großbetriebe: eine Kaufhauskette in der Rechtsform einer AG und einen LKW- und Omnibushersteller mit 5200 Arbeitnehmern.

c)   **Die jeweilige Ausgestaltung der Beteiligungsbefugnisse**

Bei der Frage nach der "eigentlich unternehmerischen Entscheidungsfreiheit" verbleibt somit die Klärung des Spannungsverhältnisses zur betriebsverfassungsrechtlichen Mitbestimmung mit mittelbaren Folgen auf die unternehmerische Entscheidungsfreiheit im großen Unternehmen in der Rechtsform der juristischen Person.

Ob die unternehmerische Entscheidungsfreiheit übermäßig berührt wird, ergibt sich auch aus der jeweiligen Ausgestaltung der Beteiligungsrechte. Stellt sich die Gemengelage dar als ein Beteiligungsrecht des § 87 Abs. 1 BetrVG mit mittelbaren Folgen auf unternehmerische Belange, so bedeutet dies einen weitaus tiefergreifenden Eingriff als bei der gleichzeitigen Verwirklichung eines Mitbestimmungstatbestandes geringerer Intensität. So ist dem Unternehmen ein Unterrichtungs- und Be-

---

51   Zu der Frage, ab welcher Unternehmensgröße unternehmerische Mitbestimmung legitimiert ist, vgl. Benda/Maihofer/Vogel, Handbuch des Verfassungsrechts der BRD, S. 723. Für die Gültigkeit eines quantitativen Ansatzes bei der Geltung von Mitbestimmng sprechen beispielsweise auch die Regelungen der §§ 99 und 111 BetrVG, die in ihrem Anwendungsbereich als Voraussetzung für die Mitbestimmung die Beschäftigung von in der Regel mehr als 20 Arbeitnehmern fordern.

52   BAG, EzA § 87 BetrVG 1972 - Arbeitszeit - Nr. 13.

53   BAG, AP § 87 BetrVG 1972 - Kurzarbeit - Nr. 3.

ratungsrecht immer zuzumuten, in die eigentliche unternehmerische Entscheidungsfreiheit wird dabei ohnehin nicht eingegriffen. Auch der Zeitverlust hierbei bewirkt keine nennenswerte Eingriffsintensität.

Anders ist jedoch die Rechtslage bei den Mitbestimmungstatbeständen des § 87 Abs. 1 BetrVG, bei denen dem Betriebsrat das volle Mitbestimmungsrecht und das entsprechende Initiativrecht zusteht. Somit verbleibt die Aufgabe, diesen Mischtatbestand einer Lösung zuzuführen, d.h. Kriterien zu finden, die die "von Fall zu Fall"-Entscheidungen berechenbarer machen.

d) Der Pegelstand der Mitbestimmung

Für die Beantwortung der Frage, ob in größeren Unternehmen durch soziale Mitbestimmung mit mittelbaren Folgen auf die unternehmerische Entscheidungsfreiheit der Kern der Unternehmensautonomie berührt wird, ist von Bedeutung, wie weitgehend der Unternehmer bereits in seiner Entscheidungsfreiheit auf unternehmerischem Gebiet eingeengt ist. Hierbei ergibt sich ein Netzwerk von gesetzlichen Regelungen, denen der Unternehmer unterworfen ist. Die der nichtparitätischen Unternehmensmitbestimmung unterworfenen Materien unterscheiden sich von denjenigen der paritätischen, arbeitsplatzbezogenen Mitbestimmung. Der Eingriff in seine unternehmerische Entscheidungsfreiheit über den Weg der betrieblichen Mitbestimmung würde für den Unternehmer den Pegelstand der Mitbestimmung erhöhen. Denn betriebsverfassungsrechtliche Mitbestimmung bedeutet paritätische Mitbestimmung - im Gegensatz zu der Mitbestimmung nach dem Mitbestimmungsgesetz. Das heißt, der Weg über die Einigungsstelle im Falle der Nichteinigung muß beschritten werden; es gibt kein Letztentscheidungsrecht des Unternehmers. Damit erhöht sich für den Unternehmer die Intensität des Eingriffs, weil dadurch die Mitbestimmungsbefugnisse im unternehmerischen Bereich deutlich erweitert werden. Zudem bestimmt der Betriebsrat über unternehmerische Entscheidungen mit und nicht der nach der Systematik von Betriebs- und Unternehmensverfassungsrecht zuständige Aufsichtsrat.[54]

Wie oben ausführlich ausgeführt,[55] ist die Bewahrung der Funktionsfähigkeit des Unternehmens die Grundbedingung für die Mitbestimmung sowohl im unternehmerischen als auch betrieblichen Bereich. Dies hat zur Folge, daß solche Entscheidung des Unternehmers der Mitbestimmung entzogen bleiben müssen, bei denen wegen ihrer Bedeutung, Tragweite und Auswirkung typischerweise eine wesentliche Beeinträchtigung der ordungsgemäßen Erfüllung der unternehmerischen Ziele und

---

54 Vgl. insbesondere zu dieser Problematik, Martens, RdA 1989, 164 (172 ff).
55 S.o. 3. Kap. I 4, II 4.

Zwecke zu befürchten ist. Letztendlich muß als Ausgleich für die Erhöhung der Eingriffsintensität durch die paritätische Mitbestimmung über unternehmerische Entscheidungen nach dem Betriebsverfassungsgesetz, dem Unternehmer ein Korrelat zugesprochen werden, soll nicht über diesem Weg der Pegelstand der unternehmerischen Mitbestimmung (verfassungswidrig) erhöht werden.

Diese Bedenken können jedoch wirkungsvoll ausgeräumt werden, indem dem Unternehmer das alleinige Vortragsrecht hinsichtlich der der Mitbestimmung entgegenstehenden unternehmerischen Bedenken zugesprochen wird. Sie müssen dann als Datum vom Betriebsrat akzeptiert und von der Einigungsstelle ohne eigene Prüfung zugrundegelegt werden. Denn aufgrund der derzeitigen Gesetzeslage[56] kann die Funktionsfähigkeit des Unternehmens gegenüber dem mitbestimmenden Betriebsrat für den Unternehmer nur dadurch garantiert werden, daß letzterer bestimmt, wann die Funktionsfähigkeit tangiert ist. Insoweit ergibt sich eine Parallele zum Kündigungsschutzrecht,[57] wo auch von der arbeitsrechtlichen Judikatur Unternehmensentscheidungen als nicht nachprüfbar erachtet werden, soweit es um die Beurteilung der betrieblichen Erfordernisse für eine betriebsbedingte Kündigung gemäß § 1 Abs. 2 Kündigungsschutzgesetz geht. Für die Lösung und Abwägung im konkreten Fall bedeutet dies, daß der Unternehmer die Daten liefert, an die der Betriebsrat - bzw. später die Einigungsstelle - in dem Sinne gebunden ist, daß die unternehmerische Entscheidung nicht auf ihre Notwendigkeit und Zweckmäßigkeit zu überprüfen ist, sondern nur daraufhin, ob sie offenbar unsachlich, unvernünftig oder willkürlich ist.[58]

Auf diesem Wege kann verhindert werden, daß sich die Betriebsverfassung einem grundlegenden Funktionswandel unterzieht bzw. die Interessenbindung des Betriebsrats aufgegeben werden müßte.[59] Im Falle der Kaufhausentscheidung hat die Einigungsstelle dann nicht über die Höhe des Umsatzrückgangs und die wirtschaftliche Vertretbarkeit der Maßnahme (hier der vorverlegten Ladenschlußzeit) zu befinden; diesbezüglich verbleibt das "Vortragsrecht" in der Sphäre des Arbeitgebers, in seinem autonomen Beurteilungsermessen. Die Beurteilung der Frage, wann eine Angelegenheit wirtschaftlich noch vertretbar ist, betrifft den Kernbereich der Unternehmensautonomie. Deshalb prüft die Einigungsstelle die diesbezüglich vom Arbeitgeber vorgegebene Beurteilung nicht inhaltlich, sondern bezieht sie in ihre Abwägung als Datum mit ein. Der Betriebsrat belegt seinerseits den Zweck seiner Maß-

---

56 De lege ferenda wären vielfache Varianten eines einheitlichen Unternehmens- und Betriebs-
    verfassungsrechts denkbar.
57 Vgl. Papier, NJW 1987, 988 (990); Beuthien, ZfA 1988, 1 (18).
58 So die Rechtsprechung zur betriebsbedingten Kündigung, vgl. BAG, NZA 1987, 776.
59 Zu der sich aufgrund des § 2 Abs.1 BetrVG ergebenden bipolaren Interessenbindung des
    Betriebsrats, vgl. Heinze, ZfA 1988, 53 (73).

nahme. Lediglich die Abwägung in diesem vorgezeichneten Rahmen obliegt dann der Einigungsstelle bzw. den Arbeitsgerichten und ergibt dann eine eher berechenbare "von Fall zu Fall"- Entscheidung.

Zusammenfassend ist somit die "eigentlich unternehmerische Entscheidung" von betriebsverfassungsrechtlicher Mitbestimmung unberührt und in der Sphäre des Unternehmers geblieben, ohne daß dabei mehr als erforderlich den betriebsverfassungsrechtlichen Mitbestimmungsrechten Grenzen gesetzt worden wären. Auf diesem Wege wird die Einigungsstelle und auch die Arbeitsgerichtsbarkeit von unternehmerischen Abwägungen entlastet, für die es ohnehin keine rechtlichen Maßstäbe gibt; der Richter ist kein Ersatz-Unternehmer. Die Grenze dieses autonomen Vortragsrechts ist jedoch bei willkürlichem Arbeitgebervorbringen erreicht.

e) Die Zeitverzögerung durch das betriebsverfassungsrechtliche Mitbestimmungsverfahren

Schließlich verbleibt noch die Frage nach einer zusätzlichen Steigerung der Eingriffsintensität durch die zeitliche Länge des Mitbestimmungsverfahrens. Dadurch werden unternehmerische Entscheidungen über Gebühr verzögert, ohne daß der Unternehmer die Möglichkeiten vorläufiger Regelungen hätte.[60] Die Vorschriften der §§ 100 und 115 Abs. 7 Nr. 4 BetrVG finden über ihren Anwendungsbereich hinaus keine Anwendung. Selbst bei Eilfällen wird dem Unternehmer von der h.M. kein Recht zu vorläufigen Regelungen zuerkannt. Allein in Notfallsituationen wird hiervon eine Ausnahme gemacht.[61]

Der Unternehmer seinerseits muß jedoch die Möglichkeit haben, auf Marktgegebenheiten unmittelbar reagieren zu können. In der gegenwärtigen Schnellebigkeit von Käuferverhalten beispielsweise ist Flexibilität bei Unternehmensentscheidungen vielfach ein nicht zu unterschätzender Garant für das Bestehen am Markt. Auch wenn dies natürlich nicht für alle Branchen gilt, bleibt das grundsätzliche Problem, daß Fälle denkbar sind, bei denen eine unternehmerische Entscheidung gleichzeitig mitbestimmungspflichtige Interessen der Belegschaft berührt und deshalb nach dem bisher gefundenen Ergebnis der Mitbestimmung des Betriebsrats unterliegt.

---

60 Anders insoweit die Rechtslage im Personalvertretungsrecht, wo die Möglichkeit vorläufiger Regelungen vorgesehen ist, § 69 Abs. 5 BPersVG.

61 Vgl. die Dissertationen von Dzikus, Die Mitbestimmung des Betriebsrats im Bereich der sozialen Angelegenheiten nach § 87 BetrVG in Eil- und Notfällen; Worzalla, Die Mitbestimmung des Betriebsrats nach § 87 BetrVG in Eil- und Notfällen; BAG, Beschluß vom 19.02.1991 mit Anm. Worzalla, SAE 1991. 320.

Existiert nun keine Betriebsvereinbarung, die abstrakt für Fälle von notwendigen Eilentscheidungen vorläufige Rechte des Arbeitgebers regelt,[62] muß dieser den Weg über das zeitlich langwierige Mitbestimmungsverfahren beschreiten, mit der Folge, daß unter Umständen "der Markt sich bis zur endgültigen Entscheidung bereits verlaufen hat". Zeitliche Verzögerungen ergeben sich bereits allein aus den einzuhaltenden Formalien: Ladung, Beschlußfassung bei der Anwesenheit mindestens der Hälfte der Betriebsratmitglieder oder bei eilbedürftigen Fällen das Zusammenrufen eines Betriebsausschusses, da eine Absprache mit dem Betriebsratvorsitzenden nicht ausreicht. Kommt es zu keiner Einigung, wird das Einigungsstellenverfahren eingeleitet. Zeitliche Verzögerungen sind dann nicht mehr vermeidbar.

Diese zeitlichen Verzögerungen sind somit in der Lage, die Eingriffsintensität zu erhöhen, selbst wenn der Betriebsrat das Verfahren weder absichtlich verschleppt oder der Maßnahme rechtsmißbräuchlich widerspricht. Da aufgrund der bisher vorgenommenen Abgrenzungen unter a) bis d) allein die Fälle der gleichzeitigen Verwirklichung eines Mitbestimmungstatbestandes und des Vorliegens einer unternehmerischen Entscheidung bei Großunternehmen verblieben sind, läßt sich das Problem der zeitlichen Verzögerung wegen der Durchführung des Mitbestimmungsverfahrens wie folgt entschärfen:

(1) Der Betriebsrat sollte (fraglich ist, ob er hierzu nicht sogar gemäß § 2 Abs. 1 BetrVG verpflichtet ist) mit dem Arbeitgeber eine Betriebsvereinbarung schaffen, die eine Lösung dieser Fälle für die Zukunft vorsieht.[63] Betriebsrat und Arbeitgeber bei Großbetrieben besitzen die hierfür notwendige Qualifikation und Übung.[64]

(2) Kommt es nicht zu einer derartigen Betriebsvereinbarung, ist die Bildung eines Betriebsausschusses (§ 28 Abs. 3, Voraussetzung jedoch neun und mehr Betriebsratsmitglieder, d.h. mindestens 600 Arbeitnehmer) in Erwägung zu ziehen, der seinerseits flexibler und schneller entscheiden kann. Liegt weder eine Betriebsvereinbarung vor noch ist in zeitlich vertretbarem Rahmen ein Betriebsausschuß bildbar, kommt

(3) die Übertragung der entsprechenden Befugnisse für einseitige Anordnungen des Arbeitgebers bei Notfällen in Betracht. Die Rechtsgrundlage hierfür wird aus allgemeinen Rechtsgrundsätzen hergeleitet, die auf die noch verbleibenden Fälle analog anwendbar sind. Hier entfällt die Verpflichtung des Arbeitgebers, Maßnahmen bis zu einer Entscheidung der Arbeitsgerichte zurückzustellen, wegen Unzumutbarkeit. Der Arbeitgeber ist danach berechtigt bis zur rechtskräftigen Feststellung der end-

---

62 Vgl. zu dieser Möglichkeit ausführlich Säcker, Oetker, RdA 1992, 16.

63 So könnten bspw. im Rahmen des § 87 Abs. 1 Nr. 3 BetrVG Lösungen ausgearbeitet werden, die immer wieder absehbar auftretende Erfordernisse von Mehrarbeit regeln.

64 Zu den Problemen bei der Abfassung solcher Betriebsvereinbarungen, Säcker, Oetker, RdA 1992, 16 (25).

gültigen Entscheidung des Betriebsrats bzw. der Einigungsstelle einseitige Regelungen zu treffen. Widerspricht die rechtskräftige Entscheidung letztlich der Entscheidung des Unternehmers, ist dieser inhaltlich daran gebunden. Seine entgegenstehende vorläufige einseitige Regelung entfällt dann mit Wirkung ex nunc. Diese Verfahrensweise entspricht dem Verfahren des § 100 BetrVG und dem Verfahren des § 69 Abs. 5 BPersVG. Dieses Verfahren ist zur Garantie der Autonomie des Unternehmers erforderlich; andernfalls wäre diese in ihrem Kernbereich berührt.

f) Zusammenfassung

Stellen sich Entscheidungen, die der Mitbestimmung in Arbeitszeitfragen unterliegen, gleichzeitig als Unternehmensentscheidungen dar, ist das dadurch auftretende Spannungsverhältnis wie folgt zu lösen:

- Liegt der Regelungsgegenstand eindeutig auf unternehmerischem Gebiet und wird das Anliegen sozusagen "umetikettiert" um es der betrieblichen Mitbestimmung zu unterwerfen, so ist dies ohnehin rechtsmißbräuchlich, die Mitbestimmung entfällt. Die unternehmerische Entscheidung unterfällt, falls die sonstigen Voraussetzungen vorliegen, der unternehmerischen Mitbestimmung gemäß den entsprechenden Gesetzen; gleiches gilt, wenn durch die Mitbestimmung in Arbeitszeitfragen der Zweck des Unternehmens restlos aufgehoben wird.

- Im Regelfall werden jedoch ohne Rechtsmißbrauch beide Bereiche tangiert sein. Bei dieser Gemengelage von Unternehmensentscheidung und der sozialer Angelegenheit des § 87 Abs. 1 Nr. 2 BetrVG ist dann zwischen Groß- und Kleinunternehmen zu unterscheiden.

- Bei Kleinunternehmen, die nicht in der Rechtsform der juristischen Person organisiert sind oder die zwar in dieser Rechtsform organisiert sind, aber weniger als 500 Arbeitnehmer regelmäßig beschäftigen, entfällt bei dieser Gemengelage trotz des tatbestandlichen Vorliegens die Mitbestimmung in der auch tangierten sozialen Angelegenheit.

- Bei den verbleibenden Großunternehmen kommt es zu dem Nebeneinander von grundsätzlich zu bejahender Mitbestimmung in Arbeitszeitfragen und Unternehmensautonomie, die in ihrem Kernbereich von Mitbestimmung frei bleiben muß. Um beiden Bereichen zu der größtmöglichen Gewährleistung zu verhelfen, kommt es ausnahmsweise zu nachfolgenden vergleichsweise geringen Modifikationen. Der Betriebsrat bzw. die Einigungsstelle sind an das Vortragsrecht des Arbeitgebers bezüglich der wirtschaftlichen Vertretbarkeit einer Maßnahme gebunden. Damit ist sichergestellt, daß diese eigentlich unternehmerische Entscheidung in der Sphäre des Arbeitgebers verbleibt: Die Einigungsstelle ist nicht berechtigt (von Ausnahmefällen abgesehen), diese Entscheidung inhaltlich zu überprüfen. Bis zur rechtskräftigen Entscheidung ist der Arbeitgeber zu vorläufigen, einseitigen Regelungen befugt, sofern die Betriebspartner keine Vorsorge durch Betriebsvereinbarungen getroffen haben und ein Abwarten im regelungslosen Zustand für den Unternehmer unzumutbar wäre.

Wie diese Lösungen im Rahmen des § 87 Abs. 1 Nr. 2 BetrVG dogmatisch festzumachen sind, soll nun im Folgenden gezeigt werden.

II. Gewährleistung der Unternehmensautonomie im Rahmen des § 87 Abs. 1 Nr. 2 BetrVG

1. Die Schutzzweckrelevanz

Nach den oben gefundenen Ergebnissen entfällt die Mitbestimmung bei Sachverhalten, die primär dem unternehmerischen Bereich zugeordnet werden müssen und nur mittelbar gleichzeitig den Tatbestand des § 87 Abs. 1 Nr. 2 BetrVG erfüllen. Hierunter fallen auch die Fälle, in denen die Mitbestimmung in Arbeitszeitfragen gleichzeitig den Zweck des Unternehmens unmittelbar tangiert (so der Fall, wenn aufgrund der Mitbestimmung in Arbeitszeitfragen ein Nachtlokal nur noch als Tagesrestaurant betrieben werden könnte).

Aus dem Wortlaut des § 87 Abs. 1 Nr. 2 ergibt sich in diesen Fällen keine Begrenzung der Mitbestimmung bei Arbeitszeitfragen dergestalt, daß unterschieden würde, ob damit unmittelbar oder mittelbar unternehmerische Entscheidungen tangiert sind oder nicht.

Da das Schwergewicht jedoch allein im unternehmerischen Bereich liegt und nur durch eine "Umetikettierung" in eine soziale Angelegenheit des § 87 BetrVG umgewandelt werden sollte, versagt § 87 BetrVG als Anwendungsbereich in diesen Fällen bereits an der Zweckverwirklichung. Unzweifelhaft liegt der Zweck der Mitbestimmung bei § 87 Abs. 1 Nr. 2 BetrVG nicht in der Beteiligung an der unternehmerischen Entscheidung; ein solches Vorbringen wäre nicht schutzzweckrelevant im Sinne des Betriebsverfassungsgesetzes, auch wenn es aufgrund geschickter Formulierung als soziale Angelegenheit ausgewiesen worden wäre. Dasselbe gilt, wenn mit einer Arbeitszeitentscheidung "Sein" oder "Nichtsein" eines Unternehmens betroffen ist. Denn auch in diesen Fällen kann sich der Normzweck nicht mehr erfüllen. Dies leuchtet unmittelbar ein, wenn die Mitbestimmung in Arbeitszeitfragen zur Auflösung des Unternehmens führen würde.

Zusammenfassend ergibt sich somit, daß diese unternehmerischen Entscheidungen mitbestimmungsfrei bleiben müssen. Es liegt kein Fall des § 87 Abs. 1 Nr. 2 BetrVG vor.

2. Teleologische Reduktion des § 87 Abs. 1 Nr. 2 BetrVG

Wie oben gezeigt wurde, entfällt die Mitbestimmung bei Maßnahmen, bei denen zwar das Schwergewicht primär auf dem Tatbestand der Arbeitszeiteinteilung liegt und die nur mittelbar den Unternehmenszweck berühren, wenn es sich bei dem fraglichen Unternehmen um einen Kleinbetrieb handelt.

Nach dem Wortlaut der Vorschrift wäre die Mitbestimmung auch in diesen Fällen in vollem Umfang verwirklicht. Bei mittelbarem Einfluß auf unternehmerische Entscheidungen in Arbeitszeitfragen ist zudem der Zweck der Vorschrift realisiert, so daß auch hierin keine Möglichkeit liegt, die Reichweite des Mitwirkungsrechts zu begrenzen. Denn der Zweck des § 87 Abs. 1 Nr. 2 BetrVG, die Interessen der Arbeitnehmer an der Lage ihrer Arbeitszeit und damit zugleich der Freizeit für die Gestaltung ihres Privatlebens zur Geltung zu bringen,[65] verwirklicht sich auch bei Maßnahmen, die mittelbar Folgewirkungen auf unternehmerische Entscheidungen entfalten. Eine einschränkende Auslegung wegen mangelnder Zweckverwirklichung scheidet deshalb aus.

Als Rückgriff verbietet sich auch der Topos der "Mitbestimmungsfreiheit unternehmerischer Entscheidungen", der sowohl von der Rechtssprechung als auch der herrschenden Lehre zu Recht abgelehnt wird, sozusagen als immanente Schranke betrieblicher Mitbestimmungsrechte.

Eine einschränkende Auslegung des § 87 Abs. 1 Nr. 2 BetrVG für Arbeitszeitmitbestimmung mit mittelbaren Folgen auf unternehmerische Entscheidungen folgt jedoch aus der Systematik des Gesetzes, das die Mitbestimmung in wirtschaftlichen Angelegenheiten allein gemäß § 106 ff BetrVG regelt und sie im übrigen nach Maßgabe der Mitbestimmungsgesetze der Mitbestimmung unterwirft. Hierbei handelt es sich um den Fall, daß eine gesetzliche Regelung entgegen ihrem Wortsinn aber gemäß der immanenten Teleologie des Gesetzes einer Einschränkung bedarf, die im Gesetzestext nicht enthalten ist. Im Wege der teleologischen Reduktion ist eine Auslegung, die die nach ihrem Wortsinn zu weit gefaßte Regel auf dem ihr nach dem Regelungszweck oder dem Sinnzusammenhang des Gesetzes zukommenden Anwendungsbereich zurückführt, zulässig.[66]

---

65   GK-BetrVG-Wiese, § 87 Rdnr. 197; BAG, AP § 87 BetrVG 1972, - Arbeitszeit - Nr. 9.

66   Vgl. Larenz, Methodenlehre, S. 391.

Dieser Weg wird auch von mehreren Kritikern der Kaufhausentscheidung des Bundesarbeitsgerichts gewählt. Sie wollen im Wege der teleologischen Reduktion die Mitbestimmung bei Arbeitszeitfragen dann entfallen lassen, wenn durch die Entscheidung gleichzeitig unternehmerische Entscheidungen tangiert werden.[67]

Entsprechend der oben ausgeführten Kriterien, die den "Kern der eigentlich unternehmerischen Entscheidungen" markieren, der aufgrund der Systematik und dem Sinnzusammenhang des Betriebsverfassungsgesetzes mitbestimmungsfrei bleiben soll, entfällt die Mitbestimmung in Arbeitszeitfragen nach teleologischer Reduktion des § 87 Abs. 1 Nr. 2 BetrVG jedoch nur in den Fällen, in denen kleine Unternehmen betroffen sind. Hier stellt sich die Mitbestimmung als Eingriff in diesen Kernbereich dar. Bei kleinen Unternehmen, die nach den Mitbestimmungsgesetzen nicht der unternehmerischen Mitbestimmung unterliegen, entfällt deshalb die betriebsverfassungsrechtliche Mitbestimmung in Arbeitszeitfragen dann, wenn damit gleichzeitig, auch wenn nur mittelbar, unternehmerische Entscheidungen betroffen sind.

3. Teleologische Reduktion des § 76 Abs. 5 Satz 3 BetrVG

Wie bereits oben gezeigt wurde, kann jedoch bei Großunternehmen die Mitbestimmung in weiterem Maße verwirklicht werden, ohne daß sich aufgrund der Systemzusammenhänge des Betriebsverfassungsgesetzes eine andere Auslegung zwingend ergäbe. Eine teleologische Reduktion des § 87 Abs. 1 Nr. 2 BetrVG dahingehend, daß Mitbestimmung gänzlich entfällt, erfordert die Garantie der Unternehmensautonomie in diesen Fällen nicht. Das bedeutet, daß das Mitbestimmungsverfahren eingeleitet werden muß, auch wenn die Arbeitszeitregelung mittelbar die unternehmerische Entscheidung tangiert. Der Schutz der Unternehmensautonomie muß jedoch garantiert bleiben, da nach der Systematik und dem Bedeutungszusammenhang des Betriebsverfassungsgesetzes die "eigentlich unternehmerische Entscheidung" nicht der betrieblichen Mitbestimmung unterworfen ist.

Dieser Schutz vollzieht sich am sachgerechtesten im Einigungsstellenverfahren. Wie oben ausgeführt, obliegt es dem Arbeitgeber, hier zu belegen, daß durch die mittelbare Entscheidung die Funktionsfähigkeit seines Unternehmens tangiert ist, und in welchem Ausmaß dies der Fall ist. Der Betriebsrat belegt die Interessen der

---

67 So bspw. Martens, RdA 1989, 164 (171); Rath-Glawatz, AP § 87 BetrVG 1972 - Arbeitszeit - Anm. zu Nr. 8, S. 1018 ; Richardi, EzA § 87 BetrVG 1972 - Arbeitszeit - Anm. zu Nr. 13, S. 102 a geht jedoch insoweit weiter, als er grundsätzlich aufgrund teleologischer Reduktion des Tatbestands das "ob" der Entscheidung als mitbestimmungsfrei vorgibt und nur das "wie" der Mitbestimmung unterwirft. Vgl. auch Säcker, 10 Jahre Betriebsverfassungsgesetz im Spiegel höchstrichterlicher Rechtsprechung, S. 4.

Belegschaft. Die Abwägung der Einigungsstelle bewegt sich dann in diesem vorgezeichneten Rahmen. Dogmatisch wird dann nicht § 87 Abs. 1 Nr. 2 BetrVG reduziert, sondern der Anwendungsbereich des § 76 Abs. 5 Satz 3 BetrVG. Da dies zur Gewährleistung der Mitbestimmungsfreiheit der "eigentlich unternehmerischen Entscheidung" im Großunternehmen ausreicht, wäre eine Auslegung, die bereits die Mitbestimmungsfreiheit generell annimmt, nicht gerechtfertigt. Somit bleibt es bei dem Mitbestimmungsrecht und bei der Durchführung des Mitbestimmungsverfahrens, wenn auch mit Modifikationen. Wegen der besonderen Verhältnisse im Großunternehmen, wo das Eigentum sozial vermitteltes Eigentum ist, worauf das Bundesverfassungsgericht in dem Mitbestimmungsurteil deutlich hinweist,[68] ist eine möglichst weitgehende Verwirklichung der Arbeitnehmerbelange rechtlich gefordert.

In welchem Rahmen die Einigungsstelle Bindungen unterliegt, wurde oben bereits ausgeführt. Die Bindung der Einigungsstelle umfaßt nicht grundsätzlich das "ob" der unternehmerischen Entscheidung, so daß nur noch für das "wie" Raum zur Abwägung bliebe.[69] Denn hierdurch wäre die unternehmerische Entscheidung in einem Umfang garantiert, der dem Bedeutungszusammenhang des Betriebsverfassungsgesetzes nicht zu entnehmen ist. Nur die "eigentlich unternehmerischen Entscheidungen", der Kernbereich der unternehmerischen Entscheidungsfreiheit, muß geschützt werden. Dies führt dann zu einer Bindung der Einigungsstelle, wie sie oben beschrieben wurde. An den Vortrag des Unternehmers ist die Einigungsstelle umfänglich gebunden. In diesem Rahmen hat sie ihre Abwägung vorzunehmen. Da die Einigungsstelle den Unternehmervortrag ungeprüft zugrunde legt, entscheidet sie auch nicht systemwidrig über unternehmerische Belange wie Warenangebot, Kundenströme etc., sondern bringt diese lediglich in Einklang mit den ebenso legitimen Belangen der Arbeitnehmer. Die unternehmerische Entscheidung ist bindend festgestellt und keiner Abwägung mehr zugänglich. Liegen die widerstreitenden Interessen von Arbeitgeber und Betriebsrat als nicht zu überprüfende Daten fest, muß die Einigungsstelle gemäß dem folgenden Grundsatz entscheiden: Je mehr in die unternehmerische Entscheidungsfreiheit eingegriffen und die Funktionsfähigkeit berührt wird, um so gewichtiger müssen die sozialen Interessen der Belegschaft sein, um diese Eingriffe zu rechtfertigen. Dies kann im Einzelfall sogar bedeuten, daß die als Richtpunkte des Ermessens genannten Belange so dominant werden, daß

---

68 BVerfGE 50, 290.
69 Ebenso Löwisch, SAE 1983, 141, a.A. Richardi, EzA § 87 BetrVG 1972 - Arbeitszeit - Anm. zu Nr. 13, S. 102 a.

die Interessen der einen oder anderen Seite die gegenläufigen Interessen gänzlich verdrängen.[70]

In der Kaufhausentscheidung des Bundesarbeitsgerichts wurden zum einen diese Arbeitgeberdaten von der Einigungsstelle selbst ermittelt und zum zweiten die Abwägung fehlerhaft vorgenommen, weshalb diese Entscheidung mit Recht heftig kritisiert wurde. Insbesondere bei Unternehmen, in denen die Wertschöpfung in der Ladenöffnungszeit liegt, werden kaum Belange der Arbeitnehmer eine kürzere Ladenöffnungszeit rechtfertigen können.

Während nach herrschender Ansicht bereits der teleologischen Reduktion des Mitbestimmungstatbestands der Vorzug gegeben wird, lehnt eine Mindermeinung in der Literatur sogar die Reduktion des § 76 Abs. 5 Satz 3 BetrVG im oben beschriebenen Sinne ab mit dem Argument, daß die Grundrechte der Arbeitgeber, die Unternehmensautonomie, allein durch das Einigungsstellenverfahren gesichert seien.[71] Diese Auffassung unterstützt den Weg, den das Bundesarbeitsgericht in der Kaufhausentscheidung gegangen ist, indem es die Abwägung der gegenseitigen Interessen in vollem Umfang auch hinsichtlich der unternehmerischen Einschätzungen, die nach der hier vertretenen Auffassung dem Arbeitgeber allein übertragen werden, selbst vorgenommen hat. Nach dieser Auffassung soll sogar die so getroffene Einigungsstellenentscheidung die Privatautonomie des Arbeitgebers nicht im Übermaß beschränken. Das Gesetz habe mit dem neutralen Vorsitzenden der Einigungsstelle, ihre Ermessensbindung und gerichtliche Überprüfbarkeit der Ermessensausübung, Vorkehrungen getroffen um zu verhindern, daß Einigungsstellenentscheidungen die Unternehmensautonomie im Übermaß beschränken. Durch dieses Verfahren sei sichergestellt, daß es nicht zu Grundrechtsverletzungen komme.[72]

Dieser Argumentation kann nicht gefolgt werden. Grundrechtsschutz durch Verfahren ist dann anerkannt, wenn durch dieses Verfahren ein Grundrecht gesichert werden soll. Dies ist jedoch nicht bei jedem Verfahren der Fall. Diese Ausgangslage würde nur zutreffen, wenn durch das Verfahren des § 76 Abs. 5 BetrVG allein Grundrechte der Arbeitgeber effektuiert werden sollten. Dieses Verfahren wirkt vielmehr in beide Richtungen, sowohl der Arbeitnehmer als auch der Arbeitgeber, und garantiert eine rechtsstaatliche Verfahrensweise. Es ist allerdings nicht in der Lage, Grundrechtsverletzungen durch Einigungsstellenbeschlüsse tatbestandlich zu verhindern. Entscheidungen der Einigungsstelle können ermessensfehlerfrei sein und trotzdem massiv in den grundrechtlich gewährleisteten Kernbereich der Eigen-

70 So Schwerdtner, EzA § 87 BetrVG 1972 - Initiativrecht - Anm. zu Nr. 4, S. 53 (64); dieser Beschluß des LAG B-W lag der Kaufhausentscheidung des BAG zugrunde.
71 Söllner, RdA 1989, 144.
72 Söllner, RdA 1989, 144 (150).

tums- und Freiheitsrechte des Arbeitgebers eingreifen. Dies hindert auch nicht das in § 76 Abs. 5 BetrVG vorgesehene Verfahren.

Reduziert man somit den Tatbestand des § 76 Abs. 5 Satz 3 BetrVG nicht in dem oben befürwortenden Sinne, führt dies zu einem verfassungswidrigen Zustand. Denn die Einigungsstelle ist nicht entsprechend dem Mitbestimmungsgesetz besetzt, so daß auf der Eignerseite zur Bewahrung des Kerns der Unternehmensautonomie, verfahrensrechtliche Vorkehrungen vorgesehen wären.

4. Analoge Anwendung der Notfallmitbestimmung

Verbleibt somit noch die Prüfung der analogen Anwendung der Möglichkeit vorläufiger Regelungen bei Notfällen dann, wenn die zeitliche Verzögerung durch die Notwendigkeit der Durchführung des Mitbestimmungsverfahrens zu Funktionsstörungen des Unternehmens führen würde. Rechtsgrundlage für diese Maßnahmen ist § 2 Abs. 1 BetrVG, der die Rechtsgrundsätze des § 242 BGB für das Betriebsverfassungsrecht konkretisiert.[73] Ob ein Notfall vorliegt, ist Tatfrage. Eine Anwendung der Notfallmitbestimmung, d.h. die Möglichkeit einseitiger Arbeitgeberregelungen bis zum Abschluß des Mitbestimmungsverfahrens, ist in Fällen des Vorliegens eines Notfalls grundsätzlich zu bejahen. Liegen jedoch die Voraussetzung für die Bejahung eines Notfalls nicht vor, sind die Betriebsparteien auf die Möglichkeiten des vorläufigen und einstweiligen Rechtsschutzes zu verweisen.[74]

5. Das Initiativrecht

Schließlich soll noch auf einen Lösungsweg hingewiesen werden, der zu ähnlichen Ergebnissen gelangt und zwar durch eine Versagung des Initiativrechts. Diese Auffassung wird insbesondere von Wiese vertreten.[75] Nicht nur dann, wenn mit der Mitbestimmung unmittelbar eine unternehmerische Entscheidung berührt wird, sondern auch bei mittelbarer Auswirkung auf unternehmerische Entscheidungen, sei eine Deckungsgleichheit (Kongruenz) zwischen Mitbestimmung und Initiativrecht nicht notwendigerweise zugrundezulegen. Initiiert demnach der Arbeitgeber eine

---

73 Vgl. dazu Worzalla, Die Mitbestimmung des Betriebsrats nach § 87 BetrVG in Eil- und Notfällen, S. 133 ff und die h.M zur Notfallmitbestimmung; a.A. Däubler, BetrVG, § 87 Rdnr. 23.

74 Vgl. Heinze, RdA 1990, 262 (279); a.A. Dütz, DB 1984, 115 (122).

75 Wiese, Das Initiativrecht nach dem BetrVG, S. 42; ders., AP § 87 BetrVG 1972 - Kurzarbeit - Anm. zu Nr. 3, der sog. "Kurzarbeitsentscheidung", Beschluß des BAG vom 04.03.1986.

Regelung, stehe dem Betriebsrat hinsichtlich der Modalitäten ein Mitbestimmungsrecht zu. Der Betriebsrat sei jedoch nicht befugt, bei mittelbaren Auswirkungen sein Initiativrecht auszuüben.[76] Somit ist Anknüpfungspunkt die Verneinung des Initiativrechts in diesen Fällen.

Für diesen Weg spricht, daß das Initiativrecht gesetzlich nicht festgelegt ist. Somit gelangt man zu dem gewünschten Ergebnis über eine Abwägung zwischen zwei in dem Betriebsverfassungsgesetz ungeregelten Prinzipien, nämlich dem Initiativrecht einerseits und dem Grundsatz der Mitbestimmungsfreiheit der "eigentlich unternehmerischen Entscheidung" andererseits. Die positiv rechtliche Gesetzeslage bleibt sozusagen unberührt. Letzteres ist bei der teleologischen Reduktion des Mitbestimmungstatbestandes mit der Folge der Mitbestimmungsfreiheit dieser unternehmerischen Entscheidungen nicht der Fall. Dennoch überzeugt die Begrenzung des Mitbestimmungstatbestandes über eine einschränkende Auslegung mehr als die Verneinung des Intitiativrechts, wenn es auch in beiden Fällen um das Problem des Umfangs des Mitbestimmungsrechtes geht. Zum einen deshalb, weil hierdurch weit weniger differenzierte Lösungsmöglichkeiten zur Verfügung stünden. Zum anderen, weil dadurch von dem Grundsatz abgewichen werden müßte, daß Mitbestimmungsrechte und Initiativrechte kongruent gegeben sind. Da die Vorteile für diese Annahme nicht überwiegen, ist diesem Weg der Vorzug nicht zu geben. Denn die Differenzierung zwischen verschiedenen Initiativrechten ist zu vermeiden und grundsätzlich die Kongruenz zwischen Mitbestimmungstatbestand und korrespondierenden Initiativrecht anzunehmen, mit der Folge, daß bei Verneinung des Mitbestimmungsrechts auch kein Initiativrecht gegeben ist.

6. De lege ferenda

Zum Schluß soll noch - mit Seitenblick auf die Gesetzeslage im öffentlichen Bereich - an dieser Stelle auf Möglichkeiten de lege ferenda hingewiesen werden. Denkbar wäre auch eine gesetzliche Regelung, die akzeptiert, daß die "eigentlich unternehmerische Entscheidung" mitbestimmungsfrei ist und dies im Gesetz festlegt. Um dem Mitbestimmungsbegehren der Arbeitnehmer jedoch zu möglichst weitgehender Verwirklichung zu verhelfen, könnte der Einigungsstelle in diesen Fällen das Letztentscheidungsrecht versagt werden. Diesen Weg hat der Gesetzgeber im öffentlichen Bereich bereits beschritten.[77] In den hier ausgeführten Konstellationen wäre dann das Mitbestimmungsverfahren grundsätzlich durchzuführen, unabhängig davon, ob dadurch unmittelbar oder mittelbar unternehmerische Entscheidungen

---

76 Ebenso bereits Rüthers, ZfA 1973, 399.
77 So das Mitbestimmungsgesetz (MBG) S-H.

berührt oder ob Groß- oder Kleinunternehmen betroffen wären. Diese Fälle würden den Unternehmer lediglich zur Aufhebung der Entscheidung der Einigungsstelle berechtigen. Nicht übersehen werden darf, daß dann der Zeitverlust durch aufhaltende Verfahren und durch das Hinauszögern von Entscheidungen die Effizienz betrieblicher Entscheidungsprozesse wesentlich verschlechtern würde. Dies wäre nur dann zu verhindern, wenn gleichzeitig umfassende Möglichkeiten vorläufiger Regelungen durch den Arbeitgeber gesetzlich vorgesehen wären. Andernfalls wäre die Verfassungswidrigkeit einer solchen Regelung nicht auszuschließen.[78]

III. Zusammenfassung

Die "eigentlich unternehmerische Entscheidung" stellt die Grenze der Mitbestimmung in Arbeitszeitfragen dar. Da die Grenzziehung unter möglichst weitgehender Berücksichtigung der Interessen und Belange der Mitarbeiter erfolgen soll, ergibt sich ein "abgestuftes System", innerhalb dessen Mitbestimmung sich vollzieht oder entfällt. Der Kern der Unternehmensautonomie bleibt unberührt von betrieblicher Mitbestimmung. Dieser Kern läßt sich jedoch für verschiedene Unternehmensformen und -größen, für mittelbare und unmittelbare Eingriffe nur differenziert festlegen. Hierzu zwingt die Feststellung, daß es im Rahmen des Betriebsverfassungsgesetzes und speziell des § 87 BetrVG keinen grundsätzlichen Vorbehalt der Mitbestimmungsfreiheit unternehmerischer Entscheidungen gibt.

Wie gezeigt wurde, bedarf es zur Begründung der gefundenen Ergebnisse noch nicht des Rückgriffs auf die verfassungskonforme Auslegung.[79] Da sich die Ergebnisse dieser Auslegung grundsätzlich aus Abwägungsvorgängen ergeben, sollte im Sinne der Praktikabilität hierauf erst zurückgegriffen werden, wenn gesetzesimmanente Auslegung nicht zu eindeutigen Ergebnissen gelangt. Da der Gesetzgeber jedoch keine weitergehenden Mitbestimmungsrechte zugelassen hat, als sie nach der Verfassung zulässig wären, bedurfte es nicht der verfassungskonformen Interpretation bzw. Reduktion. Denn die Funktionsfähigkeit als Grenzmarke der Verfassungswidrigkeit ist auch nach der teleologischen Interpretation des Betriebsverfassungsgesetzes gewährleistet.

---

78 Zur Verfassungswidrigkeit der entsprechenden Regelungen des MBG S-H s.u. 6. Kap. I 4 h.
79 Vgl. zu dem Verhältnis der Auslegungsmethoden zueinander, Larenz, Methodenlehre, S. 343.

Fünftes Kapitel
Verfassungsrechtliche Grenzen der gesetzlichen Mitbestimmung im öffentlichen Dienst

I. Direktive Mitbestimmung und wirtschaftliche Mitbestimmung in Betrieben der öffentlichen Hand

1. Abgrenzungen

Direktive oder behördenleitende Mitbestimmung ist zunächst von der personalvertretungsrechtlichen, arbeitsplatzbezogenen Mitbestimmung, die sich nach den Personalvertretungsgesetzen vollzieht, zu unterscheiden.

Bei der Mitbestimmung in wirtschaftlichen Angelegenheiten ist weiterhin zwischen Unternehmen, die in öffentlich-rechtlicher Gestalt betrieben werden und solchen, die privatrechtlich organisiert sind, zu differenzieren.

Öffentlich-rechtliche Organisationsformen sind der Regiebetrieb, der Eigenbetrieb und die rechtsfähige Anstalt.[1] Regiebetriebe sind rechtlich und organisatorisch unselbständig (beispielsweise führen die Gemeinden oftmals den Schlachthof als Regiebetrieb), weshalb sie keinen Verwaltungs- oder Aufsichtsrat haben; somit unterscheiden sich diese Betriebe mitbestimmungsrechtlich nicht von der allgemeinen Verwaltungsbehörde. Demgegenüber sind Eigenbetriebe haushaltsmäßig und organisatorisch verselbständigt, lediglich der Ertrag erscheint im öffentlichen Haushalt. Oftmals werden die kommunalen Versorgungsunternehmen in dieser Organisationsform geführt. Rechtsfähige Anstalten des öffentlichen Rechts sind beispielsweise die kommunalen Sparkassen.[2] Bei diesen Unternehmen, die in öffentlich-rechtlicher Gestalt betrieben werden, vollzieht sich behördenleitende Mitbestimmung nach dem entsprechend zugrunde liegenden Organisationsgesetz, das der jeweilige staatliche Träger im Rahmen seiner Kompetenz erlassen hat, so beispielsweise die Sparkassengesetze. In manchen Personalvertretungsgesetzen finden sich auch Regelungen für die wirtschaftliche Mitbestimmung der Eigenbetriebe, so bspw. § 92 LPersVG Rh-Pf. Hier kann unternehmensleitende Mitbestimmung mit Grundprinzipien kollidieren, die in der Verfassung für die öffentliche Verwaltung festgelegt sind. Nur soweit die Wirksamkeit dieser Grundprinzipien gewährleistet ist, kann sich Mitbestimmung entfalten.

---

1 Vgl. Arndt u.a., Besonderes Verwaltungsrecht, S. 769.
2 Vgl. Arndt u.a., Besonderes Verwaltungsrecht, S. 769, 270.

Die öffentliche Hand führt jedoch auch Unternehmen in der Rechtsform einer privatrechtlichen Kapitalgesellschaft. Als privatrechtliche Organisationsformen kommen u.a. die AG und die GmbH in Betracht. Oftmals werden kommunale Versorgungsunternehmen in diesen Rechtsformen geführt (die Technischen Werke AG, die Pfalzwerke AG). Bei diesen Unternehmen richtet sich die Mitbestimmung in wirtschaftlichen Angelegenheiten nach dem Mitbestimmungsgesetz. Hierbei bleibt unberücksichtigt, ob diese Unternehmen materiell privatwirtschaftlichen Zwecken dienen (fiskalische oder erwerbswirtschaftliche Unternehmen der öffentlichen Hand) oder ob sie Zwecken der Leistungsverwaltung verpflichtet sind (daseinsvorsorgerische oder sozialwirtschaftliche Unternehmen der öffentlichen Hand). Dieser Unterschied ist nämlich insoweit von entscheidender Bedeutung, als die daseinsvorsorgerischen Unternehmen trotz der privatrechtlichen Organisationsform materiell Träger der öffentlichen Verwaltung sind und zur Organisation und Kompetenz der öffentlichen Verwaltung gehören.[3]

Da sich bei diesen Unternehmen die wirtschaftliche, d.h. unternehmensleitende Mitbestimmung nach dem Mitbestimmungsgesetz vollzieht, hat dies zur Folge, daß bei daseinsvorsorgerischen Unternehmen, die trotz der Organisationsform Teil der öffentlichen Verwaltung darstellen, Kollisionen zwischen Mitbestimmung und verwaltungsrechtlichen Kompetenzen auftreten können. Die Mitbestimmungsrechte der Arbeitnehmer nach dem Mitbestimmungsgesetz stehen somit dem staatlichen Funktionsauftrag und der staatlichen Organisationsgewalt gegenüber und nicht, wie im rein privatwirtschaftlichen Unternehmen, den Grundrechtsgewährleistungen der Art. 14 und 12 GG der Arbeitgeber. Scholz[4] weist zurecht darauf hin, daß es sich hierbei um inkommensurable Rechte und Pflichten handele, mit der Folge, daß es in diesen Fällen anderer Differenzierungen bedürfe als sie im Mitbestimmungsurteil vorgenommen würden. Dies wird bei der Grenzziehung zu beachten sein. Die Grundprinzipien der öffentlichen Amtsverfassung entfallen in diesen Fällen nicht deshalb, weil sich die öffentliche Hand freiwillig in einem materiell der Leistungsverwaltung zugehörigen Aufgabenbereich der privat-rechtlichen Organisationsformen bedient hat; denn kein Träger der öffentlichen Gewalt ist befugt, über die eigene Kompetenzhoheit zu disponieren.[5]

Schließlich sind daseinsvorsorgerische Betriebe denkbar, die in Privatrechtsform betrieben werden, die jedoch aufgrund ihrer Größe nicht unter das Mitbestimmungsgesetz fallen. In diesen Fällen vollzieht sich unternehmerische Mitbestimmung

---

3   Vgl. Scholz, ZBR 1980, 297 (298 f).
4   Vgl. Scholz, ZBR 1980, 297 (301).
5   Ebenso Scholz, ZBR 1980, 297 (302); Ossenbühl, Erweiterte Mitbestimmung in kommunalen Eigengesellschaften, S. 21.

oftmals nach einer von dem Gewährsträger erlassenen, zugrunde liegenden Satzung.[6]

Behördenleitende, unternehmerische, im öffentlichen Dienstrecht "direktive" Mitbestimmung genannte Beteiligung der Arbeitnehmer stößt unabhängig, ob sie aufgrund des Mitbestimmungsgesetzes, eines zugrunde liegenden Organisationsgesetzes, des Personalvertretungsgesetzes oder einer Satzung statuiert ist, gegen Grenzen, die sich aufgrund der Tatsache ergeben, daß diese Behörden materiell Träger der öffentlichen Verwaltung sind und deshalb materiell den Prinzipien der öffentlichen Amtsverfassung unterstehen. Immer dann, wenn Unternehmen öffentliche Aufgaben wahrnehmen, auch wenn dies in Privatrechtsform geschieht, findet diese organisatorische Freiheit und die daraus resultierenden Mitbestimmungsregelungen ihre verbindliche Grenze an den für die öffentliche Verwaltung geltenden Prinzipien. Diese Begrenzungen gelten sowohl für die direktive als auch für die personalvertretungsrechtliche Mitbestimmung. Sie werden später bei den Grenzen personalvertretungsrechtlicher Mitbestimmung ausführlicher dargestellt werden, da zu diesen eine kaum mehr zu überschauende Meinungsvielfalt vorhanden ist, während die Grenzen direktiver Mitbestimmung aufgrund des eingeschränkteren Anwendungsbereichs nur entsprechend gewürdigt und diskutiert werden.

2. Die Rechtsprechung

Zu den Grenzen direktiver Mitbestimmung liegt ein Urteil[7] aus jüngerer Zeit vor, das jedoch nur für seinen Anwendungsbereich Wirkung entfaltet. Dies bedeutet, daß es nicht für die Bestimmung der Grenzen der Mitbestimmung im öffentlichen Dienst allgemein, sondern nur für den hier angesprochenen Bereich der unternehmensleitenden Mitbestimmung in Unternehmen, die materiell öffentliche Aufgaben wahrnehmen, gilt. Denn nur in diesem Bereich vollzieht sich Mitbestimmung auf zwei Ebenen, dem unternehmerischen und dem arbeitsplatzbezogenen Bereich. In der allgemeinen Verwaltung, ebenso wie in den Regiebetrieben, entfaltet sich Mitbestimmung allein nach dem Personalvertretungsgesetz. Eine Kumulation durch Mitbestimmung auf zwei Ebenen,[8] entfällt hier. Zu beachten ist jedoch, daß Tatbestände personalvertretungsrechtlicher Mitbestimmung, beispielsweise in organisatorischen Angelegenheiten, die Qualität behördenleitender Mitbestimmung annehmen können.

---

6   So z.B. bei den Stadtwerken Bremerhaven, LG Bremen, NJW 1976, 1154.
7   VerfGH NRW, Urteil vom 15.09.1986, NVwZ 1987, 211 = DVBl. 1986, 1196 = AP Art 20 GG Nr. 14 = RdA 1987, 309 = PersV 1987, 103.
8   Vgl. dazu Hoschke, ZBR 1978, 221 (223).

Der Verfassungsgerichtshof Nordrhein-Westfalen hatte über die Verfassungsmäßigkeit einer Mitbestimmungsregelung im Sparkassengesetz zu entscheiden, wonach Dienstkräften von Sparkassen das Recht eingeräumt wurde, unmittelbar Vertreter in deren Verwaltungsräte zu wählen. Der Verwaltungsrat war zu einem Drittel
mit Beschäftigtenvertretern besetzt, die nach der bisherigen Regelung jedoch von
den Vertretern des Gewährsträgers gewählt worden waren.

Unter Berufung auf das Erfordernis der demokratischen Legitimation allen staatlichen Handelns hatte das Gericht die in Frage stehende Mitbestimmungsregelung
für verfassungswidrig erklärt. Als Grenze direktiver Mitbestimmung wurde damit
entscheidend auf das Demokratieprinzip verwiesen. Da die Sparkassen "Staatsgewalt" ausübten, bedürften sämtliche Vertreter in dem Verwaltungsrat der demokratischen Legitimation. An ihr fehle es, soweit Mitglieder der Verwaltungsräte von
Sparkassen nicht von den Vertretungen der Gemeinden oder Gemeindeverbände als
deren Gewährsträgern, sondern von ihren Dienstkräften gewählt würden. Denn
Gruppen- oder Bedienstetenvertretungen seien weder Volk noch eine vom Volk
legitimierte Vertretung,[9] wobei es nicht darauf ankomme, ob es sich bei den auf
diese Weise Gewählten nur um eine Minderheit handele. Das Gericht führt dann
ausführlich und überzeugend aus, daß demokratische Legitimation nach dem
Grundgesetz und der Landesverfassung NRW geboten sei, wenn "Staatsgewalt"
ausgeübt werde und belegt, daß durch die Einrichtung und den Betrieb von Sparkassen von den Gemeinden und Gemeindeverbänden öffentliche Aufgaben wahrgenommen würden. Die Leitung dieser Einrichtungen, der Verwaltungsrat, der die
zentrale Geschäftspolitik lenke, nehme deshalb öffentliche Aufgaben wahr und übe
Staatsgewalt aus, so daß kein Mitglied dieses Organs der demokratischen Legitimation entbehren dürfe.[10]

Ob die bisherige Regelung des Sparkassengesetzes NRW, wonach die Beschäftigtenvertreter auf Vorschlag der Personalversammlung von den Vertretern des Gewährsträgers gewählt wurden, auch schon gegen das Demokratiegebot verstößt, hat
das Gericht nicht entschieden;[11] die neu eingeführte unmittelbare Wahl durch die
Dienstkräfte der Sparkasse unterbreche jedoch die ununterbrochene Legitimationskette vom Volk zu den Amtswaltern und verstoße somit gegen das Demokratiegebot.

---

9   So selbst Nagel, ArbuR 1987, 15 (18), der im übrigen das Urteil heftig kritisiert.
10 VerfGH NRW, NVwZ 1987, 211 (212).
11 Dieser Auffassung ist Stüer, PersV 1987, 98 (100); ebenso Ehlers, JZ 1987, 218 (222). Nach
    Maunz u.a.-Herzog, GG, Art 20 II Rdnr. 55, ist die Wahl der Beschäftigtenvertreter aufgrund
    von Vorschlagslisten durch Vertreter des Gewährsträgers gerade noch verfassungsgemäß.

Dieses Urteil ist begrüßt[12] und abgelehnt[13] worden: Von den Befürwortern wurde die öffentliche Aufgabenerfüllung der Sparkassen in den Vordergrund gestellt und dementsprechend das Erfordernis der ununterbrochenen Legitimationskette - als Element des Demokratieprinzips - aller Mitglieder des Verwaltungsrats begrüßt. Die Gegner dieser Entscheidung bezweifeln demgegenüber nicht die Tatsache, daß der Verwaltungsrat als Kontrollorgan der Sparkassen mit weitgehenden Kompetenzen ausgestattet ist und deshalb öffentliche Aufgaben wahrnimmt. Solange jedoch die Verwaltungsräte bzw. Aufsichtsräte in sonstigen öffentlichen Unternehmen nur unterparitätisch mit Vertretern der Beschäftigten besetzt würden - was durch die Drittelbeteiligung gewährleistet sei - sei der Grundsatz der Volkssouveränität nicht verletzt.

Keine der Auffassungen überzeugt in ihrer Begründung: Die Regelungen des Sparkassengesetzes wurden dennoch zu Recht für verfassungswidrig erklärt, weil sie gegen das Demokratiegebot des Art. 20 GG verstoßen.

Art. 20 Abs. 1 und 2 GG besagen, daß in der freiheitlichen Demokratie, die das Grundgesetz für die Bundesrepublik Deutschland verfaßt hat, alle Staatsgewalt vom Volke ausgeht und vom Volke in Wahlen und Abstimmungen und durch besondere Organe der Gesetzgebung, der vollziehenden Gewalt und der Rechtsprechung ausgeübt wird. Diese Grundentscheidung der Verfassung für die demokratische Staatsform wird in Art. 28 Abs. 1 und 38 Abs. 1 GG näher ausgestaltet, gilt somit ebenso für die verfassungsmäßige Ordnung in den Ländern, Kreisen und Gemeinden.[14] Hieraus folgt, daß die verfassungsrechtlich notwendige demokratische Legitimation eine ununterbrochene Legitimationskette vom Volk zu den mit den staatlichen Aufgaben betrauten Organen und Amtswaltern erfordert.

Immer dann wenn Staatgewalt ausgeübt wird, bedarf sie somit gemäß Art. 20 GG der demokratischen Legitimation. Mitbestimmung hierbei wäre eine unzulässige Ausübung dieser Staatsgewalt, wenn sie in der Lage wäre, die Letztentscheidung des demokratisch legitimierten Vertreters im Verwaltungsrat bzw. im Aufsichtsgremium zu verhindern.

Nicht erforderlich ist eine ununterbrochene Legitimation aller Mitglieder des Verwaltungsrats, so jedoch die Auffassung des Gerichts und auch Herzogs[15], der fordert, daß in einer Staatsverfassung, die dem Prinzip der demokratischen Volks-

---

12   Vgl. Stüer, PersV 1987, 98; Ehlers, JZ 1987, 218; Maunz u.a.-Herzog, GG, Art 20 II Rdnr. 52.

13   Nagel, Mitbestimmung im öffentlichen Unternehmen und Verfassungsrecht; ders. ArbuR 1987, 15.

14   BVerfGE 47, 253 (272).

15   Maunz u.a.-Herzog, GG, Art 20 II Rdnr. 53; ebenso Püttner, Die öffentlichen Unternehmen, S. 136; ders., DVBl. 1984, 165 (168).

souveränität gerecht werden wolle, von jedem einzelnen Amtswalter eine ununterbrochene Kette individueller Berufungsakte bis auf das Volk als den Träger der Staatsgewalt zurückführen müsse.

Die Volkssouveränität ist immer dann gewahrt, wenn dem Volk über seine Repräsentanten die letzte Entscheidung bleibt. Dies bedeutet jedoch nicht notwendigerweise, daß sämtliche Entscheidungsträger dieses Gremiums in diesem Sinne legitimiert sein müssen. Bei der Frage nach der demokratischen Legitimation der staatlichen Aufgabenerfüllung kommt es nicht auf die Zusammensetzung des Entscheidungsgremiums ausschlaggebend an, sondern auf das Verfahren zur Entscheidungsfindung. Nicht durch die Existenz des Verwaltungsrats, sondern durch dessen Entscheidungen werden staatliche Aufgaben erfüllt, die demokratisch legitimiert sein müssen. Es reicht deshalb aus, wenn das Entscheidungsfindungsverfahren eines gemischten Gremiums derart festgelegt ist, daß die vom Volk bestimmten Mehrheitsverhältnisse nicht beseitigt oder umgekehrt werden. Ist dies gewährleistet, ist Art. 20 Abs. 1 GG nicht verletzt.[16]

Für diese Auffassung spricht auch die allseits anerkannte Formenfreiheit für die Betätigung der öffentlichen Hand. Organisiert diese ein öffentliches Unternehmen in der Rechtsform der AG, regelt sich unbestrittenermaßen die Mitbestimmung nach dem Mitbestimmungsgesetz. Seine Regelungen gelten somit auch für die öffentlichen Unternehmen. Nach der hier vertretenen Auffassung zwingt auch nicht die Tatsache, daß es sich bei dem Aufsichtsrat um ein gemischtes Gremium handelt, zum Verzicht auf die Organisation in dieser Rechtsform. Erst wenn die Entscheidungsfindung nicht mehr auf den demokratisch gewählten Amtswalter zurückzuführen wäre, würde diese Organisationsform gegen Art. 20 Abs. 1 GG verstoßen. Solange jedoch die Anteilseignerbank nicht nach den Grundsätzen der Verhältniswahl besetzt ist, d.h. homogen gegenüber den Arbeitnehmervertretern steht und ihr das Letztentscheidungsrecht bei der öffentlichen Aufgabenerfüllung zusteht, ist das Demokratiegebot nicht verletzt. Andernfalls bedürfte es weiterer Vorkehrungen, die beispielsweise in der Satzung der Aktiengesellschaft festgelegt werden könnten.

Deshalb geht die Auffassung der Befürworter dieses Urteils zu weit, sofern sie die demokratische Legitimation aller Mitglieder des Verwaltungsrats fordern, denn allein die Möglichkeit des Letztentscheidungsrechts des demokratisch Verantwortlichen ist ausreichend. In den staatlichen Betrieben, in denen Mitbestimmung auf Unternehmensebene Bedeutung erlangt, wird grundsätzlich Staatsgewalt ausgeübt. Unternehmensmitbestimmung beeinflußt die Erfüllung öffentlicher Aufgaben direkt

---

16 So im Ergebnis auch Scholz, ZBR 1980, 297. Entsprechend hat auch beim Mitbestimmungsgesetz das Letztentscheidungsrecht das Verdikt der Verfassungswidrigkeit verhindert.

und ist deshalb Teilhabe an Staatsgewalt.[17] Sie ist nur dann zulässig, wenn das Letztentscheidungsrecht des staatlich legitimierten Vertreters garantiert ist.

Aufgrund der politischen Verteilung auf der "Staatsbank" und der Drittelvertretung der Beschäftigten nach den Regelungen das Sparkassengesetzes NRW war dieses Letztentscheidungsrecht bei Abstimmungen rechnerisch nicht gesichert: denn nach § 10 Abs. 1 Sparkassengesetz NRW und § 35 Abs. 3 Gemeindeordnung NRW folgt aus dem Grundsatz der Verhältniswahl, daß sich die Mehrheitsverhältnisse des Gemeindeparlaments in der Gewährträgerbank der Verwaltungsräte in den Sparkassen widerspiegeln. Aufgrund dieser Zusammensetzung des Verwaltungsrats können Entscheidungen bei geschlossenem Auftreten der "Arbeitnehmerbank" und inhomogenem Auftreten der "Staatsbank" entgegen der Ansicht der politisch Verantwortlichen getroffen werden. In diesen Fällen haben diese nicht mehr das Letztentscheidungsrecht und die so getroffene Entscheidung entbehrt der demokratischen Legitimation. Diese Regelung steht im Gegensatz zu den Bestimmungen im Mitbestimmungsgesetz, wo für die Anteilseignerbank keine Wahlgrundsätze, sprich Proporzbesetzungen, vorgesehen sind. Deshalb reicht das Letztentscheidungsrecht des Aufsichtsratsvorsitzenden in diesen Fällen aus. Für Mitbestimmungsregelungen nach dem Sparkassengesetz gilt dies jedoch nicht: die inhomogene Zusammensetzung der "Staatsbank" nach den Mehrheitsverhältnissen des Gewährträgers muß hier berücksichtigt werden. Folgerichtig reicht es nicht aus, daß sich die Mehrheit des Gewährträgers in der Gewährträgerbank widerspiegelt. Vielmehr müßten weitere Sicherungen vorgesehen sein, wie Stimmbindungen, Vetorechte oder Vorbehalte in dem jeweils zugrundeliegenden Organisationsgesetz, der Satzung oder dem Gesellschaftsvertrag, um die Möglichkeit einer Entscheidung gegen den politisch Verantwortlichen zu verhindern. Diesen Gesichtspunkt haben die Gegner des Urteils unberücksichtigt gelassen. Da derartige Sicherungen im Sparkassengesetz NRW nicht vorgesehen waren, hat das Gericht die Regelungen des Sparkassengesetzes zurecht für verfassungswidrig erklärt.[18]

Da dieses Urteil jedoch nur die Unternehmensmitbestimmung betrifft, d.h. in einem Bereich, in dem unbestrittenermaßen Staatsgewalt ausgeübt wird und Mitbestimmung somit offenkundig gegen das Demokratiegebot verstößt, wenn es an den entsprechenden zusätzlichen Sicherungen fehlt, soll bei dieser Form der Mitbestimmung nicht weiter nach Grenzen gesucht werden. Denn alle Grenzen, die die personalvertretungsrechtliche Mitbestimmung zu beachten hat, gelten erst recht für

---

17 Vgl. dazu auch Scholz, ZBR 1980, 297 (304).

18 So im Ergebnis wohl selbst Nagel, Mitbestimmung im öffentlichen Unternehmen und Verfassungsrecht, S. 52, wenn er das Erfordernis zusätzlicher Sicherungen konzidiert.

diese Form der Mitbestimmung. Deshalb soll auch auf die weitere Argumentation des Verfassungsgerichtshofs NRW nicht mehr eingegangen werden.[19]

3. Die Grenzmarke der "Funktionsfähigkeit"

Wie oben ausgeführt, hat das Bundesverfassungsgericht für die unternehmerische Mitbestimmung im privatrechtlichen Bereich die Grenze der Funktionsfähigkeit des Unternehmens für den Umfang der gesetzlichen Mitbestimmung markiert. Da diese durch das Letzentscheidungsrecht der Anteilseignerseite gewährleistet war, wurde das Mitbestimmungsgesetz als verfassungsgemäß beurteilt.

Für die direktive Mitbestimmung in öffentlichen Unternehmen, die materiell öffentliche Aufgaben wahrnehmen, sei es in Privatrechtsform oder öffentlicher Rechtsform, ist aus dem Demokratieprinzip eine vergleichbare Grenze zu fordern: Die Funktionsfähigkeit der demokratischen Legitimation bei der staatlichen Aufgabenerfüllung.

Die Grenze der Funktionsfähigkeit der privaten Unternehmen ist Ausfluß aus den Gegenrechten der Art. 14, 12, 2 Abs. 1 GG der Anteilseigner und Unternehmer, während das Mitbestimmungsbegehren der Arbeitnehmervertretung in dem Sozialstaatsprinzip wurzelt.

Die Gegenrechte im öffentlichen Bereich, die dem Mitbestimmungsbegehren der Beschäftigtenvertreter entgegengesetzt werden, stammen aus dem Staatsorganisationsrecht, insbesondere dem Demokratiegebot. Da im Bereich der direktiven Mitbestimmung schon die Berechtigung der Mitbestimmung aus dem Sozialstaatsprinzip angezweifelt wird,[20] sind die Grenzen um so strenger einzuhalten. Unzweifelhaft steht zudem in diesem Bereich fest, daß durch die mitbestimmenden Gremien "Staatsaufgaben" wahrgenommen werden. Eine Mitbestimmungsregelung ist deshalb nur dann verfassungsgemäß, wenn sie die ununterbrochene Legitimation vom Volk zu den Entscheidungsträgern und - verantwortlichen festlegt. Denn allein dann ist die öffentliche Aufgabenerfüllung funktionsfähig, weil im Sinne demokratischer Verantwortlichkeit überprüfbar. Die entsprechenden entscheidungtragenden Vertreter müssen zur Verantwortung gezogen werden können. Im Falle der Sparkassen muß die Entscheidungszuordnung zu der Mehrheit des Gewährträgers garantiert sein, sonst fehlt es an der demokratischen Legitimation der staatlichen Aufgabener-

---

19 Bspw. Verstöße gegen das Rechtsstaatsprinzip oder den Grundsatz der kommunalen Selbstverwaltung.

20 Vgl. BVerfGE 47, 253 (274); Kisker, Gutachten, S. 35; ders., PersV 1985, 141; s.o. 2. Kap. IV 1 b und 2 a.

füllung.[21] Als Parallele zur Grenze unternehmerischer Mitbestimmung kann diese Grenzmarke auch als kompetenzielle Funktionsfähigkeit bezeichnet werden.[22]

II. Personalvertretungsrechtliche Mitbestimmung

1. Persononalvertretungsrechtliche Mitbestimmung ohne Auswirkungen auf Kompetenzen der öffentlichen Verwaltung

Die arbeitsplatzbezogene Mitbestimmung, die sich nach den Personalvertretungsgesetzen vollzieht - so auch bei der Arbeitszeiteinteilung -, ist im Idealtypus dadurch gekennzeichnet, daß sie sich nicht auf die rechtlichen Kompetenzen in der öffentlichen Verwaltung bezieht.[23] Dies bedeutet, daß die Mitbestimmung der Dienstkräfte keinen Einfluß auf die öffentliche Aufgabenerfüllung nimmt, sondern allein innerdienstliche Angelegenheiten betrifft. Diese Form der personalvertretungsrechtlichen Mitbestimmung ist ohne Grenzen möglich.

2. Personalvertretungsrechtliche Mitbestimmung mit Auswirkungen auf Kompetenzen der öffentlichen Verwaltung

Durch Fallgestaltungen in der Praxis (Gemengelagen), aber auch durch gesetzgeberische Novellierungen sind Kollisionslagen entstanden, bei denen die personalvertretungsrechtliche Mitbestimmung in verwaltungsrechtliche Kompetenzen eingreift, die grundsätzlich in der alleinigen Verantwortung der Regierung, ihres gesetzlichen Auftrags und ihrer parlamentarischen Kontrolle stehen sollten.[24]

Personalvertretungsrechtliche Mitbestimmung mit Auswirkungen auf die öffentliche Aufgabenerfüllung stößt infolgedessen gegen Grenzen, die die Verfassung für die Art und Weise der öffentlichen Aufgabenerfüllung aufgestellt hat. In Betracht kommen hier insbesondere das Demokratieprinzip, der Gewaltenteilungsgrundsatz, das Rechtsstaatsprinzip und die hergebrachten Grundsätze des Berufsbeamtentums. Wo diese Grenzziehung verläuft, soll im folgenden gezeigt werden.

---

21 Zu Möglichkeiten zur Realisierung dieser Grundsätze, Scholz, ZBR 1980, 297 einerseits und Püttner, Die öffentlichen Unternehmen, S. 140, ders., DVBl. 1984, 165 (169) andererseits.

22 So der Ausdruck bei Scholz, ZBR 1980, 297 (304).

23 S.o. 3. Kap. II 1, zu dem parallelen Problem der Mitbestimmung nach § 87 Abs. 1 Nr. 2 BetrVG, die im Idealtypus ebenfalls keinen Einfluß auf die wirtschaftlichen Unternehmensziele hat.

24 So auch Scholz, ZBR 1980, 297 (301).

Da diese Grenzen jedoch erst in Erscheinung treten, wenn Mitbestimmung gleichzeitig Teilhabe an der Erfüllung öffentlicher Aufgaben ist, stellt sich die Frage, wann personalvertretungsrechtliche Mitbestimmung die Schwelle zur gleichzeitigen "Ausübung von Staatsgewalt" überschreitet und deshalb an den aufgezeigten Grenzen enden muß; denn personalvertretungsrechtliche Mitbestimmung ohne Auswirkungen auf die öffentliche Aufgabenerfüllung kann sich ohne Grenzen verwirklichen.

Eine Parallele ergibt sich auch hier zu den Grenzen der Mitbestimmung im privatrechtlichen Bereich. Die "eigentlich unternehmerische Entscheidung" markiert dort die Grenze der Mitbestimmung. Nicht jede Beeinflussung von unternehmerischen Entscheidungen läßt die betriebsverfassungsrechtliche Mitbestimmung entfallen. Erst wenn die Schwelle zum Eingriff in die "eigentlich unternehmerische Entscheidung" erreicht ist, muß die arbeitsplatzbezogene Mitbestimmung zurücktreten.

3. Die Rechtsprechung aufgrund diverser Gesetzesnovellierungen

Zu den Grenzen personalvertretungsrechtlicher Mitbestimmung sind mehrere interessante Judikate ergangen, die gerade in jüngster Zeit für Diskussionen sorgten. Ausgangspunkt war meist eine Gesetzesnovellierung, die aus Sicht der jeweiligen politischen Opposition in ihrer Mitbestimmungsfreundlichkeit die Grenze zur Verfassungswidrigkeit überschritt. Auch das Mitbestimmungsgesetz S-H und die Novellierung des Landespersonalvertretungsgesetzes Rh-Pf liegen derzeit den zuständigen Verfassungsgerichtshöfen zur Entscheidung vor.

a) Die Rechtsprechung des Bundesverfassungsgerichts im 9. Band

Ausgangspunkt bei der Überprüfung der Rechtsprechung zu den Grenzen der Mitbestimmung im öffentlichen Dienst ist die bereits angesprochene, grundlegende und bisher einzige Entscheidung des Bundesverfassungsgerichts aus dem Jahre 1959.[25] Die dort aufgestellten Kriterien zur Verfassungsmäßigkeit des Personalvertretungsgesetzes von Bremen waren Grundlage für die weitere Diskussion in der Rechtsprechung, Ausgangspunkt für die literarischen Auseinandersetzungen und Richtschnur für den Bundes- und die Landesgesetzgeber.

---

25 BVerfG, Urteil vom 27.04.1959, BVerfGE 9, 268; vgl. auch die vorangegangene Entscheidung des StGH der Freien Hansestadt Bremen vom 03.05.1957, sowie das veröffentlichte Sondervotum, ZBR 1957, 234.

Das Gericht hatte zu entscheiden, ob die Regelungen des LPersVG Bremen gegen die Prinzipien der Gewaltenteilung, des Rechtsstaates und der Demokratie verstießen, soweit sie in allen sozialen und personellen Angelegenheiten volle Mitbestimmung vorsahen, gekoppelt mit einem Initiativrecht, wobei im Falle der Nichteinigung eine Einigungsstelle die endgültige Entscheidung traf.

Das Gericht sah den Gewaltenteilungsgrundsatz nicht als verletzt an. Die Einigungsstellen stünden nicht "außerhalb der Verwaltung", sondern seien unabhängige Stellen innerhalb der Exekutive, auch wenn ihr Vorsitzender der Parlamentspräsident sei.[26] Zum Demokratieprinzip führte das Gericht aus:

> "Der demokratische Rechtsstaat im Sinne des Grundgesetzes setzt notwendig eine funktionsfähige und verantwortliche Regierung voraus. ... In jedem Fall (aber) müssen der Regierung die Befugnisse erhalten bleiben, die erforderlich sind, damit sie selbständig und in eigener Verantwortung gegenüber Volk und Parlament ihre "Regierungsfunktion" erfüllen kann."[27]

Nach der Auffassung des Gerichts sei diese erkennbare Verantwortlichkeit der Regierung gegenüber Parlament und dem Volk jedoch nicht für jegliches Verwaltungshandeln zu fordern. Andererseits gäbe es jedoch Regierungsaufgaben, die wegen ihrer politischen Tragweite nicht generell der Regierungsverantwortung entzogen und auf Stellen übertragen werden dürften, die von Regierung und Parlament unabhängig seien.[28]

Wenn das Gericht dann später ausführt, daß sich nur von Fall zu Fall beurteilen ließe, welche Angelegenheiten von solchem politischen Gewicht seien, daß bei ihnen eine mitbestimmte Entscheidung eventuell per Einigungsstelle nicht möglich sei,[29] drängt sich erneut die Parallele zu den Grenzen der betriebsverfassungsrechtlichen Mitbestimmung auf: Auch dort hatte das Bundesarbeitsgericht[30] ausgeführt, daß es sich nicht verläßlich bestimmen lasse, wann der Kern der Unternehmensautonomie tangiert sei und daß dies deshalb von Fall zu Fall entschieden werden müsse.

Das Bundesverfassungsgericht entzieht sich jedoch nicht völlig der Bestimmung, welche politischen Angelegenheiten von solchem Gewicht sind, daß Mitbestimmung nicht möglich ist, sondern verweist auf die Entscheidungsgewalt bei Personalentscheidungen bei Beamten und hoheitlich tätigen Angestellten,[31] also auf wesensmäßig politische Entscheidungen. Schließlich führt das Gericht aus, daß die Mitbestimmung in personellen Angelegenheiten der Beamten zudem gegen die herge-

---

26 BVerfGE 9, 268 (280) zu den damaligen §§ 59 - 61 LPersVG Bre.
27 BVerfGE 9, 268 (281).
28 BVerfGE 9, 268 (282).
29 BVerfGE 9, 268 (282).
30 Die sog. "Kaufhausentscheidung", BAG, EzA § 87 BetrVG 1972 - Arbeitszeit - Nr. 13; s.o. 4. Kap. I 2 a.
31 BVerfGE 9, 268 (283 f).

brachten Grundsätze des Berufsbeamtentums verstoßen würde und kommt zum Ergebnis, daß die entsprechenden Regelungen, soweit sie bei der Mitbestimmung des Personalrats in personellen Angelegenheiten der Beamten die Entscheidung einer Einigungsstelle vorsähen, verfassungswidrig seien.[32]

Zusammenfassend ergibt sich, daß das Bundesverfassungsgericht entscheidend auf das Prinzip der Verantwortlichkeit der Regierung als Element des demokratischen Rechtsstaates abgestellt hat. Dies belegt auch die Formulierung des § 104 Satz 3 BPersVG, der als Folge der Entscheidung des Bundesverfassungsgerichts in das Bundespersonalvertretungsgesetz aufgenommen wurde, wonach insbesondere drei Arten aufgeführter Entscheidungen "nicht den Stellen entzogen werden dürfen, die der Volksvertretung verantwortlich sind"; hierbei handelt es sich um personelle Angelegenheiten der Beamten, die Gestaltung von Lehrveranstaltungen und um organisatorische Angelegenheiten.

In jüngeren Entscheidungen des Bundesverfassungsgerichts[33] wird jedoch nicht mehr primär das Prinzip der Verantwortung der Regierung als Grenze von Partizipation festgelegt, sondern auf das Prinzip der demokratischen Legitimation der Amtswalter abgestellt.

Seit dieser Entscheidung des Bundesverfassungsgerichts aufgrund des Normenkontrollantrags des Senats der Freien Hansestadt Bremen gegen das LPersVG Bremen bestand für das oberste Gericht keine Gelegenheit mehr, sich mit den Fragen auseinanderzusetzen, welche Grenzen das Grundgesetz den Beteiligungsrechten der Personalvertretungen zieht. Ein Normenkontrollantrag der Bundesregierung und zwei kommunale Verfassungsbeschwerden gegen das hessische PersVG, in der ihm 1984 gegebenen Fassung, waren zwar beim Bundesverfassungsgericht anhängig. Sie wurden jedoch zurückgenommen, da in Hessen nach dem im Jahre 1987 erfolgten Regierungswechsel ein neues Personalvertretungsgesetz erlassen worden war.[34]

b)   Die Rechtsprechung des hessischen Staatsgerichtshofs

Die eben angesprochene, im Jahre 1984 vorgenommene Reform des Personalvertretungsgesetzes in Hessen, die eine deutliche Erweiterung der Beteiligungsbefugnisse vorsah, war Auslöser für die umfassende - bis heute andauernde - Diskussion über

---

32   BVerfGE 9, 268 (287).
33   BVerfGE 38, 258 und BVerfGE 47, 253 (272 f), wobei sich diese Entscheidungen nicht auf das Problem der personalvertretungsrechtlichen Mitbestimmung beziehen, sondern auf die weitergehende Frage der Ministerverantwortlichkeit; Vgl. auch Klein, PersV 1990, 49.
34   Das Normenkontrollverfahren wurde durch Beschluß eingestellt, BVerfGE 79, 255.

die Grenzen der Mitbestimmung im öffentlichen Dienst.[35] Diese Diskussion wird vor allem auf Verfassungsebene geführt, indem das Grundgesetz sowohl als Grundlage als auch als Grenze von Mitbestimmung der Bediensteten herangezogen wird. Folgerichtig war auch der hessische Staatsgerichtshof[36] mit der Vereinbarkeit der Regelungen des Personalvertretungsgesetzes Hessen mit der hessischen Verfassung befaßt.

Der hessische Staatsgerichtshof erklärte diejenigen Regelungen des damaligen Personalvertretungsgesetzes für unvereinbar mit der hessischen Verfassung, die ein Letztentscheidungsrecht der Einigungsstelle in bezug auf personelle Angelegenheiten solcher hoheitlich tätigen Angestellten vorsähen, die in den Vergütungsgruppen I bis Vb BAT eingruppiert seien oder außertariflich bezahlt würden. Weiterhin seien Letztentscheidungsrechte der Einigungsstelle verfassungswidrig in organisatorischen und wirtschaftlichen Angelegenheiten[37] sowie bei der Einführung, Anwendung und Änderung einschließlich der Erweiterung der automatisierten Bearbeitung personenbezogener Daten von Beschäftigten. Zur Begründung verwies das Gericht zunächst auf die Grundsätze der Volkssouveränität, wonach die Staatsgewalt unveräußerlich beim Volk liege, das sie entweder unmittelbar durch Volksabstimmung oder mittelbar durch verfassungsgemäß bestellte Staatsorgane ausübe. Neben dem Volk seien nur verfassungsgemäß bestellte Organe zur Ausübung von Staatsgewalt befugt. Verfassungsmäßig bestellte Organe seien in einem demokratisch organisierten Staat nur solche, die eine Legitimation besäßen, die sich auf die Gesamtheit der Bürger und damit das Volk, das Inhaber und Träger der Staatsgewalt sei, zurückführen ließe.[38] Durch die in dem Personalvertretungsgesetz Hessen geregelte Mitbestimmung hätten die Personalräte in den oben genannten Angelegenheiten an der Ausübung der Staatgewalt teil, ohne daß sie sich auf die erforderliche Legitimationsbasis berufen könnten.

---

35 Vgl. Kisker, Gutachten; ders., PersV 1992, 1; ders., PersV 1985, 137; Ossenbühl, Gutachten; ders., PersV 1989, 409; Klein, PersV 1990, 49; Kübel, PersV 1987, 217; ders., PersV 1986, 129; Battis, PersV 1987, 394; ders., DÖV 1987, 1; Becker, RiA 1988, 1; Lecheler, NJW 1986, 1079; Krüger, PersV 1990, 241; Schenke, PersV 1992, 289; ders., JZ 1991, 581; Thiele, PersV 1990, 290; a.A Kempen, Gutachten; ders., ArbuR 1987, 9; Plander, PersR 1990, 345; ders., PersR 1989, 238; ders., ArbuR 1987, 1; ders., PersR 1987, 13; Sabottig, PersR 1988, 93; Wendeling-Schröder, ArbuR 1987, 381; Schröder, PersR 1985, 115; Altvater, PersR 1986, 123; Däubler, PersR 1988, 65; Dammann, ArbuR 1988, 171; Bobke, PersR 1985, 4.

36 StGH Hess, Urteil vom 30.04.1986, DVBl. 1986, 936 = PersV 1986, 227; dazu u.a. Kübel, PersV 1987, 217.

37 Nach damaligem § 66 PersVG Hess.

38 StGH Hess, DVBl. 1986, 936 (937).

Weiterhin rekurrierte der Staatsgerichtshof auf das Prinzip der parlamentarischen Verantwortlichkeit, das besage, daß die Landesregierung nur für das verantwortlich sein könne, was sie auch zu entscheiden habe, d.h. daß die Regierung und ihre Mitglieder im Rahmen ihrer Kompetenzen die Befugnisse haben und auch behalten müßten, die erforderlich seien, damit sie selbständig und dem Parlament verantwortlich ihre Funktion erfüllen könnten.[39] Unter Berufung auf die Entscheidung im 9. Band des Bundesverfassungsgerichts gälten diese Grundsätze jedenfalls bei Staatsgeschäften von höherer politischer Wichtigkeit und Bedeutung. Da die o.g. Angelegenheiten hierzu zählten, sei das Letztentscheidungsrecht der Einigungsstelle verfassungswidrig.

Schließlich verstießen die oben genannten Regelungen des hessischen PersVG gegen das Recht der Gemeinden auf Selbstverwaltung, indem in deren Organisationsgewalt und Personalhoheit verfassungswidrig eingegriffen werde. Auf eine Besonderheit der hessischen Landesverfassung, Art. 37 Abs. 1 und Abs. 2 hessische Verfassung, hatte dann das Gericht noch einzugehen, wobei es jedoch die landesverfassungsrechtliche Verpflichtung zur Einrichtung von Behördenvertretungen ablehnte.[40]

Diese Entscheidung des hessischen Staatsgerichtshofs ist eine Fortentwicklung der Entscheidung des Bundesverfassungsgerichts im 9. Band. Gemeinsam ist diesen Judikaten, daß Mitbestimmung im öffentlichen Bereich nicht als Grundrechtsausübung angesehen wird, denn sonst müßte die Grenzfindung im Wege einer Konkordanzprüfung abwägend stattfinden. Weiterhin sehen beide Gerichte in der Beteiligung der Personalvertretung in bestimmten Fällen eine "Ausübung von Staatsgewalt". Diese öffentliche Aufgabenerfüllung hat sich an den Regelungen des Staatsorganisationsrechts zu orientieren, wobei der Staatsgerichtshof neben dem Prinzip der Kongruenz von Entscheidungsmacht und Verantwortlichkeit noch auf das Prinzip der demokratischen Legitimation durch eine ununterbrochene Kette von Amtsträgerberufungen entscheidend zurückgreift. Dieser Rückgriff führt dann zu weitergehenden Einschränkungen als sie das Bundesverfassungsgericht in seiner Entscheidung 1959 angenommen hat: nicht nur die personellen Angelegenheiten der Beamten, sondern auch die der mit hoheitlichen Angelegenheiten betrauten Angestellten bestimmter Vergütungsgruppen des BAT sind danach der Mitbestimmung entzogen; zudem wurde die Mitbestimmung in organisatorischen und wirtschaftlichen Angele-

---

39 StGH Hess, DVBl. 1986, 936 (938).
40 StGH Hess, DVBl. 1986, 936 (940); Kisker, Gutachten, S. 25; Breunig, ArbuR 1987, 20; Riedel-Ciesla, Wittmann, Das Grundrecht auf Mitbestimmung in der Hessischen Verfassung (Art. 37 LVerf Hess); Kempen, Gutachten, S. 20.

genheiten für verfassungswidrig erklärt. Insbesondere deshalb ist dieses Urteil vehement kritisiert worden.[41]

c) Die Entscheidung des Bundesverfassungsgerichts im 47. Band

Der Staatsgerichtshof[42] verweist zu der Grenze der Volkssouveränität auf zwei Urteile des Bundesverfassungsgerichts im 38. und 47. Band[43], die in der Tat die Entscheidung im 9. Band in gewissem Umfang verschärfen. Insbesondere der Beschluß zur Legitimation der Stadtbezirksvertretungen in Nordrhein-Westfalen rückt insoweit von den im 9. Band niedergelegten Grundsätzen ab, als nicht mehr allein Angelegenheiten von "politischer Tragweite" mitbestimmungsfrei und in dem alleinigen Verantwortungsbereich der Regierung verbleiben müssen; vielmehr erfordere die Ausübung von Staatsgewalt - was Mitbestimmung in vielen Bereichen gleichzeitig auch darstellt - eine demokratische Legitimation, was wiederum bedeute, daß eine ununterbrochene Legitimationskette vom Volk zu den mit staatlichen Aufgaben betrauten Organen und Amtswaltern erforderlich sei.[44] Öffentliche Aufgaben könnten nur dann auf Institutionen ohne ausreichende demokratische Legitimation übertragen werden, wenn diese Aufgaben so unwichtig seien, daß sie nicht mehr unter den Begriff "Ausübung von Staatsgewalt" fielen.[45]

Da nach Ansicht des Bundesverfassungsgerichts die Bezirksvertretungen Staatsgewalt ausübten, bedürften sie der vollen demokratischen Legitimation; im konkreten Fall verneinte das Gericht die Legitimation wegen Verstößen gegen Wahlgrundsätze. Was das Gericht für die Bezirksvertretungen verlangt, gilt für den Personalrat entsprechend. Dieser entbehrt jeglicher demokratischer Legitimation, weshalb gefolgert werden kann, daß er an der "öffentlichen Aufgabenerfüllung" nur dann beteiligt werden kann, wenn diese Aufgaben so unwichtig sind, daß sie nicht mehr unter den Begriff "Ausübung von Staatsgewalt" fallen.[46]

---

41 Plander, PersR 1989, 238; ders., PersR 1987, 13; Sabottig, PersR 1988, 93; Wendeling-Schröder, ArbuR 1987, 381; Schröder, PersR 1985, 115; Altvater, PersR 1986, 123; Däubler, PersR 1988, 65.
42 StGH Hess, DVBl. 1986, 936 (937).
43 BVerfGE 38, 258; BVerfGE 47, 253.
44 BVerfGE 47, 253 (273).
45 BVerfGE 47, 253 (274).
46 Pointiert a.A. Schröder, PersR 1985, 115 (117 f).

d) Die Entscheidung des Verfassungsgerichtshofs Nordrhein-Westfalen

Im Anschluß an die Rechtsprechung des hessischen Staatsgerichtshofs bestätigte der Verfassungsgerichtshof NRW in der oben bereits besprochenen Entscheidung[47] die Argumentation des hessischen Gerichts, indem auch er entscheidend auf das aus dem Demokratieprinzip folgende Prinzip der Volkssouveränität als Grenze der direktiven Mitbestimmung abstellte.

e) Das Mitbestimmungsgesetz Schleswig-Holstein

Trotz dieser Grenzziehung durch landesverfassungsrechtliche Rechtsprechung hat der Gesetzgeber in Schleswig-Holstein ein Personalvertretungsgesetz erlassen, das an Mitbestimmungsfreundlichkeit nicht mehr zu überbieten ist und auch den Namen "Mitbestimmungsgesetz Schleswig-Holstein" trägt.[48] Rechtlich war der Gesetzgeber an landesverfassungsrechtliche Judikate nicht gebunden, weshalb er sich über die dort formulierten, weiter als im 9. Band des Bundesverfassungsgerichts reichenden Bedenken hinwegsetzen konnte. Allein an § 104 BPersVG orientiert, der Ausfluß aus der Grenzziehung im 9. Band ist, wurde eine Allzuständigkeit in § 51 Abs. 1 Satz 1 MBG S-H wie folgt statuiert:

> "Der Personalrat bestimmt mit bei allen personellen, sozialen, organisatorischen und sonstigen innerdienstlichen Maßnahmen, die die Beschäftigten der Dienststelle insgesamt, Gruppen von ihnen oder einzelne Beschäftigte betreffen oder sich auf sie auswirken."

Als Beteiligungsform kennt das Mitbestimmungsgesetz S-H nur noch die höchste Form der Mitbestimmung, d.h. die paritätische Mitbestimmung mit Letztentscheidungsrecht der Einigungsstelle. Die Letztentscheidung ist jedoch gemäß § 55 MBG in den dort - in Anlehnung an § 104 BPersVG - aufgeführten Fällen aufhebbar. So beispielsweise nur in Personalangelegenheiten der Beamten und nicht entsprechend des Urteils des hessischen Staatsgerichtshofs auch der Angestellten im öffentlichen Dienst, die öffentliche Aufgaben erfüllen. Der verfassungsgerichtlichen Überprüfung dieses Gesetzes wird mit Spannung entgegengesehen, denn aufgrund des Mitbestimmungsgesetzes in Schleswig-Holstein sind nochmals die verfassungsrechtlichen

---

47 VerfGH NRW, Urteil vom 15.09.1986, NVwZ 1987, 211 = DVBl. 1986, 1196 = AP Art 20 GG Nr. 14 = RdA 1987, 309 = PersV 1987, 103; s.o. 5. Kap I 2.

48 Gesetz vom 11.12.1990, GVBl. S-H, S. 577. Verwechslungen mit dem Mitbestimmungsgesetz in der Privatwirtschaft sind bei dieser Namensgebung vorprogrammiert.

Grenzen personalvertretungsrechtlicher Mitbestimmung umfassend diskutiert worden.[49]

4. Verfassungsrechtliche Grenzen der personalvertretungsrechtlichen Mitbestimmung mit Auswirkungen auf die staatliche Aufgabenerfüllung

Anhand der Judikate wurden bereits die wichtigsten, der Mitbestimmung im öffentlichen Dienst entgegenstehenden Grenzen angesprochen.

Ausgangspunkt ist die Feststellung, daß Mitbestimmung in bestimmten Fällen gleichzeitig "Ausübung von Staatsgewalt" darstellt. Ist dies nicht der Fall, wie beispielsweise bei vielen Angelegenheiten, die der Mitbestimmung in sozialen Angelegenheiten unterliegen, ist Mitbestimmung problemlos, ohne Verstoß gegen verfassungsrechtliche Grenzen, vollziehbar.

Direktive Mitbestimmung oder personalvertretungsrechtliche Mitbestimmung mit Auswirkung auf die öffentliche Aufgabenerfüllung stellt demgegenüber jedoch gleichzeitig "Ausübung von Staatsgewalt" dar.[50] Dies bedeutet, daß sie die Grenze zu beachten hat, der die Ausübung von Staatsgewalt unterworfen ist. Hierbei handelt es sich um die nachfolgenden Begrenzungen.[51]

a) Das Demokratieprinzip

(1) Der Grundsatz der Volkssouveränität

Als eine Facette des Demokratieprinzips spielt der Grundsatz der Volkssouveränität die entscheidende Rolle im Urteil des Staatsgerichtshofes Hessen und verweist dar-

---

49 Vgl. Kisker, PersV 1992, 1; Schenke, PersV 1992, 289; Plander, PersR 1990, 345; Schuppert, PersR 1993, 1. Gegen das novellierte LPersVG Rh-Pf wurde ebenfalls ein Normenkontrollverfahren eingeleitet; zu der "gebremsten" rheinland-pfälzischen Allzuständigkeitsregelung vgl. Richardi, PersR 1993, 49 (52); Beckerle, PersV 1993, 337.

50 So die h.M. u.a. Kisker, Gutachten; Ossenbühl, Gutachten; selbst Schuppert, PersR 1993, 1 (16), führt aus, daß der Personalrat, wenn er an Personal- und organisatorischen Entscheidungen zu beteiligen sei, "Staatsgewalt par excellence" ausübe; Plander, PersR 1990, 345 (348), stellt fest, daß personalvertretungsrechtliche Mitbestimmung auch "Ausübung von Staatsgewalt" darstellen könne, bei deren Legitimation jedoch Ausnahmen möglich seien, wobei er auf die Art der Aufgabe abstellt. A.A. Kempen, Gutachten, S. 23 ff; ders., ArbuR 1987, 9 (10); Altvater u.a., BPersVG, § 104 Rdnr. 13 f; Wendeling-Schröder, ArbuR 1987, 381 (383)

51 Umfassend dazu Kübel, Dissertation, S. 96 ff; Kisker, Gutachten, S. 7 ff; Ossenbühl, Gutachten, S. 37 ff.

auf, daß die Staatsgewalt vom Volk her legitimiert sein muß.[52] Das Bundesverfassungsgericht hatte zuvor entschieden, daß die verfassungsrechtlich notwendige demokratische Legitimation eine ununterbrochene Legitimationskette vom Volk zu den mit staatlichen Aufgaben betrauten Organen und Amtswaltern erfordere.[53] Zweifellos sind Personalräte, die bei öffentlichen Aufgaben mitbestimmen, nicht derart legitimiert. Sie sind aber nicht nur formal sondern auch aufgrund ihrer inhaltlichen Bindungen nicht für die Teilhabe an der öffentlichen Aufgabenerfüllung geschaffen: die Personalräte sind nicht dem Gemeinwohl verpflichtet, vielmehr sollen sie einzig orientiert am Interesse ihrer Wähler, der Bediensteten, ihre Mitbestimmung vollziehen.[54]

Hieraus folgt, daß Mitbestimmung, die gleichzeitig die öffentliche Aufgabenwahrnehmung tangiert, mit dem Grundsatz der Volkssouveränität nicht vereinbar ist. Die Erfüllung der öffentlichen Aufgabe ermangelt der demokratischen Legitimation und ist nicht mehr allein am Gemeinwohl orientiert, wenn paritätische Mitbestimmung mit dem Letztentscheidungsrecht der Einigungsstelle hier möglich wäre.[55] Hiermit ist jedoch keine Aussage über die Zulässigkeit von Beteiligungsrechten minderer Qualität getroffen. Zudem gilt dies nur bei Mitbestimmung mit Auswirkungen auf die öffentliche Aufgabenerfüllung. Dienstinterne Mitbestimmung bleibt hiervon unberührt.

(2) Der Grundsatz der Einheit von Verantwortung und Entscheidungsmacht

Als weiterer Ausfluß aus dem Demokratieprinzip ergibt sich der Grundsatz des Zusammenhangs von Verantwortung und Entscheidungsmacht. Hierauf beruft sich das Bundesverfassungsgericht in seiner Entscheidung im 9. Band maßgeblich indem es ausführt, daß ein Staatsorgan, das eine Entscheidung zu treffen habe, dafür die Verantwortung trage. Verantwortung könne nicht tragen, wer in seiner Entscheidung inhaltlich in vollem Umfang an die Willensentscheidung eines Anderen gebunden sei.[56]

---

52 Ebenso u.a. Kisker, Gutachten, S. 7; Ossenbühl, Gutachten, S. 39; Kübel, Dissertation, S. 98; Schenke, JZ 1991, 581 (584).

53 BVerfGE 47, 253 (275); BVerfGE 52, 95 (130).

54 Vgl. Lorenzen u.a., BPersVG, § 1 Rdnr. 8, 9, 91; GKÖD-Fischer, Goeres, BPersVG, § 1 Rdnr. 5.

55 Zu möglichen Einwendungen hiergegen, vgl. Ossenbühl, Gutachten, S. 41, der sich insbesondere mit dem von Kempen, Gutachten, S. 9 ff, vorgetragenen Einwand auseinandersetzt, daß die ununterbrochene Legitimationskette allein für die Regierungsebene relevant sei.

56 BVerfGE 9, 268 (281 f).

Besonders deutlich wird dieser Zusammenhang bei gesetzesvollziehenden, außenwirksamen Entscheidungen, bei denen der Personalrat aufgrund der Personalvertretungsgesetze mitbestimmt. Denn trotz dieser Mitbestimmungsbefugnisse verbleibt die öffentliche Aufgabenerfüllung allein in der Kompetenz des Behördenleiters/Amtswalters. Sie wird ihm allein zugerechnet, während der eventuell ausschlaggebend mitbestimmende Personalrat weder als entscheidende Instanz noch als Verantwortungsträger in Erscheinung tritt. Dem Amtswalter kann eine derart zustande gekommene Entscheidung jedenfalls in den Fällen nicht verantwortlich zugerechnet werden, wenn das mitbestimmende Gremium nicht gemeinwohlorientiert ist, wie dies bei der Personalvertretung der Fall ist.[57]

(3)   Der Grundsatz der parlamentarischen Kontrolle

Korrespondierend zu dem Prinzip der Einheit von Verantwortung und Entscheidungsmacht ergeben sich auch aus dem Grundsatz der parlamentarischen Kontrolle von Regierung und Verwaltung Grenzziehungen für die Mitbestimmungsrechte der Personalvertretungen.

Dieser Grundsatz betrifft die Möglichkeit der inhaltlichen, materiellen Überprüfbarkeit der Entscheidungen der einzelnen Amtswalter und entspricht somit seiner persönlichen, individuellen, demokratischen Legitimation.[58] Auch hier ergibt sich eine Kette dergestalt, daß das Parlament berechtigt und verpflichtet ist, die Regierung zu kontrollieren, während die Regierung ihrerseits wiederum die Verwaltung kontrolliert und für die rechtsstaatliche Funktionsfähigkeit des administrativen Systems dem Parlament gegenüber verantwortlich ist.

Dieser Kontrollstrang ist unterbrochen, wenn von der Regierung unabhängige, weisungsfreie, sich der Kontrolle durch Regierung und Parlament insoweit entziehende Stellen bei der öffentlichen Aufgabenerfüllung gleichberechtigt mitwirken. Parlamentarische Kontrolle und Verantwortlichkeit der Regierung gehen ins Leere, wo die der Volksvertretung Verantwortlichen nicht über die Letztentscheidung verfügen.[59]

---

57   Ebenso Ossenbühl, Gutachten, S. 52; Klein, PersV 1990, 49 (55); deshalb hinkt der Vergleich mit anderen Mitwirkungsrechten, bspw. dem Beteiligungsrecht der Gemeinden gem. § 36 BauGB, der an dieser Stelle vielfach herangezogen wird, so z.B. bei Plander, ArbuR 1987, 1 (7).

58   Vgl. dazu Kisker, Gutachten, S. 9; Ossenbühl, Gutachten, S. 43; ders., PersV 1989, 409, (413); Klein, PersV 1990, 49 (52);

59   Zu möglichen Einwendungen hiergegen, vgl. Kempen, Gutachten, S. 10, ders., ArbuR 1987, 9 (17), der auf das faktische Kontrolldefizit in der Praxis hinweist; sowie Plander ArbuR 1987, 1 (4), der darlegt, daß eine derart einwirkende Personalvertretung dadurch umfassend

(4)   Das Prinzip der staatsbürgerlichen Gleichheit

Art. 20 Abs. 2 Satz 1 GG legt fest, daß alle Staatsgewalt vom Volke ausgeht. Hieraus folgt, daß alle Staatsbürger zu gleichen Teilen an ihr teilhaben. Das Prinzip der staatsbürgerlichen Gleichheit ist das für die Unterscheidung der Demokratie von anderen Staatsformen wesentliche Kriterium.[60] Mitbestimmung bei öffentlicher Aufgabenerfüllung, d.h. bei der Ausübung von Staatsgewalt, würde somit staatlichen Bediensteten mehr Rechte vermitteln als den übrigen Staatsbürgern. Dies konzidiert selbst Kempen, indem er ausführt,

> "eine solche Einflußverstärkung verstieße gegen die demokratische Gleichheit. Die gleichberechtigte Mitbestimmung der Personalvertretung gegenüber gesetzesvollziehenden Entscheidungen des Dienstherrn wäre deshalb demokratie- und verfassungswidrig."[61]

Bleibt Mitbestimmung demgegenüber auf Gegenstände begrenzt, die keine Ausübung von Staatsgewalt darstellen, d.h. den behördeninternen Bereich, liegt kein Verstoß gegen den Grundsatz der staatsbürgerlichen Gleichheit vor.

b)   Das Rechtsstaatsprinzip

Wenngleich verfassungsrechtliche Grenzen der personalvertretungsrechtlichen Mitbestimmung überwiegend aus dem Demokratieprinzip hergeleitet werden, wird zudem noch auf das Rechtsstaatsprinzip rekurriert.[62]

So hat das Bundesverfassungsgericht das Prinzip der Einheit von Verantwortung und Entscheidungsmacht als Element des "demokratischen Rechtsstaats" herausgestellt und hiervon abgeleitet.[63] Somit ist das Prinzip der Verantwortlichkeit auch ein Element des Rechtsstaatsprinzips. Die selbständige politische Entscheidungsgewalt der Regierung, ihre Funktionsfähigkeit zur Erfüllung ihrer verfassungsmäßigen Aufgaben, ihre Sachverantwortung gegenüber Volk und Parlament sind zwingende Gebote der demokratischen rechtsstaatlichen Verfassung.[64] Diese Gebote können je-

---

legitimiert sei, daß das Parlament sie per Gesetz mit den entsprechenden Rechten ausgestattet habe. Dieser Einwand ist doppelt zu widerlegen; zum einen wollen die Personalvertretungsgesetze nicht in die bestehende Kompetenzordnung eingreifen (so auch BVerfGE 9, 268 (282)). Zum anderen kann auch die Legislative nicht verfassungswidrig gegen staatsorganisatorische Grundprinzipien verstoßen.

60   So Klein, PersV 1990, 49 (52), weshalb hier dieser Grundsatz als Facette des Demokratieprinzips aufgeführt wird. Vgl. auch Ossenbühl, Gutachten, S. 54.

61   Kempen, ArbuR 1987, 9 (14).

62   Kübel, Dissertation, S. 119 ff.

63   BVerfGE 9, 268 (281).

64   So Klein, PersV 1990, 49 (52).

doch nicht eingehalten werden, wenn der Zusammenhang von Kompetenz, Entscheidung, Verantwortung und parlamentarischer Kontrolle in Frage gestellt ist.

Weiterhin muß aufgrund des rechtsstaatlichen Gebots der Gesetzmäßigkeit der Verwaltung[65] die Exekutive so organisiert sein, daß ihr Verfahren eine möglichst hohe Gewähr dafür bietet, daß Entscheidungen der Exekutive in Übereinstimmung mit dem Recht getroffen werden. Bei der Rechtsanwendung sind Unparteilichkeit und Gemeinwohlbindung Verfahrensvoraussetzungen, die bei einer Beteiligung von Interessenvertretern nicht gewährleistet sind.[66]

c) Der Gewaltenteilungsgrundsatz

In der Entscheidung des Bundesverfassungsgerichts im 9. Band hat das Gericht Bedenken gegen den Gewaltenteilungsgrundsatz zurückgewiesen, die darin gesehen wurden, daß der Vorsitzende der Einigungsstelle, also eines Teils der Einigungsstelle, vom Parlamentspräsidenten bestellt wurde.[67] Durch eine verfahrensförmige Ausgestaltung in den Personalvertretungsgesetzen, wonach der Vorsitzende der Einigungsstelle vom Parlamentspräsidenten oder dem Präsidenten des Bundesverwaltungsgerichts bestimmt wird, stellt jedoch noch keinen so gravierenden Eingriff dar, daß dadurch die Aufgabenverteilung zwischen Legislative, Exekutive und rechtsprechender Gewalt verfassungswidrig beeinträchtigt wäre.

d) Art. 33 Abs. 2 GG

Art. 33 Abs. 2 GG gewährleistet den gleichen Zugang zum öffentlichen Dienst. Da die Personalvertretungsgesetze auch die Mitbestimmung bei Personalentscheidungen beinhalten, muß das personalvertretungsrechtliche Verfahren so ausgestaltet werden, daß die Kriterien des Art. 33 Abs. 2 GG, d.h. das dort verankerte Leistungsprinzip, unberührt bleiben.[68]

---

65 Art. 20 Abs. 2 GG, der Grundsatz der Gesetzmäßigkeit der Verwaltung, ist Konsequenz und Konkretisierung des Rechtsstaatsprinzips.

66 Vgl. Kübel, Dissertation, S. 125 ff; ders., PersV 1987, 217 (222); Ossenbühl, PersV 1989, 409 (415); Schenke, PersV 1992, 289 (294).

67 BVerfGE 9, 268 (279); sowie die vorangegangene Entscheidung des StGH der Freien Hansestadt Bremen vom 03.05.1957 mit dem veröffentlichten Sondervotum, ZBR 1957, 234 ff; Vgl. Kübel, Dissertation, S. 112 ff.

68 Vgl. Kübel, Dissertation, S. 129 ff; Battis, PersV 1987, 394 (399).

e) Hergebrachte Grundsätze des Berufsbeamtentums

Das Bundesverfassungsgericht hat bereits in seiner Entscheidung 1959 die Verfassungswidrigkeit einiger Normen des bremischen Personalvertretungsgesetzes neben dem Demokratieprinzip auch auf einen Verstoß gegen Art. 33 Abs. 5 GG zurückgeführt.[69]

So weist das Gericht Treue, Pflichterfüllung, unparteiischer Dienst als hergebrachte Grundsätze des Berufsbeamtentums aus und fährt fort:

> "(diese Berufspflichten) ... haben zur Voraussetzung, daß der Beamte nur Stellen seines Dienstherren verantwortlich ist, die durch ein hierarchisches Über- und Unterordnungsverhältnis eine Einheit bilden, und daß auch nur diese Stellen zu seiner Beurteilung und zu den Maßnahmen befugt sind, die seine Laufbahn bestimmen. Die Mitbestimmung des Personalrats in personellen Angelegenheiten der Beamten, sein Initiativrecht und die Entscheidungsbefugnis der Einigungsstelle, die auch gegen den Willen der vorgesetzten Dienstbehörden personelle Maßnahmen, also z.B. Anstellung, Beförderung und Versetzung verhindern oder durchsetzen kann, machen aber die Beamten von Personalrat und Einigungsstelle abhängig, die ihre Laufbahn günstig oder ungünstig beeinflußen können."[70]

Aufgrund dieser Abhängigkeiten darf ein Mitbestimmungsverfahren kein Letztentscheidungsrecht bei Personalentscheidungen von Beamten vorsehen; dies wäre allein wegen Verstoßes gegen Art. 33 Abs. 5 GG verfassungswidrig.

5. Die Bedeutung der Grenzen

Diese Aufzählung der Grenzen, soweit im Rahmen der Rechtsprechung nicht bereits auf sie ausführlicher eingegangen wurde - ohne die Differenzierungen und Facetten der einzelnen Grenzen darzulegen oder die Gegenargumente im Einzelnen auszuweisen[71] -, ist allein deshalb gerechtfertigt, weil sich aus diesen Weiterungen für die Grenzen verfassungsrechtlich zulässiger personalvertretungsrechtlicher Mitbestimmung keine Erkenntnisse gewinnen lassen. Dies ergibt sich aufgrund des absoluten Geltungsanspruchs, den diese Grenzen, d.h. die staatsorganisationsrechtlichen Gegenrechte, beanspruchen. Voraussetzung für eine Kollision von Mitbestimmung mit den eben aufgezeigten Grenzen des Staatsorganisationsrechts ist jedoch die Feststellung, daß im konkreten Fall die Mitbestimmung gleichzeitig Teilhabe an der staatlichen Aufgabenerfüllung darstellt.

---

69   Ebenso Kübel, Dissertation, S. 133 ff; Kisker, Gutachten, S. 10.

70   BVerfGE 9, 268 (286 f).

71   Zur Aufnahme der Gegenargumente bei den entsprechend aufgefächerten Grenzen, vgl. Ossenbühl, Gutachten, S. 39 ff.

In der Privatwirtschaft finden die Mitbestimmungsrechte allein ihre Grenze in den Gegengrundrechten der Arbeitgeber, die zudem unter Gesetzesvorbehalt stehen, d.h. bis zur Wesentlichkeitsgrenze eingeschränkt werden können. Dies gilt selbst dann, wenn betriebsverfassungsrechtliche Mitbestimmung keine Grundrechtsausübung darstellt.[72]

Diese weitgehende Möglichkeit der Verwirklichung von Mitbestimmung ist bei der Einschränkung von Staatsorganisationsrechten wie dem Demokratieprinzip und dem Rechtsstaatsprinzip nicht möglich. Aufgrund der Garantien des Art. 79 Abs. 3 GG können diese Staatsorganisationsprinzipien nicht bis zur "Wesentlichkeitsgrenze" eingeschränkt werden und erst recht dann nicht, wenn die personalvertretungsrechtliche Mitbestimmung sich nicht aus Grundrechten rechtfertigt, sondern allein im Sozialstaatsprinzip wurzelt mit den daraus folgenden unbestimmten Folgerungen.[73]

Da somit die verfassungsrechtliche Verortung der Personalvertretung die Einschränkbarkeit der Gegenprinzipien maßgeblich beeinflußt, wurden von der Literatur folgerichtig in diesem Bereich besondere Anstrengungen unternommen, um personalvertretungsrechtliche Mitbestimmung weitergehender zu fundieren. Diese Anstrengungen blieben jedoch erfolglos,[74] so daß als Spannungsverhältnis allein die aus dem Sozialstaatsprinzip gerechtfertigte Personalvertretung gegen das Demokratieprinzip und Rechtsstaatsprinzip verbleibt.

Die Tatsache, daß in Staatsorganisationsrechte nicht so weitgehend wie in das Eigentum des Unternehmers eingegriffen werden kann, rechtfertigt sich auch dadurch, daß der Arbeitnehmer von den Entscheidungen des Arbeitgebers im öffentlichen oder privaten Bereich in ganz unterschiedlichem Ausmaß betroffen ist.

Der Schutzzweck auch der personalvertretungsrechtlichen Mitbestimmung wurzelt im Sozialstaatsprinzip, d.h. der durch das Sozialstaatsprinzip verbürgte kollektive Schutz soll den Beschäftigten an ihrem Arbeitsplatz und bei ihrer Einbindung in die Dienststelle das größtmögliche Maß an Selbstentfaltung und Selbstbestimmung erhalten.[75] Insoweit ist die Situation mit dem Arbeitnehmer in der Privatwirtschaft vergleichbar.

---

72 S.o. ausführlich 3. Kap. I 3; nach a.A. ist betriebsverfassungsrechtliche Mitbestimmung Grundrechtsausübung mit der Folge, daß die Grenzfindung im Wege einer Konkordanzprüfung vorzunehmen wäre. Im Ergebnis wird auf jedem Weg eine weitgehende Einschränkung der Arbeitgebergrundrechte erreicht, weshalb der Fundierung betriebsverfassungsrechtlicher Mitbestimmung keine allzu große Aufmerksamkeit gewidmet wurde.

73 Vgl. Maunz u.a.-Herzog, GG, Art 20 II Rdnr. 54.

74 Zu der Fundierung personalvertretungsrechtlicher Mitbestimmung, s.o. 2. Kap. IV.

75 BVerwGE 62, 55 (61); vgl. Battis, DÖV 1987, 1 (6).

In der Privatwirtschaft wird der Arbeitnehmer jedoch von solchen Mitbestimmungsforderungen absehen, die die Existenz des Unternehmens gefährden. Somit verhindert die Konkurrenzsituation am Markt bereits unausgewogene Forderungen seitens der Arbeitnehmer und ihrer Interessenvertreter. Von derartigen Überlegungen ist die Bedienstetenvertretung gänzlich befreit. Plastisch führt dies Kisker aus:

> "Öffentliche Bedienstete und ihre Interessenvertretungen können ohne persönliches Risiko Mitbestimmung auch dann einfordern und, falls gewährt, praktizieren, wenn dies zu einer erheblichen Beeinträchtigung funktionsgerechter Verwaltungstätigkeit führt. Sie brauchen anders als Betriebsrat und Arbeitnehmer in der Privatwirtschaft nicht zu befürchten, daß Intensität und Art ihrer Interventionen zum "Konkurs" der Dienststelle oder gar des Staates führen. Die Kosten einer überzogenen Mitbestimmung trägt der Steuerzahler, nicht der Unternehmer und die von einem Konkurs betroffenen Arbeitnehmer. Dies hat auch zur Konsequenz, daß die Bereitschaft von Gesetzgebern und Amtsträgern, sich gegen etwa zu weitgehende Wünsche der Bediensteten und ihrer Interessenvertreter zu wehren, ungleich geringer ist als die Widerstandsbereitschaft des privatwirtschaftlichen Unternehmers, der um seine Konkurrenzfähigkeit fürchten muß."[76]

Zurecht wurde deshalb die Mitbestimmung von den Vätern des Grundgesetzes dergestalt aufgespalten, daß diejenige im privatrechtlichen Bereich zum Arbeitsrecht, Art. 74 Nr. 12 GG, zählt und diejenige im öffentlichen Bereich Teil des öffentlichen Dienstrechts darstellt, Art. 75 Nr. 1 GG.[77]

Aufgrund dieser Unterschiede sind die folgenden Überlegungen zur Grenzfindung nicht wie im betriebsverfassungsrechtlichen Teil dieser Ausarbeitung an dem Grundsatz orientiert: soviel Mitbestimmung als möglich bis zum Kernbereich der Unternehmensautonomie. Es muß vielmehr das Demokratieprinzip bereits vor der Wesentlichkeitsgrenze gewährleistet bleiben. Gleichzeitig ist eine wirksame Interessenvertretung sicherzustellen, die jedoch im Zweifel eher als im privatrechtlichen Bereich vor den Garantien der Gegenrechte, hier der Staatsorganisationsrechte, zurücktreten muß.

---

76 Kisker, PersV 1992, 1 (11); ebenso Schenke, JZ 1991, 583 (587), der im Hinblick auf die direktive Mitbestimmung im öffentlichen Dienst darauf hinweist, daß auch hier die Beschäftigten kein Risiko bei Fehlentscheidungen mitzutragen hätten. Dieses werde sozialisiert, d.h. der Allgemeinheit aufgebürdet; Ossenbühl, PersV 1989, 409 (418); a.A. Wulf-Mathies, PersR 1993, 193 (194).

77 S.o. 1. Kap. III 1.

6. Die Einschränkbarkeit der Staatsorganisationsrechte

a) Das Übermaßverbot

Nach einhelliger Ansicht enthält das Übermaßverbot drei Kriterien für staatliche Eingriffe in Freiheitsrechte der Bürger. Da Mitbestimmung im privatrechtlichen Bereich in die Freiheitsrechte der Arbeitgeber gemäß Art. 14 Abs. 1, 12 Abs. 1, 2 Abs. 1 GG eingreifen, war das Maß der Zulässigkeit dieser Eingriffe anhand des Übermaßverbots zu finden. Es stellt sich die Frage, ob die Kriterien des Übermaßverbots bei der Mitbestimmung im öffentlichen Recht - die nicht in Grundrechte der öffentlichen Arbeitgeber eingreift, sondern staatsorganisatorische Grundprinzipien tangiert - ebenfalls anzuwenden sind.

Dagegen spricht, daß das Demokratieprinzip des Art. 20 Abs. 2 GG nicht Prüfungsgegenstand von Verfassungsbeschwerden ist,[78] was sich aus Art. 93 Abs. 1 Nr.4a GG ergibt, das Übermaßverbot jedoch bei der Einschränkung von Grundrechten entwickelt worden ist.

Für die Nichtanwendbarkeit der Kriterien, die am Übermaßgebot entwickelt wurden und die zu abgestuften Eingriffsmöglichkeiten in Grundrechte führen, spricht zudem die Rechtsprechung des Bundesverfassungsgerichts. Das Gericht hat in seinen Entscheidungen, in denen es Regelungen zu überprüfen hatte, deren Auswirkungen auf das Demokratieprinzip in Frage standen, nicht im Wege einer Abwägung geprüft, ob die betreffende Regelung im Verhältnis zu den Einschränkungen, die sie in das Demokratieprinzip bewirkt, erforderlich, verhältnismäßig im engeren Sinne und geeignet ist. Vielmehr hat das Gericht nur geprüft, ob ein Eingriff in das Demokratieprinzip vorliegt und falls dies der Fall war, wurde die entsprechende Regelung für nichtig erklärt.[79]

b) Die absolute Geltung der Staatsorganisationsprinzipien

Die Kriterien des Übermaßverbots sind bei der Prüfung der Zulässigkeit von Eingriffen in das Demokratieprinzip zurecht nicht anzuwenden. Unter der Prämisse, daß

---

78 Im Falle der Leitentscheidung des BVerfGE 9, 268, war das Gericht auf Antrag des Bremer Senats im Wege der abstrakten Normenkontrolle gemäß Art. 93 Abs. 1 Nr. 2 GG, § 76 Nr. 1 BVerfGG tätig geworden. Das Bundesverfassungsgericht hatte die beanstandeten Bestimmungen des LPersVG Bre auf ihre Vereinbarkeit mit dem Grundgesetz (und nicht mit den Grundrechten) zu prüfen; v.Münch, GG, Art. 20 Rdnr. 53, weist darauf hin, daß die Verfassungsprinzipien des Art. 20 GG wegen ihrer Adressatenrichtung nicht in der Lage seien, für den Bürger Grundrechtsschranken zu errichten.

79 Bspw. BVerfGE 9, 268; BVerfGE 47, 253, (276).

Mitbestimmung Teilhabe an der "Ausübung von Staatsgewalt" darstellt, findet sie ihre Grenze insbesondere in der aus dem Demokratieprinzip folgenden Erforderlichkeit der Legitimationskette vom Volk zu den Amtswaltern. Bereits das Bundesverfassungsgericht hatte 1959 festgestellt, daß es durchaus Ausnahmen von diesem ununterbrochenen Legitimationserfordernis geben kann und hatte in diesem Zusammenhang auf die ministerialfreien Räume verwiesen. Als Bereich, in den Personalvertretungsrecht nicht eingreifen dürfe, hat das Gericht "Regierungsaufgaben von politischer Tragweite" ausgewiesen.[80] Hiermit ist jedoch lediglich der Bereich der Regierung angesprochen und eine Grenze auf dieser Ebene festgelegt worden.

Da personalvertretungsrechtliche Mitbestimmung sich aber ebenso auf Verwaltungsebene vollzieht, war diese Rechtsprechung weiterzuentwickeln. Auch dieser Teil der Exekutive muß nach Art. 20 Abs. 2 GG demokratisch fundiert sein, weil auch hier Staatsgewalt ausgeübt wird, die vom Volk ausgeht.[81] Die Verwaltung leitet ihre Legitimation von der Regierung ab, befindet sich in der Kette somit als Glied weiter unten. Dennoch übt auch die Verwaltung Staatsgewalt aus, so daß personalvertretungsrechtliche Mitbestimmung mit Auswirkungen auf diese Aufgabenerfüllung an dieselben Grenzen wie auf Regierungsebene stößt.

Was dort "Aufgaben von politischem Gewicht" sind, sind auf Verwaltungsebene "Aufgaben von Gewicht für den entscheidenden Amtsträger". Beispielsweise sind Fragen des Einsatzes einer EDV-Anlage, wenn sie auf Regierungsebene für einen ganzen Verwaltungszweig entschieden werden (z.B. für die gesamte Polizeiverwaltung), eine Aufgabe von politischem Gewicht. Wird sie auf Dienststellenebene (einem Polizeipräsidium) entschieden, ist sie selbstverständlich keine Angelegenheit mehr von politischem Gewicht. Die Entscheidung beeinflußt aber die staatliche Aufgabenerfüllung dieser Behörde außerordentlich und stellt somit eine gewichtige Maßnahme für die Aufgabenerfüllung und Funktionsfähigkeit eben dieser Behörde dar.[82]

Aus diesem Grunde hat auch das Bundesverfassungsgericht als Maßstab für die Möglichkeit der Durchbrechung des Demokratieprinzips nicht mehr auf "Aufgaben von politischem Gewicht" abgestellt, sondern in seiner Entscheidung im 47. Band ausgeführt, daß "öffentliche Aufgaben" nur dann auf Institutionen ohne ausreichende demokratische Legitimation übertragen werden könnten, wenn diese Aufga-

---

80 BVerfGE 9, 268 (282).
81 Dies konzidiert selbst Kempen, Gutachten S. 28, unter Verweis auf BVerfGE 49, 89 (125), die Kalkar-Entscheidung; Böckenförde, HbdStR I, § 22 Rdnr. 11, 16.
82 Vgl. zur Beteiligung des Personalrats bei der Einführung und Anwendung der EDV in den Behörden, Vogelgesang, PersV 1994, 97.

ben "so unwichtig seien, daß sie nicht mehr unter den Begriff Ausübung von Staatsgewalt fielen!".[83]

Damit ist aber auch gleichzeitig der Weg gewiesen, daß Grenzen der Mitbestimmung im öffentlichen Dienst nicht am Übermaßverbot und nicht als Ausfluß des Gebots des schonendsten Eingriffs gefunden werden können,[84] sondern allein aus der Abgrenzung zwischen Aufgaben, die "Ausübung von Staatsgewalt" darstellen und solchen unwichtigen, die nicht mehr unter diesen Begriff fallen.

c) Ministerialfreie Räume

Hiergegen spricht auch nicht die Existenz sogenannter "ministerialfreier Räume", wo unstreitig öffentliche Aufgaben auf nicht vom Volk legitimierte Gremien übertragen werden.[85]

So obliegt die Kontrolle der öffentlich-rechtlichen Rundfunkanstalten, da der Rundfunk nach Art. 5 Abs. 1 Satz 2 GG nicht vom Staat kontrolliert werden darf, Rundfunkräten, die von gesellschaftlich relevanten Gruppen entsandt werden. Gleiches gilt im Anwendungsbereich des Art. 5 Abs. 3 GG. Kunst, Wissenschaft und Forschung müssen weitgehend staatsfrei handeln können, auch wenn der Staat hierfür Organisationsformen (Universitäten) oder Förderungsmöglichkeiten (Filmförderung) zur Verfügung stellt. Ferner hat der Staat durch das Tarifvertragsgesetz Rechtsetzungsbefugnisse auf die Tarifvertragsparteien übertragen. Die Rechtfertigung wird in der Koalitionsfreiheit des Art. 9 Abs. 3 GG gesehen. Schließlich wird im Bereich der sogenannten funktionellen Selbstverwaltung durch berufsständische Kammern (Industrie- und Handels-, Ärzte-, Rechtsanwaltskammern) die fehlende Legitimation durch das Volk damit gerechtfertigt, daß diese Organisationen Selbstverwaltungsaufgaben erfüllen. Hier wäre es allerdings auch möglich, die Gesamtheit der der Selbstverwaltungsaufgabe Unterworfenen als Teilvolk zu qualifizieren.[86]

Bei all diesen Beispielen fällt auf, daß diese Ausnahmen sich jeweils aus Bestimmungen des Grundgesetzes rechtfertigen. Dies ist bei der Personalvertretung nicht

---

83 BVerfGE 47, 253 (274); s.o. 5. Kap II 3 c; so selbst Schuppert, PersR 1993, 1 (17 f). Diesen Schritt vollzieht Kempen in seinem Gutachten, S. 30, nicht und akzeptiert deshalb Grenzen der Personalratsrechte allein auf Regierungsebene.

84 So exemplarisch Wendeling-Schröder, ArbuR 1987, 381 (387); aber selbst Schenke, JZ 1991, 581 (585), ders., PersV 1992, 289 (294), beschreitet diesen Weg.

85 Vgl. zu diesem Einwand Ossenbühl, Gutachten, S. 44; Jestaedt, Demokratieprinzip und Kondominalverwaltung, S. 102 ff.

86 Zu den Beispielen, vgl. Schmalz, Verfassungsrecht, Art. 20 Rdnr. 25; Böckenförde, HbdStR I, § 22 Rdnr. 33, 34.

der Fall. Sie ist gerade keine Grundrechtsausübung, sondern allein in dem Sozialstaatsprinzip fundiert, was jedoch keine Bedeutung für derart weitgehende Folgerungen hat. Weiterhin ist die Mitbestimmung des Personalrats nicht Gemeinwohl-
verwirklichung, wie die Tätigkeit der oben ausgeführten weisungsfreien Ausschüsse,
sondern Interessenwahrnehmung einer Gruppe.[87] Im Grundgesetz ist die Existenz
von Arbeitnehmervertretungen demgegenüber gerade nicht verankert. Soweit einige
Landesverfassungen diesbezüglich Vorschriften enthalten, gelten diese nach herrschender Meinung jedoch nicht für Behördenvertretungen,[88] so daß es auch auf
Landesebene keine Rechtfertigung für die Annahme eines ministerialfreien Raumes
im Bereich der Personalvertretung gibt.

Mit dieser kompromißlosen Anerkennung des Demokratieprinzips als Grenze der
Mitbestimmung im öffentlichen Dienst ist jedoch keineswegs die Feststellung verbunden, daß Mitbestimmung im öffentlichen Dienst "tendenziell verfassungswidrig"
würde.[89] Vielmehr ist festzustellen, daß Mitbestimmung in behördeninternen Angelegenheiten noch nicht einmal diese Grenze tangiert, da sie keinen Einfluß auf die
öffentliche Aufgabenerfüllung nimmt.

Hat jedoch eine solche Angelegenheit mittelbar oder unmittelbar Auswirkungen
auf die "Ausübung von Staatsgewalt", ist zu entscheiden, ob es sich um eine wichtige oder unwichtige Angelegenheit handelt, die nicht mehr unter diesem Begriff
subsumiert werden kann. Im übrigen sind Mitwirkungsrechte ohne Letztentscheidungsrecht der Einigungsstelle ebenso in weitem Umfang möglich ohne das Demokratieprinzip zu verletzen.[90]

Zusammenfassend bedeutet dies, daß auf das Erfordernis der umfassenden demokratischen Legitimation nicht verzichtet werden kann, wenn Mitbestimmung Einfluß
auf die öffentliche Aufgabenerfüllung nimmt und es sich um eine "wichtige Angelegenheit" handelt.

d)   "Wichtige oder unwichtige Staatsaufgaben"

Somit hängt das Maß der personalvertretungsrechtlichen paritätischen Mitbestimmung allein von der Einordnung der fraglichen Angelegenheit als politisch wichtige

---

87 So auch Ossenbühl, Gutachten, S. 52.
88 StGH Hess, DVBl. 1986, 936 (940); Kisker, Gutachten, S. 25; a.A. Breunig, ArbuR 1987, 20;
    Riedel-Ciesla, Wittmann, Das Grundrecht auf Mitbestimmung in der Hessischen Verfassung
    (Art. 37 LVerf Hess); Kempen, Gutachten, S. 20.
89 So der Vorwurf von Kempen, Gutachten, S. 31, gegen restriktivere Auffassungen zu dem
    Umfang der personalvertretungsrechtlichen Mitbestimmung.
90 Ebenso Jestaedt, Demokratieprinzip und Kondominalverwaltung, S. 50.

oder untergeordnete Maßnahme ab.[91] "Welche Angelegenheiten von solchem politischen Gewicht sind, läßt sich nur von Fall zu Fall beurteilen"[92], führte das Bundesverfassungsgericht in seiner Entscheidung 1959 aus. Die Entscheidung des hessischen Staatsgerichtshofes hat zur Grenzfindung diesbezüglich keine allgemeinen Kriterien herausgearbeitet, sondern lediglich gegenüber der Entscheidung von 1959 den Katalog der "wesentlichen Regierungsaufgaben" erweitert, bei denen die Letztentscheidung bei der Einigungsstelle unzulässig ist. Somit wurde der Kernbereich der demokratischen Steuerung, bei dem Mitbestimmung nicht möglich ist, um diese Angelegenheiten erweitert.

e) Die Grenzmarke der "Funktionsfähigkeit"

Bereits das Bundesverfassungsgericht hat in seiner Entscheidung 1959 herausgestellt, daß die verfassungsmäßige Ordnung im demokratischen Rechtsstaat eine funktionsfähige und verantwortliche Regierung voraussetze.[93] Dies sei nur gewährleistet, wenn der Regierung gewisse Aufgaben von politischer Tragweite zur alleinigen Entscheidung blieben und stellte fest, daß hierzu die Entscheidung über die personellen Angelegenheiten der Beamten gehörten.

Hier knüpft der hessische Staatsgerichtshof an, indem er ausführt, daß das (den Art. 101 und 102 LVerf Hess) zugrunde liegende Prinzip der parlamentarischen Verantwortung der Regierung es auch nach hessischem Verfassungsrecht gebiete, daß die Regierung und ihre Mitglieder diejenigen Befugnisse hätten und auch behielten, die erforderlich seien, damit sie selbständig und verantwortlich ihre Funktion erfüllen könnten.[94] Auch im Mitbestimmungsurteil des Bundesverfassungsgerichts, das die Grenzen privatrechtlicher Mitbestimmung aufzeigt, wird auf die Funktionsfähigkeit des Unternehmens mehrfach hingewiesen.[95]

Die Grenzmarke der Funktionsfähigkeit ist im gleichen Umfang in der Lage, einen Beitrag zu der Abgrenzung zwischen wichtigen und unwichtigen Aufgaben, unter Funktionalisierung verfassungsrechtlicher Aspekte,[96] zu leisten.

---

91 So die h.M. Ebenso Schuppert, PersR 1993, 1.
92 BVerfGE 9, 268 (282).
93 BVerfGE 9, 268 (281).
94 StGH Hess, DVBl. 1986, 936 (938);
95 Zu dieser Grenzmarke im Bereich der direktiven Mitbestimmung, s.o. 5. Kap. I 3.
96 So Ossenbühl, Gutachten, S. 60. Vgl. zu dem Kriterium der Funktionsfähigkeit, Lerche, in: Festschr. für Wolfgang Zeidler, Bd. 1, "Systemverschiebung und verwandte verfassungsrechtliche Argumentationsformeln, S. 557 (558 f); Denninger, in: Festschr. für Rudolf Wassermann, Verfassungsrechtliche Schlüsselbegriffe, S. 279 (288).

Zu den wichtigen Angelegenheiten zählen alle die Aufgaben, die die Verwaltungsbehörde funktionsfähig halten oder Voraussetzung für ihre Funktionsfähigkeit sind. Der Vorbehalt der Funktionsfähigkeit verfassungsgeschützter Institutionen wird von dem Bundesverfassungsgericht insbesondere im Hinblick auf verschiedene Institutionen (z. B. die Bundeswehr) aus der Einheit der Verfassung entwickelt.[97] Wenn Kempen konzidiert, daß die Funktionsfähigkeit der Exekutive sich unter dem Aspekt der "Einheit der Verfassung" bestimmen lasse, dann jedoch hinzufügt, daß hierunter auch die Beschäftigtenvertretung gehöre mit der Folge, daß der Tatbestand der Funktionsunfähigkeit der Verwaltung erst dann vorliege, wenn diese wegen personalvertretungsrechtlicher Regelungen praktisch zum Erliegen komme,[98] so ist eine derartige Abwägung - selbst unter Zugrundelegung der Prämisse, daß Mitbestimmung Grundrechtsausübung ist - nicht haltbar.

Da jedoch Mitbestimmung gerade keine Grundrechtsausübung darstellt, bestimmen sich Effizienz und Funktion der Exekutive allein am Gemeinwohl und nicht an einer Abwägung zwischen Gemeinwohlinteresse und Beschäftigteninteresse. Aber auch wenn die Funktionsfähigkeit allein unter Gemeinwohlaspekten zu bestimmen ist, bleibt das Problem, wann nun eine Beeinträchtigung der Funktionsfähigkeit der Verwaltung vorliegt. Hier kann es nicht auf eine formale Funktionsfähigkeit ankommen, denn auch die gerade noch arbeitende Verwaltung ist formal funktionsfähig, sondern es muß auf die inhaltliche Funktionsfähigkeit abgestellt werden. Denn die Funktionsfähigkeit ist ein Erfordernis der Verfassung.

Maßgeblich ist deshalb auf die einzelne öffentliche Aufgabe abzustellen: Diese ist dann "wichtig" und muß der Mitbestimmung entzogen sein, wenn bei ihr wegen ihrer Bedeutung, Tragweite und Auswirkung typischerweise eine wesentliche Beeinträchtigung der ordnungsgemäßen Erfüllung staatlicher oder kommunaler Aufgaben zu befürchten ist, falls sie einer Mitbestimmung unterworfen wäre.[99] Als Beispiel solcher wichtiger Angelegenheiten, die allein gemeinwohlorientiert und ohne Einfluß von Gruppeninteressen entschieden werden müssen, lassen sich insbesondere Organisationsentscheidungen und personellen Entscheidungen anführen.[100] Hierzu zählen natürlich auch die in § 104 BPersVG aufgeführten Gegenstände.[101]

Somit ist der Topos der Funktionsfähigkeit durchaus ein Kriterium, an dem sich die Zulässigkeit personalvertretungsrechtlicher Mitbestimmung messen lassen muß. Er stellt eine Möglichkeit dar, zwischen wichtigen und unwichtigen Aufgaben, die

---

97 Vgl. Battis, PersV 1987, 394 (398), der den Topos der Funktionsfähigkeit als Grenze der Mitbestimmung wegen dessen Allgemeinheit als nicht geeignet ansieht.
98 So Kempen, Gutachten, S. 55.
99 Ebenso Ossenbühl, Gutachten, S. 59.
100 Vgl. Battis, PersV 1987, 394 (399).
101 S. dazu ausführlich 6. Kap. I 3 u. 4.

keine Ausübung von Staatsgewalt darstellen, zu unterscheiden.[102] Dies entspricht der Bedeutung, der diese Grenzmarke auch als Auslegungshilfe im privatrechtlichen Bereich zukommt: Wo die Funktionsfähigkeit des Unternehmens, d.h. der Kernbereich der Grundrechtsgewährleistung, tangiert ist, muß privatrechtliche Mitbestimmung ebenfalls enden.

---

102 Zur Kritik an dem Kriterium der Funktionsfähigkeit Plander, ArbuR 1987, 1 (7); Battis, PersV 1987, 394 (398).

Sechstes Kapitel
Auswirkungen der verfassungsrechtlichen Grenzen auf die gesetzliche Mitbestimmung in Arbeitszeitfragen nach den Personalvertretungsgesetzen

Nachdem die verfassungsrechtlichen Grenzen der personalvertretungsrechtlichen und direktiven Mitbestimmung aufgezeigt wurden, soll nun geprüft werden, wie diese verfassungsrechtlichen Vorgaben bei der Auslegung der Personalvertretungsgesetze Berücksichtigung finden. Insbesondere der Rückgriff auf die Funktionsfähigkeit der Verwaltung als Grenze gesetzlicher Mitbestimmung wird von der Literatur zum Teil heftig kritisiert.[1] Wie eingangs gezeigt,[2] greift in jüngster Zeit insbesondere das Bundesverwaltungsgericht auf diese Grenze zurück.

I. Der Kernbereich der demokratischen Steuerung im Kontext der Personalvertretungsgesetze

1. Beispielfälle aus der Rechtsprechung

Aufgrund der thematischen Eingrenzung sollen die verfassungsrechtlich geforderten Grenzen der Mitbestimmung vorwiegend an dem Tatbestand der Arbeitszeiteinteilung aufgezeigt werden. Soweit jedoch Ansätze der Rechtsprechung zur Auflösung des Spannungsverhältnisses zwischen mitbestimmungsfreier öffentlicher Aufgabenerfüllung und tatbestandlicher Mitbestimmung anhand anderer Beteiligungsrechte entwickelt wurden, sollen auch diese hier vorgestellt werden.

Personalvertretungsrechtliche Mitbestimmung bei Arbeitszeitfragen stößt dann gegen keine verfassungsrechtlich geforderten Grenzen, wenn sie allein innerdienstlich, d.h. behördenintern, wirkt und keine Auswirkungen auf die öffentliche Aufgabenerfüllung nimmt. Im Gegensatz zum Betriebsverfassungsgesetz wurde das Personalvertretungsrecht bereits 1959 einer verfassungsrechtlichen Prüfung unterzogen. Gegenstand der Prüfung waren Bestimmungen des Landespersonalvertretungsgesetzes von Bremen, das bereits damals sehr weitgehende Beteiligungsrechte vorsah. Aufgrund der Verzahnung der Inhalte der Beteiligungsrechte mit der öffentlichen Aufgabenerfüllung ist bereits sehr frühzeitig erkannt worden, daß die Verfassung

---

1   Vgl. Plander, ArbuR 1987, 1 (7); Altvater, Wendeling-Schröder, RiA 1984, 73; Battis, PersV 1987, 394 (398).
2   S.o. 1. Kap. II 4.

einer umfassenden Mitbestimmung Grenzen setzt. Da die Mitbestimmung bei Arbeitszeitfragen besonders häufig den rein innerdienstlichen Bereich verläßt und die öffentliche Aufgabenerfüllung der Behörde tangiert, drängen sich die Abgrenzungsfragen bei diesem Mitbestimmungstatbestand geradezu auf. Zudem gehört er zu dem Kernbereich der sozialen Angelegenheiten,[3] so daß eine umfassende Judikatur hierzu vorliegt.

Exemplarisch für das Spannungsverhältnis zwischen mitbestimmungsfreier öffentlicher Aufgabenerfüllung und tatbestandlicher Mitbestimmung sollen hier drei Beispiele aus der neueren Rechtsprechung dargestellt werden.

a)   Die Entscheidung des OVG NRW vom 21.06.1989

Diesem Beschluß[4] lag folgender Sachverhalt zugrunde:

Der Antragsteller (Personalrat der Bühnen der Stadt K.) und der Beteiligte (Dienststellenleiter) stritten darüber, ob die Anordnung von Nachtarbeit für sieben Beschäftigte aus Anlaß eines Gastspiels einer auswärtigen Bühne der Mitbestimmung des Antragstellers unterlegen habe. Im Ergebnis hat das Gericht zwar die Mitbestimmungsbedürftigkeit dieser Anordnung bejaht, nachdem es als Rechtsgrundlage für die Mitbestimmung § 72 Abs. 4 Satz 1 Nr. 1 LPersVG NRW[5] ausgewiesen und das Vorliegen einer kollektiven Maßnahme angenommen hatte. Interessant an dieser Entscheidung sind jedoch die nachfolgend wiedergegebenen Ausführungen des Gerichts:

> "Wie sich aus § 104 Satz 3 BPersVG, der unmittelbar für die Gesetzgebung in den Ländern gilt, ergibt, dürfen Entscheidungen, die wegen ihrer Auswirkungen auf das Gemeinwesen wesentlicher Bestandteil der Regierungsgewalt sind, nicht den Stellen entzogen werden, die der Volksvertretung verantwortlich sind. Soweit daher die Festsetzung der täglichen Arbeitszeit untrennbar mit der nach außen wirkenden Tätigkeit der Dienststelle verbunden ist, kann eine Mitbestimmung nicht in Betracht kommen."[6]

Da der Beteiligte auf die rechtliche Problematik hingewiesen worden war, jedoch keinen Sachverhalt vorgetragen hatte, der die Annahme rechtfertigte, daß ohne die Festsetzung der fraglichen Nachtarbeitszeit die Durchführung des geplanten Gastspiels am 23. und 24.05.1987 gefährdet gewesen wäre, scheiterte die Mitbestimmung hieran nicht.

---

3   Zur Historie s.o. ausführlich 1. Kap I.
4   OVG NRW, PersV 1992, 175 = PersR 1991, 216.
5   Dieser entspricht § 75 Abs. 3 Nr. 1 BPersVG.
6   OVG NRW, PersV 1992, 175 (176).

b) Die Entscheidung des Bundesverwaltungsgerichts vom 07.03.1983

Das OVG NRW hatte in seiner Entscheidung von 1989 auf diesen Beschluß des Bundesverwaltungsgerichts verwiesen, in dem erstmals dargelegt wurde, daß die Mitbestimmung bei Arbeitszeitfragen nicht uneingeschränkt verwirklichbar ist.[7]

Hier ging es um die Frage, ob die Einführung eines unterrichtsfreien Tages mitbestimmungspflichtig ist. Das Bundesverwaltungsgericht führte aus, daß diese Maßnahme keine Regelung der Arbeitszeit der Lehrer zum Gegenstand habe, sondern eine der Mitbestimmung entzogene Maßnahme der Schulorganisation sei, die die Erfüllung der Aufgaben der Schule unter organisatorisch-pädagogischen Gesichtspunkten zum Gegenstand habe. An einer derartigen Maßnahme könne es keine Mitbestimmung geben, weil nach § 104 Satz 3 BPersVG Entscheidungen in organisatorischen Angelegenheiten der vorliegenden Art nicht den Stellen entzogen werden dürften, die der Volksvertretung verantwortlich seien. Sie könnten daher nur schwächeren Beteiligungsrechten unterliegen.[8]

c) Die Entscheidung des hessischen VGH vom 27.11.1985

Schließlich sei aus dem Bereich der Mitbestimmung bei Arbeitszeitfragen noch auf eine dritte Entscheidung[9] verwiesen, die denselben Problemkreis berührt. Hier ging es um den Umfang der Mitbestimmung bei der Anordnung von Überstunden bzw. Mehrarbeit bei dem Einsatz von Sonderdiensten.

Nachdem das Gericht den Beteiligungstatbestand der Arbeitszeiteinteilung nach dem hessischen LPersVG derart auslegte, daß nicht das "ob" der Anordnung von Überstunden und Mehrarbeit der Mitbestimmung unterliegt,[10] sondern nur das "wie", d.h. die Verteilung, schränkte es aber auch dieses Beteiligungsrecht wie folgt ein:

> "Im übrigen steht dem Antragsteller auch hier kein Mitbestimmungsrecht bei der zeitlichen Festlegung der angeordneten Mehrarbeit für den Einsatz zu Sonderdiensten zu. Dies folgt daraus, daß der zeitliche Rahmen für die Ableistung der Mehrarbeit jeweils durch die die Sonderdienste erfordernden konkreten Anlässe festgelegt wird und deshalb das "ob" und "wie" der Mehrarbeit untrennbar miteinander verbunden sind. In einem solchen Fall kommt eine Mitbestimmung des Personalrats auch bei der zeitlichen Festlegung der angeordneten Mehrarbeit nicht in Betracht, da dem Personalvertretungsorgan andernfalls - unzulässigerweise - eine Mitbestimmung über die staatliche Aufgabenerfüllung eingeräumt würde, was § 104 BPersVG widerspräche. Ein Mitbestimmungsrecht besteht deshalb nur dann, wenn sich die

---

7   BVerwG, ZBR 1983, 306.
8   BVerwG, ZBR 1983, 306 (307).
9   VGH Hess, ZBR 1987, 27.
10 So auch die h.M bei § 75 Abs. 3 Nr. 1 BPersVG.

Anordnung der Mehrarbeit und deren Ableistung ohne weiteres trennen lassen, wie dies z.B. bei der Anordnung von Überstunden zur Aufarbeitung von Rückständen der Fall ist. Wird die Mehrarbeit hingegen anläßlich konkreter, zeitlich festliegender Einzelfälle angeordnet und ist für eine zeitliche Disposition kein Raum, scheidet ein Mitbestimmungsrecht aus."[11]

Diese Rechtsprechung wird auch vom Bundesverwaltungsgericht bestätigt.[12]

d)   Kritik an diesen Entscheidungen

Gemeinsam ist diesen Entscheidungen, daß ein grundsätzlich gegebenes Mitbestimmungsrecht, trotz Erfüllung aller Tatbestandsvoraussetzungen, aus verfassungsrechtlichen Gründen, nämlich der Mitbestimmungsfreiheit der öffentlichen Aufgabenerfüllung zur Garantie der Funktionsfähigkeit der öffentlichen Verwaltung, "ausgehebelt" wird.[13] In zweifacher Hinsicht werden diese Entscheidungen kritisiert:

Zum einen lasse sich aus § 104 Satz 3 BPersVG der allgemeine Grundsatz der Mitbestimmungsfreiheit der öffentlichen Aufgabenerfüllung für die Landesgesetzgeber nicht bindend deduzieren; eine konkrete gesetzliche Vorschrift, die derartige Einschränkungen enthalte, fehle.[14] Die Landesgesetzgeber hätten durch die abgestuften Beteiligungsbefugnisse bereits in ausreichendem Umfang der Rahmenvorschrift des § 104 Satz 3 BPersVG Genüge getan.[15] Zum anderen seien Einschränkungen, wenn überhaupt aus verfassungsrechtlichen Gründen geboten, nur dort zugelassen, wo besonders wichtige Leistungen für die Gemeinschaft in Frage stünden. Ob dies beispielsweise bei der Veränderung der Arbeitszeit aus Anlaß eines Theatergastspiels der Fall sei, dürfe bezweifelt werden.[16]

11   VGH Hess, ZBR 1987, 27 (28).
12   BVerwG, Beschluß vom 09.10.1991, ZBR 1992, 109; s.o. 1. Kap. II 4 a, wo dieser Fall exemplarisch geschildert wird.
13   So Altvater, Wendeling-Schröder, RiA 1984, 73, die bereits frühzeitig die Rechtsprechung zur Konkurrenz zweier Beteiligungsrechte in diesem Sinne kritisierten.
14   So Sabottig, PersR 1991, 406.
15   In diesem Sinne Philippen, PersR 1987, 222, wenn auch zu einer anderen Entscheidung.
16   So Sabottig, PersR 1991, 406 (408).

2. Kein verfassungsrechtlicher Generalvorbehalt der Mitbestimmungsfreiheit bei der öffentlichen Aufgabenerfüllung[17]

Dieser Kritik ist insoweit zuzustimmen, als nicht jede Maßnahme, die sowohl den Tatbestand der Mitbestimmung bei der Arbeitszeiteinteilung verwirklicht als auch gleichzeitig die öffentliche Aufgabenerfüllung tangiert, mitbestimmungsfrei bleiben müßte.[18] Bereits oben wurde darauf hingewiesen, daß aus verfassungsrechtlichen Gründen die öffentliche Aufgabenerfüllung nur dann mitbestimmungsfrei bleiben muß, wenn es sich um "wichtige Aufgaben" für den jeweiligen Entscheidungsträger handelt.

Andererseits kann sich Mitbestimmung bei Arbeitszeitfragen im rein internen Verwaltungsbereich, ohne Auswirkung auf das Verwaltungshandeln nach außen, verfassungsrechtlich problemlos verwirklichen. Bei der Prüfung des Umfangs der Mitbestimmung ist der Auswirkungsbereich der konkreten Maßnahme deshalb als Vorfrage zuerst zu prüfen. Ist die Außenwirkung zu bejahen, bleibt zu klären, wann die Schwelle zur "wichtigen öffentlichen Aufgabe" überschritten ist, d.h. wie weit Mitbestimmung bei Arbeitszeitfragen und öffentliche Aufgabenerfüllung miteinander vereinbar sind.

3. Der Kernbereich der demokratischen Steuerung

a) § 104 Satz 3 BPersVG

Die Grundlagenentscheidung des Bundesverfassungsgerichts zur Verfassungsmäßigkeit der Mitbestimmung des Personalrats[19] hat ihren Niederschlag in der rahmenrechtlichen Vorschrift des § 104 Satz 3 BPersVG gefunden.[20] Dieser besagt:

> "Entscheidungen, die wegen ihrer Auswirkungen auf das Gemeinwesen wesentlicher Bestandteil der Regierungsgewalt sind, insbesondere Entscheidungen in personellen Angelegenheiten der Beamten, über die Gestaltung von Lehrveranstaltungen im Rahmen des Vorbereitungsdienstes einschließlich der Auswahl der Lehrpersonen und in organisatorischen Angelegenheiten, dürfen jedoch nicht den Stellen entzogen werden, die der Volksvertretung verantwortlich sind."

---

17 S.o. 4. Kap. I 2 zu der parallelen Fragestellung im privat-rechtlichen Bereich, wobei dort ebenfalls davon ausgegangen wird, daß es keinen Vorbehalt der generellen Mitbestimmungsfreiheit unternehmerischer Entscheidungen gibt; dazu auch Löwisch, PersV 1987, 360 (364).

18 Ebenso Kisker, PersV 1992,1 (17); ders., PersV 1985, 137 (143); Klein, PersV 1990, 49 (55); Battis, PersV 1987, 394 (400).

19 BVerfGE 9, 268.

20 Satz 1 entspricht wörtlich § 90 BPersVG 55; die Sätze 2 und 3 wurden mit der Novelle 1974 neu hinzugefügt.

Somit steht fest, daß Entscheidungen dann nicht der vollen Mitbestimmung unterworfen werden dürfen, wenn sie

1. Auswirkungen auf das Gemeinwesen haben (= Außenwirkung entfalten) und
2. deshalb wesentlicher Bestandteil der Regierungsgewalt sind (= zu den wesentlichen Aufgaben zählen).

Da lediglich drei Bereiche "besonders" aufgeführt sind, geht auch der Bundesgesetzgeber davon aus, daß diese Aufzählung nicht umfassend ist. Somit sind weitere Bereiche denkbar, bei denen ebenfalls keine umfassende Mitbestimmung ohne Verstoß gegen verfassungsrechtliche Vorgaben zu verwirklichen ist.

Aus dem Wortlaut des § 104 Satz 3 BPersVG ergibt sich, daß der Gesetzgeber voraussetzt, daß die Angelegenheit "Auswirkungen auf das Gemeinwesen" hat. Denn es sind personelle oder organisatorische Maßnahmen denkbar, die den rein innerdienstlichen Bereich nicht verlassen.[21] Selbst im Geltungsbereich des § 104 Satz 3 BPersVG ist somit als Vorfrage zu klären, ob die konkrete Maßnahme auch gleichzeitig die öffentliche Aufgabenerfüllung tangiert.

Entfaltet die konkrete Maßnahme Außenwirkung, ist das Letztentscheidungsrecht der Einigungsstelle bei den in § 104 Satz 3 BPersVG aufgeführten Materien auf keinen Fall möglich. Die Prüfung, ob diese Entscheidungen von "politischem Gewicht", d.h. wegen ihrer Auswirkungen auf das Gemeinwesen wesentlicher Bestandteil der Regierungsgewalt sind, entfällt bei diesen Materien.[22] Denn nach Auffassung des Bundesgesetzgebers ist dies den aufgeführten Angelegenheiten immanent. Dies bedeutet beispielsweise, daß organisatorische Angelegenheiten, unabhängig davon, welches politische Gewicht der Angelegenheit im konkreten Fall zukommt, nicht der vollen Mitbestimmung unterliegen dürfen. Sie zählen ohne weitere Prüfung zu den "wichtigen Aufgaben" im Sinne der oben genannten Abgrenzung, die der demokratischen Steuerung nicht entzogen werden dürfen.[23]

---

21 So bspw. BVerwG, Beschluß vom 17.07.1987, PersR 1987, 220 (222); hier ging es um bauliche und organisatorische Maßnahmen bei der Einteilung eines Zustellersaals eines Postamts. Das BVerwG nahm an, daß die unstreitig auch organisatorische Maßnahme, die in der fraglichen Entscheidung lag, keine Außenwirkung im Verhältnis zu den Postkunden aufweise und unterwarf sie deshalb der Mitbestimmung. Ebenso Grabendorff/Windscheid/Ibertz, BPersVG, § 104 Rdnr. 2.

22 Ebenso Kisker, PersV 1985, 137 (144).

23 Weitergehend demgegenüber das BVerwG in der o.g. Entscheidung (Postverteilungsfall), PersR 1987, 220 (222), da es für die Sperrwirkung des § 104 S. 3 BPersVG eine "erhebliche" Auswirkung auf die öffentliche Aufgabenerfüllung verlangt, obwohl die konkrete Maßnahme zu den drei aufgeführten Materien zählt. Auf diese Frage kam es im Postverteilungsfall jedoch gar nicht an, da die konkrete organisatorische Maßnahme keine Außenwirkung entfal-

Bei den drei aufgeführten Materien des § 104 BPersVG steht somit die Unstatthaftigkeit der Letztentscheidung der Einigungsstelle fest, wenn diese Maßnahmen im konkreten Fall Außenwirkungen entfalten. Andere Beteiligungsformen, bei denen die Letztentscheidung bei dem demokratisch legitimierten Entscheidungsträger verbleibt, können jedoch ohne Verstoß gegen § 104 Satz 3 BPersVG festgelegt werden.

Da jedoch in § 104 Satz 3 BPersVG lediglich drei Bereiche aufgeführt sind, bei denen die Letztentscheidung der Einigungsstelle verfassungswidrig ist, müssen nunmehr die o.g. verfassungsrechtlichen Vorgaben herangezogen werden, um weitere Materien ausfindig zu machen, die ebenfalls der Letztentscheidung der Behördenleitung vorbehalten bleiben müssen.

Die Außenwirkung einer Maßnahme allein, d.h. ihre Auswirkungen auf die öffentliche Aufgabenerfüllung reicht jedoch nicht aus, um eine Angelegenheit dem Letzentscheidungsrecht der Einigungsstelle zu entziehen. Dies belegt auch § 104 Satz 1 BPersVG, der besagt: "Die Personalvertretungen sind in allen innerdienstlichen, sozialen und personellen Angelegenheiten der Beschäftigten zu beteiligen".[24] Aufgrund des Kommas zwischen "innerdienstlich" und "sozial und personell" ist bei personellen und sozialen Angelegenheiten Mitbestimmung auch dann möglich, wenn die Maßnahme den innerdienstlichen Bereich verläßt.[25] Dies bedeutet, daß Mitbestimmung in sozialen Angelegenheiten durchaus Außenwirkung entfalten kann. Solange dadurch nicht Entscheidungen, die wegen ihrer Auswirkungen wesentlicher Bestandteil der Regierungsgewalt sind, tangiert sind, ist die Außenwirkung allein unschädlich.

Da sich § 104 Satz 3 BPersVG als verbindliches Rahmenrecht an die Landesgesetzgeber richtet, bedeutet dies, daß diese in ihrer Gestaltungsfreiheit bei der Ausformung der Personalvertretungsgesetze nicht nur durch verfassungsrechtliche Vorgaben, sondern auch durch die Grundsätze des § 104 Satz 3 BPersVG begrenzt werden.[26] In den Grenzen des § 104 Satz 3 BPersVG sind die Landesgesetzgeber jedoch in ihren Vorstellungen weithin frei. Weder der Kreis der Angelegenheiten, an denen die Personalvertretung zu beteiligen ist, noch Inhalt und Umfang der Beteili-

---

tete und deshalb auch nach der hier vertretenen Auffassung der Mitbestimmung unterliegen konnte.

24 Ebenso formuliert ist die Allzuständigkeitsregelung des § 51 Abs. 1 Satz 1 MBG S-H; bei der Allzuständigkeitsregelung des § 73 LPersVG Rh-Pf fehlt zudem der Begriff "innerdienstlich". Die rheinland-pfälzische Regelung ist jedoch insoweit "gebremst" als daneben Beteiligungskataloge den Umfang der Mitbestimmung festlegen.

25 Ebenso Dietz/Richardi, BPersVG, II, § 104 Rdnr. 6; GKÖD-Fischer, Goeres, BPersVG, § 104 Rdnr. 4; Altvater u.a., BPersVG, § 104 Rdnr. 7.

26 Vgl. Ossenbühl, Gutachten, S. 72; Kisker, Gutachten, S. 24.

gungsrechte für bestimmte Angelegenheiten sind bundesrechtlich verbindlich festgelegt. Freigestellt ist den Landesgesetzgebern auch die Entwicklung anderer Formen der Beteiligung als sie im Bundesgesetz vorgesehen sind.[27] So wundert nicht die unterschiedliche Ausgestaltung der Landesgesetze: von der Allzuständigkeit bis zu Formen, die dem Bundespersonalvertretungsgesetz entsprechen.

Durch § 104 Satz 3 BPersVG ist jedoch verbindlich festgelegt, daß bestimmte Personal- und organisatorische Angelegenheiten bei Außenwirkung nicht dem Letztentscheidungsrecht der Einigungsstelle unterworfen werden können. Dies ist für die Mitbestimmung bei Arbeitszeitfragen deshalb von besonderer Bedeutung, weil bei Maßnahmen der Arbeitszeiteinteilung oftmals gleichzeitig organisatorische Angelegenheiten betroffen sind. Somit stellt sich die Frage, was unter den dort aufgeführten Materien zu verstehen ist.

b) Personelle und organisatorische Angelegenheiten i.S. des § 104 Satz 3 BPersVG

Nicht umsonst benennt § 104 Satz 3 BPersVG speziell personelle und organisatorische Angelegenheiten als besonders wichtige Aufgaben, denn die Funktionsfähigkeit der Verwaltung hängt insbesondere von der Art und Weise der Ausübung der Organisationsgewalt und der Personalhoheit ab. Beider Wahrung ist ein Indikator für die Sicherung der Funktionsfähigkeit der Verwaltung.[28]

(1) Personelle Angelegenheiten

Unstreitig steht fest, daß allein personelle Angelegenheiten der Beamten in § 104 Satz 3 BPersVG aufgeführt und somit bei Außenwirkung mitbestimmungsfrei sind.[29]

(2) Organisatorische Angelegenheiten

Für die Mitbestimmung bei Arbeitszeitfragen ist jedoch die Klärung der Frage bedeutender, was unter organisatorischen Angelegenheiten im Sinne des § 104 Satz 3 BPersVG zu verstehen ist. Denn vielfach treten Gemengelagen zwischen Mitbe-

---

27 So BVerwGE 51, 43 (57) = PersV 1979, 328.
28 So Battis, PersV 1987, 394 (399).
29 Nach dem Urteil des StGH Hess, DVBl. 1986, 936, soll dies auch für hoheitlich tätige Angestellte gelten. Zu dieser Erweiterung s.u. 6. Kap. I 4 c.

stimmung bei Arbeitszeitfragen und gleichzeitigem Vorliegen einer organisatorischen Maßnahme auf. Das Bundespersonalvertretungsgesetz bestimmt diesen Begriff nicht näher, führt jedoch in § 78 BPersVG organisatorische Tatbestände auf, bei denen die Personalvertretung lediglich mitwirkt. Auch einige Landesgesetze nennen Beispiele für organisatorische Angelegenheiten. So geben die als "fortschrittlich" bezeichneten, mitbestimmungsfreundlichen Regelungen des Personalvertretungsgesetzes von Bremen und die Novellierung des hessischen Personalvertretungsgesetzes, die der Hessische Staatsgerichtshof[30] zu überprüfen hatte, hierüber Auskunft.

Die beispielhafte Aufzählung des § 66 Abs. 1 LPersVG Bre benennt als organisatorische Angelegenheiten "insbesondere",

Auflösung, Einschränkung, Verlegung oder Zusammenlegung von Dienststellen, Behörden oder Betrieben oder wesentlicher Teile von ihnen,
Einführung neuer Arbeitsmethoden,
Erstellung und Änderung von Organisationsplänen,
Bestellung oder Abberufung des Leiters der Dienststelle, seines ständigen Vertreters oder der Mitglieder des für die Leitung zuständigen Organs, soweit dafür nicht eine besondere rechtliche Regelung Anwendung findet.

Obwohl nicht erwähnt, zählen zu den organisatorischen Maßnahmen auch sonstige Rationalisierungsmaßnahmen.[31] Nach dem LPersVG Bre liegt das Letztentscheidungsrecht bei diesen Angelegenheiten nicht bei der Einigungsstelle (§ 61 Abs. 4 Satz 3 LPersVG Bre).[32]

§ 66 Abs. 1 und 2 LPersVG Hess a.F. benannte darüber hinaus die folgenden organisatorischen Maßnahmen, die nicht der Letztentscheidung der Einigungsstelle unterworfen werden durften:

Aufstellung von allgemeinen Grundsätzen für die Bemessung des Personalbedarfs,
Festlegung von Verfahren und Methoden von Wirtschaftlichkeits- und Organisationsprüfungen,
Einführung von technischen Rationalisierungsmaßnahmen, die den Wegfall von Planstellen oder Stellen zur Folge haben,
Vergabe oder Privatisierung von Arbeiten oder Aufgaben, die bisher durch die Beschäftigten der Dienststelle wahrgenommen werden,
allgemeine Maßnahmen der Personalplanung und -lenkung,
Arbeitsplatz- und Dienstpostenbewertung,
Installation betrieblicher und Anschluß an öffentliche Informations- und Kommunikationsnetze.

---

30 StGH Hess, DVBl.. 1986, 936.
31 Großmann/Mönch/Rohr, LPersVG Bre, § 66 Rdnr. 161 ff.; s. auch Kisker, Gutachten, S. 24.
32 Nach Großmann/Mönch/Rohr, LPersVG Bre, § 61 Rdnr. 24, war diese Ausnahmeregelung für personelle Angelegenheiten der Beamten und organisatorische Angelegenheiten aus verfassungsrechtlichen Gründen notwendig.

Die Aufzählung der organisatorischen Angelegenheiten in diesen beiden Gesetzen belegt positiv-rechtlich, was unter organisatorischen Angelegenheiten zu verstehen ist, die nicht der Mitbestimmung unterworfen werden dürfen, da sie dem Kernbereich der demokratischen Steuerung unterfallen. Hierzu zählt sowohl der Bereich der inneren Organisation (innere Gliederung ebenso wie das innere Verfahren z.b. der Einsatz technischer Mittel) als auch die äußere Komponente (z.b. Auflösung von Dienststellen etc.).[33]

c) Der Kernbereich im Geltungsbereich des Bundespersonalvertretungsgesetzes

§ 104 Satz 3 BPersVG richtet sich nur an die Landesgesetzgeber, so daß sich die Frage stellt, inwieweit die verfassungsrechtlichen Vorgaben im Bereich des Bundespersonalvertretungsgesetzes verwirklicht werden; denn der Bundesgesetzgeber hat sich nicht ausdrücklich in dem Sinne des § 104 Satz 3 BPersVG gebunden.

So wird die Auffassung vertreten, daß das verfassungsrechtlich geforderte Gebot der Mitbestimmungsfreiheit der öffentlichen Aufgabenerfüllung bei wichtigen Angelegenheit allein durch die abgestuften Beteiligungsbefugnisse im Bundespersonalvertretungsgesetz verwirklicht werde. Weitere Einschränkungen der Mitbestimmung außerhalb der festgelegten Kataloge seien nicht möglich.[34] Die Klärung dieser Frage ist von besonderer Bedeutung für die Lösung von Mischtatbeständen, d.h. bei Maßnahmen, die beispielsweise sowohl eine Arbeitszeitangelegenheit als auch die öffentliche Aufgabenerfüllung betreffen.

(1) Motive des Gesetzgebers des Bundespersonalvertretungsgesetzes 1974

Bereits in der amtlichen Begründung des Regierungsentwurfs eines Bundespersonalvertretungsgesetzes[35] sind drei Grenzen aufgeführt, die der Mitbestimmung gesetzt sind: verfassungsrechtliche Vorgaben unter Bezugnahme auf die Rechtsprechung des Bundesverfassungsgerichts im 9. Band 1959, jedoch nur im Hinblick auf die Personalangelegenheiten der Beamten, die Funktionsfähigkeit der Verwaltung und der Schutz der Persönlichkeitssphäre des einzelnen Bediensteten.

---

33 Ebenso Klein, PersV 1990, 49 (57).

34 So bspw. Löwisch, PersV 1987, 360 (364); Philippen, PersR 1987, 222; s. dazu auch die parallele Argumentation des BAG zu der Frage, ob der Gedanke der unternehmerischen Entscheidungsfreiheit neben den abgestuften Beteiligungsrechten des BetrVG noch Bedeutung erlangen kann, s.o. 4. Kap. I 2 a.

35 BT-Drucksache VI/3721, S. 26; später unverändert eingebracht als BT-Drucksache 7/176, S. 26.

Im Hinblick auf die Rahmenvorschriften für die Landesgesetzgeber wird festgestellt,[36] daß diese erweitert wurden, um ein möglichst einheitliches Personalvertretungsrecht in Bund und Ländern zu erzielen. Hieraus folgt, daß sich der Bundesgesetzgeber gleichermaßen an die Aussagen des § 104 Satz 3 BPersVG halten will, auch wenn er sich nicht ausdrücklich gebunden hat.[37] Somit entspricht er den Vorgaben des Bundesverfassungsgerichts, indem er von der Mitbestimmungsfreiheit der öffentlichen Aufgabenerfüllung in wichtigen Angelegenheiten ausgeht und allein innerdienstliche, soziale und personelle Angelegenheiten der Beschäftigten dem Mitbestimmungsrecht der Personalvertretung unterwirft (§ 104 Satz 1 BPersVG).

(2)   Wortlaut der Mitbestimmungsregelungen

Bei der Formulierung der Mitbestimmungstatbestände, so auch bei dem Tatbestand der Arbeitszeiteinteilung, ist diese Einschränkung nicht erkennbar; sie ergibt sich jedoch aus der Systematik des Gesetzes.

(3)   Systematik des Bundespersonalvertretungsgesetzes

In der amtlichen Begründung wird weiterhin ausgeführt, daß das Fehlen mancher Bestimmungen des Betriebsverfassungsgesetzes im Personalvertretungsrecht nicht den Schluß zulasse, die Materie bleibe im öffentlichen Dienst ungeregelt.[38] Hieraus ist zu schließen, daß ungeregelte Materien ausdrücklich mitbestimmungsfrei bleiben sollten.

Da Kernstück der Neuregelung des Bundespersonalvertretungsgesetzes die Erweiterung von Beteiligungsrechten war,[39] ist davon auszugehen, daß der Gesetzgeber hiermit an die Grenze des aus seiner Sicht verfassungsrechtlich Zulässigen gegangen ist. Ungeregelte Materien sollten tatsächlich mitbestimmungsfrei sein, so daß in der Nichtnennung eine positive Aussage liegt. Für das Bundespersonalvertretungsgesetz, das keine Allzuständigkeit vorsieht, sind somit alle Tatbestände, die Beteiligungsrechte vorsehen, von dem Gesetz erfaßt. Tatbestände, die nicht geregelt sind, sind ohne Mitbestimmung verwirklichbar. Somit kommt den ungeregelten Materien eine ebenso große Bedeutung zu wie den geregelten. Dies bedeutet für das Bundespersonalvertretungsgesetz, das nach dem Enumerationsprinzip[40] aufgebaut ist, daß "wichtige Angelegenheiten" bei Nichterwähnung mitbestimmungsfrei bleiben

---

36   BT-Drucksache VI/3721, S. 35, 36 = BT-Drucksache 7/176, S. 35, 36.
37   Ebenso BVerwG, Beschluß vom 17.07.1987, PersR 1987, 220 (221).
38   BT-Drucksache VI/3721, S. 26.
39   BT-Drucksache VI/3721, S. 26.
40   Und nicht nach dem Allzuständigkeitsprinzip.

sollen. Oftmals werden sie jedoch genannt, dann aber nur schwächeren Formen der Beteiligung (beispielsweise der bloßen Mitwirkung oder Anhörung) unterworfen.[41]

Für die Mitbestimmung bei Arbeitszeitfragen, die oftmals organisatorische, tatbestandlich im Bundespersonalvertretungsgesetz nicht geregelte Sachverhalte beinhaltet, ist die Frage nach der Auflösung dieser Gemengelage von besonderer Bedeutung. Die Motive und die Systematik des Bundespersonalvertretungsgesetzes widerlegen jedoch die Auffassung, wonach allein die abgestuften Beteiligungsbefugnisse den verfassungsrechtlichen Vorgaben zum Personalvertretungsrecht Rechnung trügen.

(4)   Sinn, Aufgabe und Zweck der personalvertretungsrechtlichen Mitbestimmung

Die Grundlegung der personalvertretungsrechtlichen Mitbestimmung wurde bereits oben ausführlich dargelegt.[42] Danach dient das Personalvertretungsrecht dazu, die Beschäftigten an den sie berührende personellen und sozialen Angelegenheiten über die von ihnen gewählte Vertretung zu beteiligen, damit sie ihre Belange zur Geltung bringen und gegebenenfalls, soweit die volle Mitbestimmung gegeben ist, durchsetzen können. Da der Gesetzgeber die verfassungsrechtlichen Vorgaben als Grenzen der Mitbestimmung anerkennt, wollte er nicht die öffentliche Aufgabenerfüllung der Mitbestimmung unterwerfen. Sinn und Zweck der einzelnen Mitbestimmungstatbestände, so auch bei der Mitbestimmung in Arbeitszeitfragen, lassen die öffentliche Aufgabenerfüllung unberührt,[43] vielmehr stehen die Belange der Beschäftigten im Vordergrund.

Sinn und Zweck des Mitbestimmungsrechts der Personalvertretung bei dem Tatbestand der Arbeitszeiteinteilung ist die Einschaltung eines zusätzlichen Überwachungsorgans, das auf die Einhaltung der arbeitszeitrechtlichen Vorschriften bei der Festlegung der Arbeitszeit achten soll. Weiterhin soll die Personalvertretung dafür eintreten, daß berechtigte Wünsche von Beschäftigten, die sich beispielsweise aus den besonderen Verkehrsverhältnissen bei der An- und Abfahrt ergeben, in Einklang mit den dienstlichen Erfordernissen gebracht werden.[44]

Die personalvertretungsrechtliche Mitbestimmung beansprucht in dem intendierten Wirkungsbereich zurecht ebenso Geltung wie das auch dem Bundespersonalvertretungsgesetz immanente Gebot der Mitbestimmungsfreiheit des Kernbereichs der demokratischen Steuerung d.h. die Mitbestimmungsfreiheit bei wichtiger öffent-

---

41   Vgl. dazu auch Kisker, PersV 1992, 1 (17).
42   S.o. 2. Kap IV.
43   Ebenso BVerwG, Beschluß vom 09.10.1991, ZBR 1992, 109 (110).
44   Ebenso Grabendorff/Windscheid/Ibertz, BPersVG, § 75 Rdnr. 81.

licher Aufgabenerfüllung. Auch wenn personalvertretungsrechtliche Mitbestimmung tatbestandlich gegeben ist, ist diesem letzten Gebot Rechnung zu tragen. Die Wertungen des § 104 Satz 3 BPersVG gelten somit auch im Geltungsbereich des Bundespersonalvertretungsgesetzes.

d) Der Kernbereich im Geltungsbereich von Allzuständigkeitsregelungen

Die meisten Personalvertretungsgesetze sind nach dem Enumerationsprinzip aufgebaut entsprechend dem Bundespersonalvertretungsgesetz. Selbst das mit einer Allzuständigkeitsklausel ausgestattete Personalvertretungsgesetz von Bremen spezifiziert diese mit abgestuften Beteiligungsrechten, letztendlich zur Vermeidung der Verfassungswidrigkeit und des Verstoßes gegen § 104 Satz 3 BPersVG.

Allein das Mitbestimmungsgesetz Schleswig-Holstein kennt keine abgestuften Beteiligungsbefugnisse, sondern allein die Allzuständigkeitsregelung des § 51 Abs. 1 Satz 1 MBG S-H. Zur Vermeidung des Verdikts der Verfassungswidrigkeit schließt es in § 51 MBG S-H einige wenige Maßnahmen von der Mitbestimmung aus oder macht sie von bestimmten Voraussetzungen abhängig und legt in § 55 Abs. 1 MBG S-H ein Evokationsrecht der demokratisch verantwortlichen Verwaltungsspitze für "wichtige Angelegenheiten" fest. Der dort aufgeführte Katalog entspricht den Vorgaben des § 104 Satz 3 BPersVG und zählt noch einige Angelegenheiten aus dem Bereich von Kunst und Wissenschaft auf.

Hieraus ergibt sich, daß selbst das Mitbestimmungsgesetz Schleswig-Holstein anerkennt, daß der Kernbereich der demokratischen Steuerung bei wichtigen Angelegenheiten im Sinne des § 104 Satz 3 BPersVG bzw. der verfassungsrechtlichen Vorgaben letztenendes mitbestimmungsfrei bleiben muß.

Wie noch gezeigt werden wird,[45] ist hier jedoch problematisch, daß der Gesetzgeber nicht wirksam dafür Sorge trägt, daß diese öffentliche Aufgabenerfüllung unter effizienter demokratischer Kontrolle gehalten wird.[46] Kisker belegt, daß ein Evokationsrecht nach Durchlaufen eines aufwendigen Mitbestimmungsverfahrens bei der Entscheidung über wichtige öffentliche Aufgaben den verfassungsrechtlichen Anforderungen an eine funktionsfähige Verwaltung nicht mehr genügt.[47]

---

45 S.u. 6. Kap. 4 h.
46 So Kisker, PersV 1992, 1 (18); s. dazu auch Schmidt-Aßmann, AöR 1991, 330 (366).
47 Kisker, PersV 1992, 1 (18 ff); ebenso Schenke, PersV 1992, 289.

4. Die Bestimmung der mitbestimmungsfreien "wichtigen öffentlichen Aufgabe"

Alle Personalvertretungsgesetze erkennen den Grundsatz an, daß der Kernbereich der demokratischen Steuerung mitbestimmungsfrei bleiben muß. Andererseits soll die Mitbestimmung in innerdienstlichen, sozialen und personellen Angelegenheiten gewährleistet bleiben, was immer dann problematisch ist, wenn eine Maßnahme sowohl dem einen wie dem anderen Bereich zugeordnet werden kann. Und selbst in organisatorischen Angelegenheiten ist eine Mitbestimmung des Personalrats nicht ausnahmslos verfassungswidrig - dann nämlich, wenn die Maßnahme keine Außenwirkung entfaltet. Bei welchen Angelegenheiten jedoch eine Mitbestimmung nicht möglich ist, läßt sich nach Auffassung des Bundesverfassungsgerichts nur von Fall zu Fall beurteilen.[48]

Für die personalvertretungsrechtliche Praxis bringt eine von-Fall-zu-Fall-Rechtsprechung erhebliche Unsicherheiten mit sich. Dem Personalrat und dem Dienststellenleiter obliegt die jeweils zu beantwortende Frage, ob eine konkrete Maßnahme nun mitbestimmungspflichtig oder mitbestimmungsfrei ist, ob das Mitbestimmungsverfahren einzuleiten oder abzubrechen ist oder ob das Recht, eine entsprechende Initiative zu ergreifen, besteht. Im Geltungsbereich des Mitbestimmungsgesetzes Schleswig-Holstein korrespondiert hiermit die Frage, ob das Evokationsrecht im konkreten Fall gegeben ist oder nicht.

Im Folgenden soll deshalb aufgezeigt werden, in welchen Fällen personalvertretungsrechtliche Mitbestimmung nicht mehr zulässig ist, weil in den Kernbereich der demokratischen Steuerung verfassungswidrig eingegriffen würde.

a) Die Gemengelage

Verwirklicht eine Maßnahme zwei unterschiedliche Mitbestimmungstatbestände, die jeweils mit verschiedenen Beteiligungsgraden ausgestattet sind, spricht man von dem Vorliegen einer Gemengelage oder eines Mischtatbestands.

Hierbei können Gemengelagen mit zwei personalvertretungsrechtlich geregelten Tatbeständen auftreten, so beispielsweise in dem von dem Bundesverwaltungsgericht[49] entschiedenen Fall, wo die Verlegung der Briefzustellung sowohl den Tatbestand des § 75 Abs. 3 Nr. 16 BPersVG (soziale Angelegenheit und volle Mitbe-

---

48 BVerfGE 9, 268 (282), ebenso Klein PersV 1990, 49 (55); zu der parallelen Fragestellung zur Bestimmung des Kerns der unternehmerischen Entscheidungsfreiheit im Bereich des BetrVG, s.o. 4. Kap I 4.

49 BVerwG, PersR 1987, 220.

stimmung bei der Gestaltung der Arbeitsplätze) als auch denjenigen des § 78 Abs. 4 BPersVG (organisatorischer Angelegenheit, Anhörung des Personalrats bei Neu-, Um- und Erweiterungsbauten von Diensträumen) verwirklichte. Bei dem eingangs geschilderten Fall anläßlich eines Theatergastspiels[50] lag demgegenüber eine Gemengelage mit dem Mitbestimmungstatbestand des § 75 Abs. 3 Nr. 1 BPersVG (volle Mitbestimmung bei der Arbeitszeiteinteilung) und einer organisatorischen Maßnahme (nicht kodifiziert, behördenleitend und damit grundsätzlich mitbestimmungsfrei) vor.

Die Frage nach den Grenzen der Mitbestimmung bei dem Tatbestand der Arbeitszeiteinteilung stellt sich insbesondere dann, wenn bei einer Arbeitszeitentscheidung gleichzeitig andere Tatbestände mit minderen Beteiligungsrechten verwirklicht werden. Insbesondere bei diesem Tatbestand treten Gemengelagen häufig auf, da Arbeitszeitregelungen oft eng mit organisatorischen Grundentscheidungen verbunden sind.

Bei dem Zusammentreffen mehrerer Beteiligungsrechte stellt sich die Frage, ob sich der Grad der Beteiligung nach dem stärkeren oder dem schwächeren Recht richtet.

Unproblematisch und entsprechend der Lösung im privatrechtlichen Bereich orientiert sich die Mitbestimmung allein dann am schwächeren Recht bzw. entfällt die Mitbestimmung, wenn der Regelungsgegenstand der Maßnahme unmittelbar auf die schwächere Regelung gerichtet ist. Die Argumentation Wieses[51] läßt sich insoweit auch auf den öffentlichen Bereich übertragen, wenn er ausführt, daß es nicht der Formulierungskunst des Personalrats überlassen bleiben könne, ob er (in diesen Fällen) die Mitbestimmungsfreiheit dadurch umgehe, daß er sein Begehren in das Gewand einer sozialen Angelegenheit kleidet.

Ginge es im Ausgangsfall dem Personalrat etwa primär darum, ein politisch unerwünschtes Theatergastspiel zu verhindern und würde er aus diesem Grunde arbeitszeitliche Belange vorschieben, würde sich diese Gemengelage dann nach dem schwächeren Recht richten, d.h. hier mitbestimmungsfrei bleiben.

Bei der Konstellation im Theaterfall ist jedoch davon auszugehen, daß der Personalrat nicht mißbräuchlich von seinem Anspruch auf Beteiligung Gebrauch gemacht hat. Zur Lösung dieser Art Mischtatbestände liegen mehrere grundlegende Entscheidungen der Rechtsprechung[52] vor. Im Ergebnis kommen die Judikate zu dem Vorrang des schwächeren Rechts und begründen dies mit dem jeweiligen histori-

---

50 OVG NRW, PersV 1992, 175 = PersR 1991, 216.
51 GK-BetrVG-Wiese, § 87 Rdnr. 104, s.o. 4. Kap I 4 a.
52 Bspw. BVerwG, Beschluß vom 07.02.1980, ZBR 1981, 72; BVerwG, Beschluß vom 11.03.1983, BVerwGE 67, 61.

schen Gesetzgeber, der aus verfassungsrechtlichen Gründen bestimmte Materien gerade nicht der vollen Mitbestimmung unterworfen habe. Bei dieser Einschätzung müsse es auch dann bleiben, wenn mittelbar gleichzeitig Tatbestände der vollen Mitbestimmung tangiert seien. Bei den schwächeren Beteiligungsrechten handele es sich um Maßnahmen, bei denen die Funktionsfähigkeit der Verwaltung in mehr oder weniger großem Maße auf dem Spiele stehe.[53] In dem Leitsatz einer der grundlegenden Entscheidungen führt das Bundesverwaltungsgericht aus:

> "Erfüllt eine beabsichtigte Maßnahme mehrere Beteiligungstatbestände, die unterschiedliche Beteiligungsrechte auslösen, so kommt nur das weniger weitgehende Beteiligungsrecht in Betracht, wenn der Gesetzgeber unter Beachtung der rahmenrechtlichen Vorschrift des § 104 BPersVG nur diese schwächere Form der Beteiligung gewähren wollte."[54]

Diese Entscheidung veranlaßte die Kritiker zu der Frage, ob es einen "verfassungsrechtlichen Generalvorbehalt für Personalratrechte" gebe.[55]

Diese Rechtsprechung steht ebenfalls im Gegensatz zu der herrschenden Meinung im privatrechtlichen Bereich, wo das stärkere Recht vor dem schwächeren grundsätzlich nicht zurücktritt.[56] Jedoch ergeben sich selbst dort Ausnahmen, die das stärkere Mitbestimmungsrecht entfallen lassen: so beispielsweise bei kleinen Betrieben in der Rechtsform einer privat haftenden Gesellschaft.[57]

Die oben zitierte und kritisierte Rechtsprechung ist jedoch weiterentwickelt worden. So führt das Bundesverwaltungsgericht aus, daß die in den Personalvertretungsgesetzen geregelten Beteiligungsrechte der Personalvertretung (vielmehr) grundsätzlich nebeneinander gegeben seien. Ergebe sich jedoch, daß der Gesetzgeber aus verfassungsrechtlichen Gründen, das stärkere Beteiligungsrecht nicht gewähren wollte, könne sich der Personalrat im Mitbestimmungsverfahren nicht darauf berufen.[58]

In Anwendung dieser Grundsätze sind Gemengelagen nunmehr einer differenzierenden Lösung zugeführt worden: die Frage des Maßes der Mitbestimmung wurde nicht allein dem schwächeren Beteiligungsrecht entnommen; vielmehr wurde auf die konkret betroffene öffentliche Aufgabe maßgeblich abgestellt. Zur Gewährleistung des Kernbereichs der demokratischen Steuerung wird bei Gemengelagen nicht mehr nur ausnahmslos das schwächere Recht angewendet.

---

53 BVerwG, ZBR 1981, 72.
54 So der Leitsatz der Entscheidung des BVerwG, ZBR 1981, 72.
55 Altvater, Wendeling-Schröder, RiA 1984, 73.
56 GK-BetrVG-Wiese, § 87 Rdnr. 103, s.o. 4. Kap I 4 a.
57 S.o. 4. Kap. I 4 b.
58 BVerwG, Beschluß vom 17.07.1987, PersR 1987, 220 (221) = BVerwGE 78, 47 = PersV 1989, 312.

b) Die Außenwirkung der Maßnahme

In dem entschiedenen Fall hat das BVerwG den Vorrang des schwächeren Rechts verneint, weil die konkrete organisatorische Maßnahme (ausnahmsweise) keine Außenwirkung zeitigte.

Maßgeblich für die Bestimmung der Grenze der Beteiligungsrechte bei Mischtatbeständen ist die durch die beabsichtigte Maßnahme konkret betroffene öffentliche Aufgabe. Ergibt sich, daß es sich hierbei um eine "wichtige Aufgabe" handelt, die deshalb aus verfassungsrechtlichen Gründen mitbestimmungsfrei bleiben muß, muß das stärkere Mitbestimmungsrecht grundsätzlich zurücktreten.

Dies gilt nur dann nicht, wenn die "wichtige öffentliche Aufgabe" (im konkreten Fall ausnahmsweise) keine Außenwirkung entfaltet. Denn wie bereits oben dargestellt, ist die Außenwirkung auch bei den Materien des § 104 Satz 3 BPersVG nicht als immanent anzunehmen. Dies gilt auch für die "wesentlichen Aufgaben", die aus verfassungsrechtlichen Gründen mitbestimmungsfrei bleiben müssen. Denn diese Angelegenheiten müssen nur dann mitbestimmungsfrei bleiben, wenn sie den Innenbereich der Verwaltung verlassen. Andernfalls ist durch die Beteiligung des Personalrats auf keinen Fall der Kernbereich der demokratischen Steuerung verletzt.

Im Ergebnis können sich Gemengelagen dann nach dem stärkeren Recht richten (so auch bei dem Tatbestand der Arbeitszeiteinteilung), wenn die ebenfalls betroffene "wichtige Angelegenheit" keine Außenwirkung für den Bürger entfaltet. Zusammenfassend liegt die Fortentwicklung der Rechtsprechung zur Gemengelage somit in der Erkenntnis, daß bei den "wichtigen Aufgaben" dem Kriterium der Außenwirkung entscheidende Bedeutung zukommt.

c) Wichtige und unwichtige Staatsaufgaben

Die in § 104 Satz 3 BPersVG genannten Materien gehören ausnahmslos zum Kernbereich der demokratischen Steuerung und zählen deshalb zu den wichtigen Entscheidungen, bei denen eine Letztentscheidung der Einigungsstelle nicht möglich ist.[59] Diese Aufzählung ist jedoch nicht abschließend, wovon auch der Bundesgesetzgeber ausgeht. Somit stellt sich die Frage, welche weiteren Entscheidungen wegen ihrer Auswirkungen auf das Gemeinwesen wesentlicher Bestandteil der Regierungsgewalt sind.

Das Bundesverfassungsgericht hat die Beteiligung demokratisch nicht legitimierter Institutionen dann für möglich erachtet, wenn die konkrete Maßnahme so un-

---

59 So auch Schuppert, PersR 1993, 1 (18).

wichtig ist, daß sie nicht mehr unter den Begriff "Ausübung von Staatsgewalt" fällt.[60]

Dieser Begriff umfaßt sachlich jede Aufgabe, die der Staat kraft gesetzlicher Verpflichtung oder freiwillig wahrnimmt und personell jeden Amtsträger, der dabei mitwirkt.[61] Der Bundesgesetzgeber hat versucht, dies durch § 104 Satz 3 BPersVG zu konkretisieren. Die drei aufgeführten Materien stellen zweifelsfrei "Ausübung von Staatsgewalt" dar. Die Ermittlung weiterer "wichtiger Aufgaben", die hierzu zählen, bereitet jedoch Schwierigkeiten.[62]

(1) Die Personalangelegenheiten der öffentlichen Angestellten

Die personelle Komponente der "Ausübung von Staatsgewalt" ist durch § 104 Satz 3 BPersVG hinsichtlich der Beamten abgedeckt. Somit steht unstreitig fest, daß personelle Angelegenheiten der Beamten mitbestimmungsfrei sind. Nach dem Urteil des Hessischen Staatsgerichtshofs[63] soll dies auch für hoheitlich tätige Angestellte gelten.

Diese Ansicht ist heftig kritisiert worden. Der Hessische Staatsgerichtshof stelle sich gegen die ausdrückliche Entscheidung des Bundesverfassungsgerichts.[64] Dieses habe - in Kenntnis der sich bereits damals abzeichnenden Praxis - die Personalangelegenheiten der sonstigen Beschäftigten des öffentlichen Dienst nicht denen der Beamten gleichbehandelt.[65] Selbst Battis[66] kritisiert die Erweiterung auf die hoheitlich tätigen Angestellten: Bereits im Jahre 1959 habe sich das Bundesverfassungsgericht in Kenntnis der Praxis, die den Funktionsvorbehalt des Art. 33 Abs. 4 GG ignoriere, darauf beschränkt, ein Letztentscheidungsrecht der Einigungsstelle in Personalangelegenheiten der Beamten für verfassungswidrig zu erklären. Wenn nunmehr der Hessische Staatsgerichtshof dies auch auf Personalangelegenheiten der hoheitlich tätigen Angestellten (Vergütungsgruppe BAT I - Vb oder außertarifliche Vergütung) übertrage, werde damit der normative Anspruch des Art. 33 Abs. 4 GG unter Rekurs auf die weitgehend verfassungswidrige Praxis in unzulässiger Weise eskamotiert.

Diese Kritik übersieht die Auswirkungen der Tätigkeit der hoheitlich tätigen Angestellten auf die öffentliche Aufgabenerfüllung der Verwaltungen. Da hier kein

60 BVerfGE 47, 253 (274), s.o. ausführlich 5. Kap II 3 c.
61 Schmalz, Staatsrecht, S. 30; Böckenförde, HdbStR I, § 22 Rdnr. 12, 16.
62 Vgl. zu dieser Feststellung Klein, PersV 1990, 49 (55 ff); Kisker, PersV 1985, 137 (144 ff).
63 StGH Hess, DVBl. 1986, 936.
64 BVerfGE 9, 268.
65 Vgl. Plander, PersR 1987, 13 (16); Altvater, PersR 1986, 123 (124).
66 Battis, PersV 1987, 394 (398).

Unterschied zu der Tätigkeit der Beamten mehr besteht, sind die verfassungsrechtlichen Grundsätze, die auch § 104 BPersVG zugrunde liegen, anzuwenden. Soweit das Bundesverfassungsgericht 1959 zur Begründung der Verfassungswidrigkeit Art. 33 Abs. 4 und 5 GG herangezogen hat, bedeutet dies nicht, daß es auch heute nur noch die Personalangelegenheiten der Beamten der vollen Mitbestimmung entziehen würde. Maßgeblich kommt es auf die Tätigkeit, die öffentliche Aufgabenerfüllung der Amtsinhaber an. Da die öffentlichen Angestellten ebenso an der "Ausübung von Staatsgewalt" teilhaben wie die Beamten, kann nicht formell auf den Status abgestellt werden, wenngleich zuzugeben ist, daß damit die Aushöhlung des Funktionsvorbehalts des Art. 33 Abs. 4 GG weitgehend akzeptiert wird. Es kann aber nicht die Aufgabe des Personalvertretungsrechts sein, die gängige Einstellungspraxis zu korrigieren oder zur Einhaltung des Funktionsvorbehalts zu zwingen. Vielmehr hat das Personalvertretungsrecht die Folgerungen aus dieser Praxis zu berücksichtigen und die Mitbestimmungsregelungen hieran zu messen. Da von den hoheitlich tätigen Angestellten oftmals dieselben Aufgaben wie von Beamten wahrgenommen werden, deren Personalangelegenheiten ohne Prüfung als "wichtig" angesehen werden, muß dies zumindest auch für die Personalangelegenheiten der hoheitlich tätigen Angestellten gelten.[67]

Der Hessische Staatsgerichtshof hat die Möglichkeit des Letztentscheidungsrechts des Dienstherren allein auf hoheitlich tätige Angestellte in gehobener Stellung ausgedehnt. Diese Einteilung erscheint willkürlich und ist nicht zu rechtfertigen. Da das Gesetz alle Beamte ausklammert, somit auch den mit A 7 BBesG besoldeten Beamten, stellt sich die Frage, weshalb der entsprechende Angestellte personalvertretungsrechtlich anders als sein Kollege behandelt werden sollte mit der Folge, daß bei der gesamten Personalpolitik das Letztentscheidungsrecht der Einigungsstelle entfallen müßte. Dies bedeutet nicht, daß der Personalvertretung nicht Mitwirkungsrechte in weitem Umfang erhalten bleiben können.

Die öffentliche Aufgabenerfüllung einer Behörde hängt maßgeblich von der Personalpolitik des Behördenleiters ab. Die Hinzunahme der hoheitlich tätigen Angestellten erfolgte im Hinblick auf deren konkrete Aufgaben, nämlich den Vollzug von Gesetzen und hoheitlichen Maßnahmen. Für die öffentliche Aufgabenerfüllung einer Behörde kann jedoch die Funktionsfähigkeit von Bereichen, die von Mitarbeitern geleitet werden, die nicht in die entsprechende Vergütungsgruppe fallen, ebenso maßgeblich sein wie Tätigkeiten eines hohen Beamten. Der Dienstherr kann für die ordnungsgemäße Aufgabenerfüllung dieses Bereichs nur verantwortlich gemacht werden, wenn ihm in Personalangelegenheiten auch hier das Letztentscheidungsrecht zusteht. Die Kategorien des BAT bestimmen die Wertigkeit eines Arbeitsplat-

---

67   Im Ergebnis ebenso Kisker, PersV 1985, 137 (144).

zes primär nach den dafür erforderlichen Ausbildungsvoraussetzungen und geforderten Fähigkeiten. Dies sollte jedoch nicht diskriminierend und fälschlicherweise gleichgesetzt werden mit der Wichtigkeit des jeweiligen Postens für die öffentliche Aufgabenerfüllung; auch die Personalangelegenheiten der niedrig besoldeten Beamten unterliegen nicht dem Letztentscheidungsrecht der Einigungsstelle.[68]

Aus diesen Gründen ist das Letztentscheidungsrecht der Behördenleitung auf sämtliche personelle Angelegenheiten der öffentlichen Bediensteten auszudehnen.[69] Ist dies gewährleistet, verbleiben jedoch weitgehende Mitwirkungsmöglichkeiten ohne daß in den Kernbereich der demokratischen Steuerung verfassungswidrig eingegriffen würde. Diese Beteiligungsrechte effektuieren für den Einzelnen nicht viel weniger wirkungsvoll seine Interessen.[70]

(2)   Behördenleitende Entscheidungen

Wie bereits ausgeführt, umfaßt die "Ausübung von Staatsgewalt" sachlich jede Aufgabe, die der Staat kraft gesetzlicher Verpflichtung oder freiwillig wahrnimmt. Unter demokratischer Legitimation muß die "Ausübung von Staatsgewalt" jedoch nur bei wichtigen Aufgaben bleiben. Viele wichtige organisatorische Angelegenheiten werden bereits von § 104 Satz 3 BPersVG abgedeckt.

Aus der dort aufgeführten Aufzählung läßt sich entnehmen, daß eine "wichtige Aufgabe" nur dann vorliegt, wenn die konkrete Angelegenheit für die Organisation, die Leitung und Steuerung der jeweiligen juristischen Person des öffentlichen Rechts wesentlich ist. Zumindest die Letztentscheidung in diesen wesentlichen Bereichen muß dem demokratisch legitimierten Amtsträger verbleiben, wenn nicht die Funktionsfähigkeit des gesamten öffentlichen Dienstes gefährdet werden soll.[71] "Wichtige

---

68   Die Rechtslage nach dem Bundespersonalvertretungsgesetz stellt sich folgendermaßen dar: für politische Beamte und Beamte von der Besoldungsgruppe A 16 an aufwärts gibt es kein Mitbestimmungsverfahren (§ 77 BPersVG). Für sonstige Beamte gemäß § 77 Abs. 1 BPersVG nur, wenn sie es beantragen, wobei die Einigungsstelle gemäß § 69 Abs. 4 BPersVG nach durchgeführtem Mitbestimmungsverfahren nur die Möglichkeit einer Empfehlung hat. Derart ist das Letztendscheidungsrecht der obersten Dienstbehörde garantiert. Das BPersVG hat somit den rahmenrechtlichen Vorgaben selbst entsprochen.

69   Im Ergebnis ebenso Ossenbühl, PersV 1989, 409 (416); kritisch hierzu Altvater u.a., BPersVG, § 104 Rdnr. 15.

70   Dies wird bei der oftmals polemisch geführten Diskussion gerne übersehen. Befürworter der Möglichkeit eines Letztentscheidungsrechts der Behördenleitung im Bereich der gesamten Personalpolitik nehmen lediglich die Interessen der Beschäftigten ebenso ernst wie die Garantie der Demokratie - zugunsten des gesamten Volkes.

71   So auch StGH Hess, DVBl. 1986, 936 (942).

Aufgaben" sind dann solche, die für das Funktionieren von Regierung und Verwaltung wesentlich sind.[72]

Grundsätzlich kann festgestellt werden, daß der gesamte Bereich behördenleitender Entscheidungen, soweit er nicht bereits von § 104 Satz 3 BPersVG erfaßt ist, zu den wichtigen Angelegenheiten zählt, die mitbestimmungsfrei bleiben müssen. Denn sie sind der Inbegriff der Regierungsgewalt. Die Funktionsfähigkeit der jeweiligen Institution verbietet ein Letztentscheidungsrecht der Einigungsstelle bei behördenleitenden Entscheidungen. Dieser Bereich kann durch die Personalvertretungsgesetze, die allein die arbeitsplatzbezogene Mitbestimmung regeln, nicht umfaßt werden. Auch bei Gemengelagen, wenn behördenleitende Entscheidungen nur mittelbar tangiert werden, muß deren Bedeutung Rechnung getragen werden.

Unter Anwendung dieser Grundsätze ist die Entscheidung des OVG im Theaterfall zu Unrecht kritisiert worden. Nach Ansicht des Gerichts hätte es ausgereicht, daß der Dienstherr im Theaterfall vorgetragen hätte, daß ohne die Arbeitszeitregelung das Gastspiel gefährdet gewesen wäre, um den Vorrang der öffentlichen Aufgabe zu belegen.[73] Denn die Entscheidung, eine bestimmte Bühne an diesem Abend gastieren zu lassen, ist behördenleitender Art. Da sie zudem Außenwirkung für den Bürger entfaltet, da sie die ureigenste Aufgabe eines Theaters betrifft, wäre eine Mitbestimmung dann nicht in Betracht gekommen, wenn es keine Alternative zu der vorgenommenen Arbeitszeitregelung gegeben hätte.

Die von den Kritikern im Theaterfall gestellte Frage, ob durch die Absage des Gastspiels die Funktionsfähigkeit des Theaters in Frage gestellt sei oder nur eine unerheblich hinzunehmende Beeinträchtigung[74] vorliege, erübrigt sich, da diese Entscheidung behördenleitender Natur ist, deren Wichtigkeit und Mitbestimmungsfreiheit sich aus o.g. Gründen ergibt. Gerade der Theaterfall belegt die Gültigkeit dieser grundsätzlichen Annahme; denn die Funktionsfähigkeit einer öffentlichen Einrichtung bedeutet die Garantie des bestimmungsgemäßen Gebrauchs der Einrichtung. Ein Theater ist beispielsweise für den Bürger nicht erst dann funktionsunfähig, wenn gar keine Aufführung mehr stattfindet, sondern bereits dann, wenn einzelne beabsichtigte Vorstellungen entfallen.

---

72 So selbst Schuppert, PersR 1993, 1 (18) unter Rekurs auf die Wesentlichkeitstheorie des Bundesverfassungsgericht, mit deren Hilfe der Umfang der dem Gesetzgeber vorbehaltenen Entscheidungen bestimmt wird.

73 OVG NRW, PersV 1992, 175 (176).

74 So Sabottig, PersR 1991, 406 (407).

(3)   Vorbereitende Maßnahmen

Müssen aus verfassungsrechtlichen Gründen aus Sicht der Personalräte weitgehende Betätigungsfelder mitbestimmungsfrei gehalten werden, liegt das Interesse nahe, im Vorfeld dieser Entscheidungen mitzuwirken. In diesem Sinne sind in neueren Personalvertretungsgesetzen Vorschriften aufgenommen worden.[75] Die Grenze der Mitbestimmung vorbereitender Maßnahmen orientiert sich an dem Umfang der geplanten Endentscheidung.

d)   Die Trennung zwischen dem "ob" und dem "wie" einer "wichtigen öffentlichen Aufgabe"

Der Theaterfall belegt, daß selbst bei der Annahme der Mitbestimmungsfreiheit behördenleitender Entscheidungen noch Raum verbleibt für die Ausübung von Mitbestimmung. Dies ist immer dann der Fall, wenn bei Gemengelagen zwischen dem "ob" und dem "wie" einer Angelegenheit unterschieden werden kann und für das "wie" noch Entscheidungsspielraum verbleibt.

In der Absicht, im Rahmen des verfassungsrechtlich Zulässigen Mitbestimmung zu garantieren, ist bei Gemengelagen der Kernbereich der demokratischen Steuerung dann nicht verletzt, wenn neben der grundsätzlichen mitbestimmungsfreien Entscheidung noch Raum für eine der Mitbestimmung unterliegende Maßnahme verbleibt.

(1)   Der Mitbestimmungstatbestand der Arbeitszeiteinteilung

Nach der bisherigen Systematik lösen sich Gemengelagen zwischen dem Arbeitszeittatbestand und "wichtigen öffentlichen Aufgaben" dann nach dem schwächeren Recht, wenn letzterem Außenwirkung zukommt. Dies war im Theaterfall anzunehmen, gilt auch für die Anordnung von Überstunden[76], bei Abbau von Rückständen[77]

---

75   Vgl. Kisker, PersV 1985, 137 (145) zu der hessischen Regelung; ebenso § 51 MBG S-H und § 80 Abs. 1 Nr. 1, § 81 Abs. 2 Nr. 1 LPersVG Rh-Pf.

76   Die Frage, ob die Anordnung von Mehrarbeit und Überstunden auch vom Tatbestand des § 75 Abs. 3 Nr. 1 BPersVG erfaßt ist, wird von der h.M bejaht; vgl. Wahlers, PersV 1991, 1 (14), Lorenzen u.a., BPersVG, § 75 Rdn. 115 a und 1. Kap II.

77   So bspw. BVerwG, Beschluß vom 20.07.1984, BVerwGE 70, 1 = ZBR 1984, 379, wo Überstunden zur Erledigung von Anträgen auf Arbeitslosengeld und Arbeitslosenhilfe angeordnet worden waren oder BVerwG, Beschluß vom 09.10.1991, ZBR 1992, 109, wo es um die Aufarbeitung von Rückständen ging, die den Postlauf verzögerten.

oder bei der Anordnung von Sonderdiensten[78]. Die grundsätzliche Entscheidung, die bestimmte Maßnahme durchzuführen, das "ob" der Entscheidung, muß im Falle der Außenwirkung mitbestimmungsfrei bleiben.

Zur Garantie einer möglichst weitgehenden verfassungsgemäßen Ausübung von Mitbestimmung ist jedoch eine Arbeitszeitmitbestimmung dann möglich, wenn für die Verteilung der Arbeitszeit oder beispielsweise bei der Frage der Inanspruchnahme bestimmter Beamter[79] noch Raum für Mitbestimmung bleibt, ohne die öffentliche Aufgabenerfüllung zu tangieren.[80] Zusammenfassend kann daher mit dem Bundesverwaltungsgericht festgestellt werden:

> "Das Mitbestimmungsrecht ist allerdings dann ausgeschlossen, wenn der Zeitpunkt der Überstunde so eng mit deren Anordnung verknüpft ist, daß beides nicht voneinander getrennt werden kann. Dies wird insbesondere dann der Fall sein, wenn Überstunden aus Anlaß von konkreten, zeitlich festliegenden Einzelfällen zu einem bestimmten Zeitpunkt angeordnet werden müssen, so daß für zeitliche Dispositionen kein Raum ist. Andernfalls wird in diesen Fällen - unzulässigerweise - der Personalvertretung auch die Mitbestimmung über die staatliche Aufgabenerledigung eingeräumt."[81]

Im Bereich des Mitbestimmungstatbestands der Arbeitszeiteinteilung lassen sich bei Gemengelagen das "ob" und das "wie" einer Arbeitszeitmaßnahme (z.B. bei Überstundenanordnungen oder dem Einsatz von Sonderdiensten) oftmals trennen. Dies gilt auch für den eingangs geschilderten Theaterfall. Nicht der Mitbestimmung unterliegt somit die Entscheidung, daß das Gastspiel stattfindet. Mitbestimmungspflichtig ist bei der Möglichkeit von Entscheidungsalternativen das "wie" des Einsatzes des Bühnenpersonals. Hätte jedoch der Dienststellenleiter vorgetragen, daß ohne die benannten Mitarbeiter das Gastspiel hätte entfallen müssen, hätte es keine Mitbestimmungsmöglichkeit gegeben (d.h. wenn sich "ob" und "wie" nicht trennen lassen).

(2) Die Einschränkung der Mitbestimmung gemäß § 75 Abs. 4 BPersVG

Das Bundespersonalvertretungsgesetz sowie mehrere Landespersonalvertretungsgesetze, die noch nicht nach dem Allzuständigkeitsprinzip aufgebaut sind, enthalten jedoch Regelungen, die ein nach den bisherigen Kriterien zu § 75 Abs. 3 Nr. 1

---

78 So bspw. OVG NRW, Beschluß vom 21.09.1978, PersV 1980, 246; für Einsätze der Polizei sehen viele Personalvertretungsgesetze Sonderregelungen vor, die die Mitbestimmung generell entfallen lassen, so daß diese Problematik in diesem sicherheitsrelevanten Bereich dann nicht auftritt.

79 Auch dies ist vom Schutzzweck des § 75 Abs. 3 Nr. 1 BPersVG erfaßt, so BVerwG, Beschluß vom 20.07.1984, BVerwGE 70, 1 = ZBR 1984, 379.

80 So im Ergebnis bereits Schwerdtfeger, ZBR 1977, 176, (179).

81 BVerwG, Beschluß vom 09.10.1991, ZBR 1992, 109 (110).

BPersVG gegebenes Mitbestimmungsrecht dennoch einschränken. Nach § 75 Abs. 4 BPersVG beschränkt sich die Mitbestimmung auf die Grundsätze für die Aufstellung von Dienstplänen, wenn für Gruppen von Beschäftigten die tägliche Arbeitszeit nach Erfordernissen, die die Dienststelle nicht voraussehen kann, unregelmäßig und kurzfristig festgesetzt werden muß.[82]

Dies bedeutet in Fällen, in denen für den Beteiligten nicht voraussehbar eine Überstunde unregelmäßig und kurzfristig festgesetzt werden muß, daß sich das Mitbestimmungsrecht des Personalrats nur auf die Beteiligung an der Aufstellung von Grundsätzen über die Anordnung von Überstunden beschränkt.[83] Dies hat zur Folge, daß trotz des Vorliegens aller Voraussetzungen des § 75 Abs. 3 Nr. 1 BPersVG ein Mitbestimmungsrecht des Personalrats entfällt, wenn die Voraussetzungen des § 75 Abs. 4 BPersVG vorliegen. Das Bundesverwaltungsgericht weist darauf hin, daß damit unter Umständen Dienststellenleiter belohnt würden, die es unterlassen hätten, entsprechende allgemeine Grundsätze aufzustellen.[84] Andererseits steht dem Personalrat gemäß § 68 Abs. 1 Nr. 1 BPersVG ein Initiativrecht zu, womit er auf den Erlaß entsprechender allgemeiner Grundsätze hinwirken kann.

(3)   Sondervorschriften für den Polizeidienst

Im Bundespersonalvertretungsgesetz ebenso wie in den Landespersonalvertretungsgesetzen von Rheinland-Pfalz und Hessen sind zudem Sondervorschriften für den Einsatz der Polizei vorgesehen. In den Gesetzen von Nordrhein-Westfalen, Mecklenburg-Vorpommern, Berlin und Bremen sind Sonderregelungen im Arbeitszeittatbestand eingearbeitet.[85] Denn die in § 75 Abs. 4 vorausgesetzte Sondersituation verwirklicht sich bei der Polizei täglich. Nach dem Bundesgesetzgeber, ebenso in Rheinland-Pfalz, Thüringen und Hessen, soll im Bereich der Polizei der Personalrat jedoch auch nicht über allgemeine Grundsätze zur Anordnung von Überstunden mitbestimmen, sofern es sich um einen polizeilichen Einsatz oder eine Einsatzübung handelt: so ist in § 85 Abs. 1 Nr. 6 lit. a BPersVG festgelegt, daß eine Beteiligung der Bundesgrenzschutzpersonalvertretung nicht stattfindet bei Anordnungen für Polizeivollzugsbeamte, durch die Einsatz oder Einsatzübungen geregelt werden.

Die Mehrzahl der Landespersonalvertretungsgesetze haben diese Sonderregelung gestrichen. Nunmehr ist selbst in dem sensiblen Bereich der polizeilichen Einsätze das gesetzliche Mitbestimmungsverfahren durchzuführen, da bei nahezu jedem au-

---

82   Im BetrVG fehlt eine entsprechende Regelung.
83   So BVerwG, Beschluß vom 09.10.1991, ZBR 1992, 109 (111).
84   BVerwG, ZBR 1992, 109 (111).
85   S.o. 1. Kap II.

ßergewöhnlichen Einsatz - wenn Mehrarbeit außerhalb des gewöhnlichen Schicht-
dienstes erforderlich ist - zumindest eine Gemengelage mit dem Arbeitszeittatbestand gegeben ist. Sieht ein Landespersonalvertretungsgesetz keine § 75 Abs. 4
BPersVG entsprechende Sonderregelung vor[86] oder liegen die tatbestandlichen
Voraussetzungen nicht vor, sind diese Fälle entsprechend den obengenannten Kriterien zu entscheiden: Das "ob", d.h. die Einsatzanordnung, der Vollzug des Einsatz-
befehls[87] ist als wichtige Aufgabe, weil behördenleitend und grundsätzlich mit Außenwirkung, ohnehin mitbestimmungsfrei. Bei eiligen Einsätzen bleibt zudem für das
"wie" auch kein Raum, so daß im Ergebnis - wie nach den Sondervorschriften - der
gesamte Einsatz nicht der Mitbestimmung unterliegt.

Da bei vielen Einsätzen das "ob" und "wie" untrennbar miteinander verbunden
sind, waren die Sonderregelungen für die Polizei sinnvoll und praktikabel. Im Ergebnis ist deren Streichung nicht verfassungswidrig. Aber nun muß die Einsatzlei-
tung neben der schwierigen, oft komplizierten Einsatzplanung und Lagebeurteilung
zusätzlich prüfen, ob noch Raum für Mitbestimmung bleibt, bejahendenfalls die Einsatzanordnung noch dem Personalrat zur Mitbestimmung vorlegen und dessen positive Rückmeldung abwarten. Dieser Weg wäre bei allen längerfristig geplanten Einsätzen zu beschreiten. Problematisch wird es jedoch, wenn der Personalrat dem
konkreten Einsatz nicht zustimmt und keine Einigung bis zum Einsatztermin gefunden wird. In diesem Falle ist dann das zeitaufwendige Mitbestimmungsverfahren
einzuleiten. Innerhalb weniger Wochen - im Normalfall beträgt die Vorbereitungs-
frist für eine bekannte Veranstaltung nicht mehr als drei Wochen - wird das Mitbestimmungsverfahren nicht zu beenden sein. Die öffentliche Aufgabenerfüllung wäre
in diesen Fällen nur dann nicht gefährdet bzw. die Funktionsfähigkeit der Poizeibe-
hörde in Frage gestellt, wenn dem Dienststellenleiter hier entscheidende Kompetenzen zugesprochen würden.

e) Die Abbruchpraxis

In der eben beschriebenen Einsatzkonstellation reduziert sich mit dem Zeitablauf bis
zu dem geplanten Einsatz die zeitliche Dispositionsmöglichkeit zwischen "ob" und
"wie". Kommt es bis zum Einsatz zu keiner einvernehmlichen Regelung oder Entscheidung der Einigungsstelle, ist das Mitbestimmungsverfahren abzubrechen. Die
Gemengelage ist dann derart zu beurteilen, wie wenn das "ob" und das "wie" un-

---

86 So das MBG S-H. Andere LPersVG, die keine entsprechende Beschränkung auf eine Dienst-
    planmitbestimmung vorsehen, haben jedoch Sondervorschriften für den Polizeidienst, so
    LPersVG Bln, NRW und M-V.
87 Zu dem Ablauf einer polizeilichen Einsatzplanung, s. Polizeidienstvorschrift (PDV) 100.

trennbar miteinander verbunden wären. Nach Rechtsprechung und herrschender Lehre ist dann keine Möglichkeit für Mitbestimmung gegeben.

Durch dieses Verfahren hat der Personalrat jedoch die Möglichkeit seine Auffassung geltend zu machen. Alle Vorschläge der Personalvertretung können im konkreten Einsatz aufgrund des Vorbringens des Personalrats berücksichtigt werden. Nur falls das Stufenverfahren vor dem Einsatztermin nicht zu Ende geführt werden konnte, ist das Mitbestimmungsverfahren abzubrechen. Diese Fälle des Abbruchs des Mitbestimmungsverfahrens aufgrund Zeitablaufs bei sonstiger grundsätzlicher Anerkennung des Mitbestimmungsrechts erscheinen problemlos. Bei dem Einsatz von Sonderdiensten wird dem Dienststellenleiter deshalb das Recht zugesprochen, das Mitbestimmungsverfahren abzubrechen, wenn für zeitliche Dispositionen kein Raum mehr verbleibt. Dies ist bei polizeilichen Einsätzen als punktuelle Maßnahme mit dem Zeitablauf zum Einsatztag offensichtlich.

Anders ist die Situation jedoch bei Dauermaßnahmen, die unbestritten zum Zeitpunkt der Planung sowohl Elemente der Arbeitszeitmitbestimmung beinhalten, als auch organisatorische Maßnahmen darstellen, deren "ob" mitbestimmungsfrei bleibt, bei deren "wie" jedoch Einwirkungsmöglichkeiten gegeben sind.

Exemplarisch ist hierfür der der Entscheidung des Bundesverwaltungsgerichts vom 12.03.1986[88] zugrunde liegende Sachverhalt: Ein Dienststellenleiter bei der Bundesbahn bat den Personalrat frühzeitig (d.h. noch während des Laufs des Sommerfahrplans) um Zustimmung zu einem Dienstplan, der ab 01.11.d.J. in Kraft gesetzt werden sollte. Dieser Dienstplan enthielt aus Sicht des Dienststellenleiters neben organisatorischen Elementen auch arbeitszeitbezogene Inhalte, weshalb er die Mitbestimmung eingeleitet hatte, da für das "wie" noch Raum verblieb. Die Personalvertretung verweigerte die Zustimmung, stützte dies jedoch auf vom Dienstherren nicht genannte Mitbestimmungstatbestände, nämlich diejenigen der Umgestaltung der Arbeitsplätze und der Hebung der Arbeitsleistung.

Nach der bisher entwickelten Systematik ist die Entscheidung, daß zum 01.11.d.J. die Fahrpläne in Kraft treten sollen, der Mitbestimmung verschlossen. Denn hierbei handelt es sich um eine "wichtige organisatorische Aufgabe" mit Außenwirkung, die dem Letztendscheidungsrecht des Dienststellenleiters nicht entzogen werden kann.

Kommt es bis zu diesem Zeitpunkt zu keiner Einigung, sei es,
- daß der Personalrat arbeitszeitbezogene Bedenken geltend gemacht hätte und hierüber keine Einigung bis zum 01.11.d.J. erzielt worden wäre oder

---

88 BVerwG, Beschluß vom 12.03.1986, BVerwGE 74, 100 = PersV 1986, 417 = PersR 1986, 116; vgl. dazu die Anm. von Dannhäusser, PersV 1987, 403.

- daß der Personalrat die Zustimmung aus anderen Gründen verweigert hätte (so in dem o.g. Fall geschehen),

muß aus verfassungsrechtlichen Gründen, die Möglichkeit bestehen, die Dienstpläne in Kraft zu setzen. Im Gegensatz zum "Einsatzfall" ist das Mitbestimmungsbegehren jedoch nicht ab dem 01.11.d.J. überholt. Vielmehr bleibt nach einer Einigung die Möglichkeit, die laufenden Pläne zu korrigieren.

Die Möglichkeit, die Dienstpläne bei eingeleitetem Mitbestimmungsverfahren in Kraft zu setzen, besteht jedoch für den Dienststellenleiter nur dann, wenn ihm entweder das Recht zugesprochen wird, vorläufige Regelungen einstweilen in Kraft zu setzen oder das Recht, das Mitbestimmungsverfahren abzubrechen.

Da bisher die Rechtsprechung und herrschende Lehre sehr strenge Voraussetzungen für "vorläufige Regelungen" im Sinne des § 69 Abs. 5 BPersVG gefordert haben, insbesondere diese dann nicht zulassen, wenn dadurch die Vorstellungen des Dienststellenleiters verwirklicht werden - was bei der Dienstplaninkraftsetzung zweifellos der Fall wäre - wird diese Lösungsmöglichkeit nicht diskutiert.

Vielmehr konzentriert sich die Diskussion auf den Abbruch des Mitbestimmungsverfahrens und die Frage, wann eine Zustimmungsverweigerung vor der Einigungsstelle und wann vor dem Verwaltungsgericht zu verhandeln ist.[89] Geht es um die grundsätzliche Frage, ob oder nach welchen Mitbestimmungstatbeständen die Mitbestimmung gegeben ist, liegt die Situation des § 83 BPersVG vor, d.h. das Verwaltungsgericht ist zuständig. Ist noch kein Mitbestimmungsverfahren eingeleitet, muß es auch nicht abgebrochen werden. Ein Abbruch scheidet bereits begrifflich aus. Die fragliche Maßnahme kann aus Sicht des Dienststellenleiters ohne Probleme in Kraft gesetzt werden.

Ist jedoch ein Mitbestimmungsverfahren eingeleitet worden, muß es förmlich abgebrochen werden, wenn eine mitbestimmungspflichtige Maßnahme in Kraft gesetzt werden soll, denn nach der herrschenden Meinung gibt es die Möglichkeit der vorläufigen Regelungen in diesen Fällen gerade nicht. Ob bis dahin das Verfahren vor der Einigungsstelle oder dem Verwaltungsgericht durchzuführen ist, bestimmt sich nach dem Inhalt der Zustimmungsverweigerung. Liegt diese außerhalb des vom

---

89 Zu der kontroversen Diskussion seit der Entscheidung des BVerwG vom 12.03.1986, BVerwGE 74, 100 = PersV 1986, 417 = PersR 1986, 116, vgl. Dannhäusser, PersV 1987, 403; ders., PersV 1990, 145; ders., PersV 1990, 409; ders., PersV 1991, 193; VGH Hessen, Beschluß vom 29.03.1989, PersV 1990, 176; Sabottig, PersR 1990, 16; BVerwG, Beschluß vom 27.07.1990, PersV 1990, 354; dazu Anm. Albers, PersV 1990, 356; BVerwG, Beschluß vom 02.02.1990, PersV 1991, 22; dazu Anm. Dannhäusser, PersV 1991, 193; VG Hannover, Beschluß vom 27.07.1990, PersV 1991, 530; dazu Anm. Gizycki, PersV 1991, 532; dazu auch Haas, PersV 1992, 145; OVG NRW, Beschluß vom 14.10.1991, PersV 1992, 90; Vallendar, PersR 1993, 61.

Dienststellenleiter bemühten Tatbestandes, ist zweifellos das Verwaltungsgericht zuständig, da es um die Frage der Zuständigkeit der Personalvertretung geht. Demgegenüber ist die Einigungsstelle allein zuständig für die Fälle, in denen eine Zustimmungsverweigerung innerhalb des vom Dienststellenleiter bemühten Tatbestandes liegt und keine Einigung erzielt werden konnte. Falls beide Fälle vorliegen, ist für die eine Frage das Verwaltungsgericht, für die andere die Einigungsstelle parallel zuständig.[90]

Zusammenfassend ergibt sich jedoch, daß - unabhängig davon, ob allein die Einigungsstelle oder das Verwaltungsgericht oder beide parallel zuständig sind - maßgeblich ist, ob das Mitbestimmungsverfahren von dem Dienststellenleiter eingeleitet worden ist. Dies ist immer dann der Fall, wenn er den Personalrat um Zustimmung zu der geplanten Maßnahme gebeten hat.[91] Dies hindert den Dienststellenleiter daran, die fragliche Maßnahme in Kraft zu setzen, ohne das eingeleitete Verfahren förmlich abgeschlossen zu haben.

Da der Dienststellenleiter andererseits in den oben beschriebenen Fällen verpflichtet ist, konkrete Maßnahmen zu ergreifen, um die Funktionsfähigkeit der Behörde zu gewährleisten, sei es den Einsatz anzuordnen oder die Dienstpläne in Kraft zu setzen, muß ihm das Recht hierzu zugestanden werden.

Nach der bisherigen Rechtslage muß in diesen Fällen das Mitbestimmungsverfahren abgebrochen werden, obwohl eine so weitgehende Beschneidung der Personalratsrechte nicht erforderlich wäre. Im Rahmen des verwaltungsgerichtlichen Verfahrens bleibt nur noch die Möglichkeit der Fortsetzungsfeststellungsklage mit Auswirkungen auf zukünftige Fallgestaltungen.

Aus diesen Gründen sollte zur Garantie möglichst weitgehender Personalratsrechte, die Möglichkeit der Ausweitung vorläufiger Regelungen als milderes Mittel geprüft werden. Die Erweiterung der Möglichkeiten vorläufiger Regelungen ist insoweit nicht "Rückschritt" oder "scheibchenweiser Abbau"[92] von Personalratsrechten, sondern die Möglichkeit, diesen zu weitergehender Bedeutung zu verhelfen als bisher. Denn so wird der endgültige Abbruch des Mitbestimmungsverfahrens, der aus verfassungsrechtlichen Gründen erforderlich wäre, verhindert.

---

90   A.A. BVerwG, Beschluß vom 12.03.1986, BVerwGE 74, 100 = PersV 1986, 417 = PersR
     1986, 116; diese Entscheidung ist zurecht kritisiert und vom BVerwG nunmehr mit Beschluß
     vom 02.02.1990, PersV 1991, 22 korrigiert worden.
91   Vgl. VGH B-W, Beschluß vom 04.06.1991, PersV 1992, 352.
92   So Pieper, PersR 1990, 123.

f) Die Möglichkeit vorläufiger Regelungen

Gemäß § 69 Abs. 5 BPersVG kann der Leiter der Dienststelle bei Maßnahmen, die der Natur der Sache nach keinen Aufschub dulden, bis zur endgültigen Entscheidung vorläufige Regelungen treffen.

(1) Der derzeitige Meinungsstand

Voraussetzung für die Anwendung des § 69 Abs. 5 BPersVG ist zunächst, daß es sich bei der beabsichtigten Maßnahme um eine der Natur der Sache nach unaufschiebbare Maßnahme handelt. Nach Ansicht des Bundesverwaltungsgerichts ist eine Maßnahme nur dann unaufschiebbar, wenn eine weitere Verzögerung die Erfüllung der der Dienststelle obliegenden Aufgaben in Frage stellt.[93]

Weitere Voraussetzung ist nach herrschender Meinung und Ansicht des Bundesverwaltungsgerichts, daß die vorläufige Regelung keine Vorwegnahme der endgültigen Entscheidung darstellen dürfe, sondern in der Sache so weit hinter der beabsichtigten endgültigen Maßnahme zurückbleiben müsse, daß eine wirksame Ausübung des Mitbestimmungsrechts möglich bleibe.[94]

Nach der jüngsten Rechtsprechung des Bundesverwaltungsgerichts dürfen die aufgezeigten Grenzen vorläufiger Regelungen ausnahmsweise dann überschritten werden, wenn die durch die Beteiligung der Personalvertretung eintretende Verzögerung zu einer Schädigung überragender Gemeinschaftsgüter oder -interessen führen würde. In diesen Fällen darf der Dienststellenleiter ausnahmsweise die von ihm geplante Regelung vorläufig in Kraft setzen. Das Gericht hat darauf hingewiesen, daß allein zu befürchtende Zustände der Funktionsunfähigkeit der Dienststelle zu derartigem Vorgehen berechtigen; nicht ausreichend sei die beabsichtigte Garantie des reibungslosen Ablaufs in der Dienststelle.[95]

(2) Kritik und eigener Lösungsvorschlag

Maßnahmen, die der Mitbestimmung unterliegen und gleichzeitig die Funktionsfähigkeit der Behörde tangieren, sind in der Regel Gemengelagen, die neben einem

---

93 BVerfG, Beschluß vom 25.10.1979, ZBR 1980, 161; ebenso BVerwG, Beschluß vom 14.03.1989, PersV 1989, 359; OVG NRW, PersV 1990, 31.

94 Vgl. BVerwG, PersV 1989, 359 (360); Dietz/Richardi, BPersVG, § 69 Rdnr. 93; Grabendorff/Windscheid/Ibertz, BPersVG, § 69 Rdnr. 34; Altvater u.a., BPersVG, § 69 Rdnr. 34.

95 BVerwG, PersV 1989, 359 (361); s.o. 1. Kap. II, 4 b, wo dieser Fall ausführlich geschildert wird. Kritisch zu dieser Ausweitung Widmaier, PersV 1989, 421; Pieper, PersR 1990, 123.

Mitbestimmungstatbestand noch organisatorische oder behördenleitende Inhalte aufweisen. Aus verfassungsrechtlichen Gründen muß der Kernbereich der demokratischen Steuerung - und der ist spätestens tangiert, wenn die Funktionsfähigkeit der Behörde in Gefahr ist - mitbestimmungsfrei bleiben. Zur Garantie einer möglichst weitgehenden Mitbestimmung wurde jedoch zwischen dem "ob" und dem "wie" der öffentlichen Aufgabenerfüllung unterschieden. Liegt nun eine Maßnahme vor, die der Natur der Sache nach keinen Aufschub duldet - so zweifelsfrei bei einem Polizeieinsatz, aber auch bei Dienstplänen oder Lehrerversetzungen, wenn andernfalls der Unterricht ausfallen müßte -, ist der Zeitpunkt für das "ob" gekommen, d.h. die Maßnahme muß in Kraft gesetzt werden. Bei punktuellen Maßnahmen wie Polizeieinsätzen, Katastrophenfällen etc. bleibt für das "wie" mit Eintritt des fraglichen Zeitpunkts kein Dispositionsspielraum mehr. Das Mitbestimmungsverfahren muß abgebrochen werden. Die Möglichkeit vorläufiger Regelungen scheidet schon begrifflich aus.[96]

Bei Dauermaßnahmen, wie der Inkraftsetzung von Dienstplänen zu einem bestimmten Zeitpunkt, bleibt jedoch noch die Möglichkeit der Abänderbarkeit entsprechend den Vorstellungen des Personalrats oder des Spruchs der Einigungsstelle. Dies ist die Situation für den Erlaß vorläufiger Regelungen.[97] Da das Bundesverwaltungsgericht jedoch die Möglichkeit vorläufiger Regelungen ohne Not derart einengt, daß in vielen Fällen hiervon nicht Gebrauch gemacht werden kann, sehen die Dienststellenleiter die einzige Möglichkeit im Abbruch des Einigungsstellenverfahrens zur Garantie der Funktionsfähigkeit ihrer Behörde und dem Inkraftsetzen der geplanten Regelung.

Deshalb sollte der Anwendungsbereich vorläufiger Regelungen auch auf diese Fälle ausgedehnt werden. Die Ausweitung der Möglichkeiten vorläufiger Regelungen dient dann der Garantie der Rechte der Personalvertretung und will ihr zu möglichst weitgehender Geltung verhelfen ohne den Schutz der Belange der Allgemeinheit zu vernachlässigen,[98] was belegt, daß diese Auslegung dem Zweck der Regelung entspricht.

Diese Ausweitung läßt sich auch mit dem Wortlaut der Vorschrift vereinbaren: Eine Regelung ist - entgegen der Ansicht des Bundesverwaltungsgerichts - nicht allein dann vorläufig, wenn sie hinter der vom Dienststellenleiter beabsichtigten Maßnahme zurückbleibt. Das Gericht geht irrtümlich davon aus, daß dadurch die Mitbestimmung des Personalrats völlig ausgeschaltet würde. Da das Mitbestim-

---

96 Gleiches gilt für Maßnahmen wie Kündigungen, Einstellungen, die nicht "vorläufig" vollziehbar sind.

97 Beispiel außerhalb des Arbeitszeittatbestands ist die Möglichkeit der Abordnung anstelle der Versetzung.

98 Zum Zweck der Vorschrift vgl. BVerwG, Beschluß vom 19.04.1988, PersV 1988, 528 (529).

mungsverfahren parallel läuft (§ 69 Abs. 5 Satz 2 BPersVG), ist die Mitbestimmung gerade nicht ausgeschaltet. Mit einer Einigung im Stufenverfahren oder dem Spruch der Einigungsstelle wird der vorläufigen Regelung des Dienststellenleiters der Boden entzogen und die mitbestimmte Entscheidung ist in Kraft zu setzen.[99] "Vorläufig" ist dann im Sinn von schwebend, nicht endgültig, jederzeit aufhebbar zu verstehen.

Die Schwierigkeit des Nachweises der Gefährdung überragender Gemeinschaftsgüter entfällt dann, da auch in der Inkraftsetzung einer Regelung nach den Vorstellungen des Dienststellenleiters eine vorläufige Regelung zu sehen ist. Im übrigen wäre diesem Nachweise auch dadurch zu entgehen, daß der Dienststellenleiter mit der vorläufigen Regelung lediglich geringfügig hinter der geplanten zurück bliebe, denn dann wären die Voraussetzungen für die vorläufige Regelung ohnehin gegeben. In Betracht käme beispielsweise eine - ev. mehrfache - Inkraftsetzung von Dienstplänen kürzerer Dauer als geplant.[100] Schon dieses Fallbeispiel belegt, daß "vorläufig" nicht im Sinne von "weniger" als die endgültige Entscheidung, sondern im Sinne von "schwebend" verstanden werden muß.

Somit sind alle Maßnahmen der Dienststelle, die nicht irreversible Zustände schaffen,[101] falls die übrigen Voraussetzungen vorliegen zunächst im Wege vorläufiger Regelungen in Kraft zu setzen. Parallel dazu ist das Mitbestimmungsverfahren durchzuführen. Da hierdurch das "ob" der Entscheidung mitbestimmungsfrei bleibt, ist der Kernbereich der demokratischen Steuerung nicht verletzt. Über das "wie" wird demgegenüber umfassend mitbestimmt. Dies bedeutet, daß das Mitbestimmungsverfahren nur noch in den Fällen abgebrochen werden muß, in denen keine Möglichkeit zu vorläufigen Regelungen besteht und die Maßnahme zum Kernbereich der demokratischen Steuerung zählt.

g) Die Zeitverzögerung

Bedenken, daß aufgrund der zeitlichen Verzögerungen aus fast jeder vorläufigen Regelung dennoch eine endgültige wird, stehen dieser Auslegung nicht entgegen. Diese Zeitverzögerung ist auf das personalvertretungsrechtliche Verfahren zurückzuführen, das umgekehrt in Aufgabenbereichen, die nicht zum Kernbereich der demokratischen Steuerung zählen, ebenso zu Verzögerungen zulasten der Dienststelle

---

99 Zum Rechtsschutz vgl. Kunze, PersV 1988, 417 (419).
100 So gefordert von BVerwG, Beschluß vom 22.08.1988, PersV 1989, 269 (271); ebenso Papier, PersR 1990, 123 (125); zur Unsinnigkeit einer solchen Forderung, Reinhard, Gramlich, PersV 1991, 382(384).
101 Bspw. eine Abordnung anstelle einer Versetzung; vgl. Kunze, PersV 1988, 417 m.w.N.

führt. Solange dies zum Nachteil der Dienststelle toleriert wird, müssen Zeitverzögerungen auch zulasten des Personalrats hingenommen werden.

Dennoch sollte im Interesse der Gewährleistung der gegenseitigen Positionen über Verfahrensverkürzungen nachgedacht werden. So schlägt Däubler vor, daß Einigungsstellen auf Behördenebene dauerhaft etabliert werden sollten.[102] Diese Überlegungen sollen hier jedoch nicht vertieft werden, da das lange Verfahren bei den Personalvertretungsgesetzen, die - wie das Bundespersonalvertretungsgesetz - nach dem Enumerationsprinzip aufgebaut sind, nicht zu verfassungswidrigen Verwerfungen führt.

h) Besonderheiten bei Allzuständigkeitsregelungen

Anders ist die Situation demgegenüber bei reinen Allzuständigkeitsregelungen, wie sie das Mitbestimmungsgesetz Schleswig-Holstein vorsieht. Dieses erkennt zwar ebenfalls einen mitbestimmungsfreien Kernbereich der demokratischen Steuerung an, unterwirft jedoch dennoch alle Materien dem vollen Mitbestimmungsverfahren und gibt der obersten Verwaltungsspitze in diesen Angelegenheiten dann ein Evokationsrecht.

Diese lange Zeitverzögerung ohne die Möglichkeit des vorherigen Abbruchs des Mitbestimmungsverfahrens, weil keine Angelegenheit in dem Sinne mehr mitbestimmungsfrei ist, daß das Verfahren nicht durchlaufen werden müßte, wäre selbst dann nicht verfassungsgemäß, wenn der Dienststellenleiter umfassende Möglichkeiten vorläufiger Regelungen hätte. Auch im MBG S-H existiert eine Vorschrift, die § 69 Abs. 5 BPersVG entspricht, nämlich § 52 Abs. 8 MBG S-H. Zudem dürfen eilbedürftige Maßnahmen gemäß § 52 Abs. 9 MBG S-H geregelt werden, wenn ihre Auswirkungen auf die Beschäftigten gering und von kurzer Dauer sind und der mit ihnen bezweckte Erfolg andernfalls nicht eintreten könnte.[103] Der Anwendungsbereich des § 52 Abs. 9 MBG S-H ist jedoch aufgrund der drei kummulativ geforderten Voraussetzungen eher klein und selbst bei erweiterter Auslegung des § 52 Abs. 8 MBG S-H in dem oben beschriebenen Umfang, bleibt der Kernbereich der demokratischen Steuerung nicht unangetastet.

---

102 Vgl. Däubler, ArbuR 1973, 233 (243), der dem Entwurf eines BPersVG den eigenen Vorschlag eines Allzuständigkeitsmodells mit Evokationsrecht entgegensetzt und zur Garantie der "Funktionsfähigkeit der Verwaltung" die Bildung der Einigungsstelle auf Dienststellenebene fordert.

103 Vgl. Plander, PersR 1990, 345 (347); danach ist diese Bestimmung im Interesse der "Funktionsfähigkeit der Verwaltung" erlassen worden. Er vertritt die Auffassung, daß diese Regelung weitergehend als die Befugnis zu "vorläufigen Maßnahmen" sei, da der Dienststellenleiter endgültige Entscheidungen treffen könne.

Denn Mischtatbestände, bei denen nach anderen Vorschriften das "ob" mitbestimmungsfrei bliebe, mit der Folge, daß bei schwindender Dispositionsmöglichkeit
diese Gemengelage nach dem schwächeren Recht - u.U. sogar ohne Mitbestimmung - gelöst würde, sind nach dem MBG immer in vollem Umfang der Mitbestimmung unterworfen. Bei Maßnahmen, die zum Kernbereich der demokratischen
Steuerung zählen, ist lediglich am Ende des Verfahrens die Möglichkeit der Aufhebung festgelegt. Ab dem Zeitpunkt, an dem eine Entscheidung notwendig wird, bis
zum Abschluß des Einigungsstellenverfahrens herrscht ein Schwebezustand der
"Nicht-Entscheidung", der nicht nur demokratischer Legitimation entbehrt, sondern
auch die Funktionsfähigkeit der Behörde massiv gefährden kann.[104] Die demokratische Legitimation wird erst mit der Evokation oder Nicht-Evokation der Verwaltungsspitze wieder hergestellt. Somit kann festgestellt werden, daß der Gesetzgeber
dieser Allzuständigkeitsregelungen nicht dafür Sorge getragen hat, daß diese Aufgaben unter demokratischer Legitimation gehalten werden.[105] Selbst unter extensiver
Anwendung vorläufiger Regelungen, bleibt eine verfassungswidrige Regelungslücke
bei Maßnahmen, die einer vorläufigen Regelung nicht zuzuführen sind; so bspw. bei
dem o.g. Theaterfall zum Zeitpunkt der geplanten Aufführung oder bei einer Kündigung in der Probezeit, der der Personalrat nicht zustimmt mit der Folge der Weiter-
beschäftigung, wenn dann die Zustimmung des Personalrats nach 2 Jahren ersetzt
wird.

Bedenken gegen die schleswig-holsteinische Regelung bestehen auch aus nachfolgenden Überlegungen. Bei Allzuständigkeitsregelungen ist bis zu dem Aufhebungsrecht das volle Mitbestimmungsverfahren durchzuführen. Denn es besteht
lediglich die Möglichkeit, daß nach Durchlaufen des vollen Verfahrens die Verwaltungsspitze von ihrem Aufhebungsrecht Gebrauch macht. Dabei werden selbst anerkannt mitbestimmungsfreie Angelegenheiten erheblich zeitverzögert, inhaltlich
zerredet, geglättet, angepaßt, kompensationsorientiert zu einer Entscheidung gebracht.[106] Auch wenn der demokratisch legitimierte Entscheidungsträger am Ende
ein Aufhebungsrecht hat, stellt sich die Frage, ob dies noch der demokratischen
Anforderung an eine funktionsgerechte Verwaltung genügt. Denn die Praxis wird
zeigen, daß nach langwierigen, zähen, kompromißorientierten Verhandlungen, so
gut wie kein Minister einen Kompromiß zugunsten der Behördenausgangsauffas-

---

104 Vgl. Klabunde, PersV 1993, 1, der an dem Beispiel des Ablaufs von Fristen bei Kündigungen
   die Folgen des Zustimmungsersetzungsverfahrens in der Praxis veranschaulicht.
105 Vgl. Kisker, PersV 1992, 1 (18); Schenke, PersV 1992, 289 (299).
106 Vgl. Kisker, PersV 1992, 1 (22); Schenke, PersV 1992, 289 (302); Richardi, PersR 1993, 49
   (52); Thiele, PersV 1993, 93 (97).

sung aufheben wird.[107] Somit sind verfassungsrechtlich gefordert mitbestimmungs-freie Materien im Endeffekt doch einer Mitbestimmung unterworfen worden.

Gegen Allzuständigkeitsregelungen sprechen auch die dadurch verursachte Auf-blähung der Bürokratien und die Kosten dieses Verfahrens, sowie die Verunsiche-rung der Dienststellenleiter, die in Erwartung des Verfahrens vor unpopulären Maß-nahmen zurückschrecken werden. Dies steht im krassen Gegensatz zu den Forde-rungen an eine "schlanke Verwaltung" in Zeiten knapper Kassen und differenzierter Aufgabenstellungen. Gerade die Verwirklichung des sozialen Rechtsstaats setzt einen hohen Grad an Effizienz aller staatlichen Einrichtungen bei größtmöglicher Kostenersparnis voraus.[108] Da diese inhaltlichen Befürchtungen mehr wirklichkeits-als normorientiert sind, sollen sie hier nicht weiter vertieft werden.

Befürworter dieser Regelungen verweisen auf das Kontrolldefizit der demokra-tisch legitimierten Parlamente und Regierungen und rechtfertigen damit weitgehende Beteiligungsbefugnisse der (auch) betroffenen öffentlichen Arbeitnehmer.[109] Dieser Aspekt übersieht jedoch, daß durch die öffentliche Aufgabenerfüllung neben den öffentlichen Bediensteten, vor allem das Volk und damit der Legitimationsgeber betroffen ist. Einen "Konkurs" des Staates tragen die öffentlichen Bediensteten nicht in ihrer Eigenschaft als Arbeitnehmer, sondern als Teil des Volkes. Wenn überhaupt, dürfte aus dem Argument des Kontrolldefizits allein die Forderung nach volksunmit-telbarer Beteiligung an der Verwaltung hergeleitet werden.[110] Alles andere würde zudem gegen den Grundsatz der staatsbürgerlichen Gleichheit verstoßen. Im übrigen weist Klein[111] zurecht darauf hin, daß eine etwa nicht ausreichende Kontrolle der Verwaltung durch Parlament und Regierung sich nicht durch die Einschaltung de-mokratisch nicht legitimierter Kontrollorgane kompensieren lasse. Allein erforder-lich sei die jederzeitige Möglichkeit des Zugriffs bei Fehlentwicklungen und die Geltendmachung individueller Verantwortlichkeit.

Einen zusätzlichen Gedanken formuliert Richardi[112], wenn er darauf verweist, daß umfassende Allzuständigkeitsbefugnisse des Personalrats die Mitbestimmung selbst in ihrem Wesensgehalt beeinträchtige. Diese Regelungen beschränkten sich auf die Zuweisung unkontrollierter Macht ohne Rechtsschutz für die betroffenen Ar-beitnehmer und ohne Rücksicht auf deren individuelle Ordnungsvorstellungen. Auf

---

107 A.A. Schuppert, PersR 1993, 1 (19), der diese Befürchtungen als "Horrorszenario" diffamiert; vgl. auch Jestaedt, Demokratieprinzip und Kondominalverwaltung, S. 44.
108 Vgl. Klein, PersV 1990, 45 (57).
109 Vgl. Kempen, ArbuR 1987, 9 (17); Plander, ArbuR 1987, 1 (4); Wendeling-Schröder, ArbuR 1987, 381 (384); Schröder, PersR 1985, 115 (119); Bobke, PersR 1985, 4 (7).
110 Vgl. AK-GG-Stein, Art. 20 Abs. 1 - 3, II, Rdnr. 43.
111 Klein, PersV 1990, 49 (55).
112 Richardi, PersR 1993, 49 (53).

diese Abhängigkeit des Einzelnen vom Personalrat haben auch andere Autoren hingewiesen.[113] Gerade wenn man den Schutz des Individuums ernst nimmt, kann man nicht einer grenzenlosen Macht der Personalräte das Wort reden. Abschließend sieht Richardi in der Einführung einer Generalklausel der Mitbestimmung nicht Fortschritt, sondern Beginn eines Zerstörungswerks an der Betriebsverfassung bzw. an dem Personalvertretungsrecht.[114]

i) Zusammenfassung

Stellen sich Entscheidungen, die der Mitbestimmung in Arbeitszeitfragen unterliegen, gleichzeitig als Entscheidungen dar, die zum Kernbereich der demokratischen Steuerung zählen, ist das dadurch auftretende Spannungsverhältnis wie folgt zu lösen.

- Liegt der Regelungsgegenstand eindeutig auf dem Gebiet der "wichtigen öffentlichen Aufgabenerfüllung" und wird Mitbestimmung rechtsmißbräuchlich benutzt um Einfluß auf die öffentliche Aufgabe zu gewinnen, entfällt die Mitbestimmung.

- Sind jedoch beide Bereiche tangiert, ist zunächst nach der Außenwirkung zu fragen. Liegt sie nicht vor, kann sich Mitbestimmung umfassend verwirklichen.

- Ist die Außenwirkung der konkreten Maßnahme zu bejahen, wird zwischen dem "ob" und dem "wie" der konkreten Entscheidung unterschieden. Während das "ob" grundsätzlich mitbestimmungsfrei bleibt, unterliegt das "wie" dann der personalvertretungsrechtlichen Mitbestimmung, wenn hier noch Dispositionsspielraum verbleibt.

- Bei punktuellen Maßnahmen (Einsätze, Katastrophenfälle) verkleinert sich die Dispositionsmöglichkeit mit Zeitablauf. Falls das Mitbestimmungsverfahren bis zum Eintritt der beabsichtigten Maßnahme nicht beendet ist, muß es abgebrochen werden, die Mitbestimmung entfällt.

- Bei Dauermaßnahmen (Dienstpläne, Versetzungen, Behördenbauten) kann bei Dringlichkeit (wenn eine weitere Verzögerung die Funktionsfähigkeit der Dienststelle in Frage stellen würde) allein die Möglichkeit umfassender vorläufiger Regelungen den Abbruch des Mitbestimmungsverfahrens verhindern.

- Im Rahmen von Allzuständigkeitsregelungen wäre die Maßnahme - obwohl sie zum Kernbereich der demokratischen Steuerung zählt - bis zum Abschluß des Ver-

---

113 Vgl. Kisker, PersV 1992, 1; Schenke, PersV 1992, 289.
114 Richardi, PersR 1993, 49 (54).

fahrens nicht durchführbar, selbst wenn die Dienststelle funktionsunfähig würde.[115] Diese Regelungen sind selbst mit der Möglichkeit umfassender vorläufiger Regelungen verfassungswidrig, da bei Maßnahmen, die einer vorläufigen Regelung nicht zugeführt werden können, ein Schwebezustand herrscht, der die öffentliche Aufgabenerfüllung suspendiert und dadurch in den Kernbereich der demokratischen Steuerung verfassungswidrig eingreift.

II. Die Gewährleistung der Mitbestimmungsfreiheit des Kernbereichs der demokratischen Steuerung im Rahmen des § 75 Abs. 3 Nr. 1 BPersVG

1. Die Schutzzweckrelevanz

Nach dem Wortlaut des § 75 Abs. 3 Nr. 1 BPersVG würden Angelegenheiten selbst dann der Mitbestimmung unterfallen, wenn arbeitszeitrechtliche Bedenken allein geltend gemacht würden um eine behördenleitende Maßnahme der Dienststelle mitbestimmungspflichtig zu machen. Wie oben gezeigt wurde, entfällt die Mitbestimmung, wenn eine an sich mitbestimmungsfreie Angelegenheit sozusagen "umetikettiert" würde. Da der Zweck des § 75 Abs. 3 Nr. 1 BPersVG nicht in der primären Beteiligung an behördenleitenden Maßnahmen liegt, scheidet eine Mitbestimmung in diesen Fällen mangels Schutzzweckrelevanz aus. Diese Fälle werden in der Praxis eher selten vorkommen.

2. Teleologische Reduktion des § 75 Abs. 3 Nr. 1 BPersVG

Häufig treten jedoch sogenannte Gemengelagen auf, bei denen sowohl der Mitbestimmungstatbestand der Arbeitszeiteinteilung als auch Maßnahmen betroffen sind, die zum Kernbereich der demokratischen Steuerung zählen. Um welche Aufgaben es sich hierbei handelt, wurde oben gezeigt, ebenso daß diese Angelegenheiten aus verfassungsrechtlichen Gründen mitbestimmungsfrei bleiben müssen, wenn sie Außenwirkung entfalten. Bei punktuellen Maßnahmen, bei denen zwischen dem "ob" und dem "wie" der Entscheidung kein Dispositionsspielraum verbleibt, kann es bei diesen Gemengelagen keine Mitbestimmung geben.

---

115 Zu der weiteren Frage, ob dem Benutzen von Generalklauseln statt ennumerativer Formulierung verfassungsrechtliche Relevanz zukommt, vgl. Schuppert, PersR 1993, 1 (19) einerseits und Richardi, PersR 1993, 49 (52 f), Kisker, PersV 1992, 1 (21), Schenke, PersV 1992, 289 (298) andererseits.

Nach dem Wortlaut müßten auch diese Gemengelagen gemäß § 75 Abs. 3 Nr. 1 BPersVG der Mitbestimmung unterworfen werden, ebenso bei sämtlichen Landespersonalvertretungsgesetzen. Auch der Zweck der Mitbestimmung bei Arbeitszeitfragen ist betroffen, so daß auch hierin keine Möglichkeit liegt, mangels Zweckverwirklichung die Reichweite des Mitbestimmungsrechts zu begrenzen. Da alle Personalvertretungsgesetze nicht unter dem allgemeinen Vorbehalt der Mitbestimmungsfreiheit der öffentlichen Aufgabenerfüllung stehen, trägt auch dieser Gesichtspunkt nicht zur Begrenzung der Mitbestimmung bei.

Daß diese Gemengelagen nicht der Mitbestimmung unterworfen sind, ergibt sich aus den verfassungsrechtlichen Vorgaben, die in § 104 BPersVG ihren Ausdruck gefunden haben und somit für die Landesgesetzgeber unmittelbar gelten. Für den Anwendungsbereich des Bundespersonalvertretungsgesetzes resultiert dieser Befund direkt aus der Verfassung. Die Gültigkeit der Vorgaben des § 104 BPersVG für das BPersVG ergibt sich aus der Systematik, der Entstehungsgeschichte und dem Zweck des Gesetzes. Somit liegt - ebenso wie im Betriebsverfassungsgesetz - der Fall vor, daß eine Vorschrift entgegen ihrem Wortsinn aber gemäß der immanenten Teleologie des Gesetzes einer Einschränkung bedarf, die im Gesetzestext nicht enthalten ist. Im Wege der teleologischen Reduktion ist eine Auslegung, die die nach ihrem Wortsinn zu weit gefaßte Regel auf den ihr nach dem Regelungszweck oder dem Sinnzusammenhang des Gesetzes zukommenden Anwendungsbereich zurückführt, zulässig.

Dies bedeutet, daß sich die einschränkende Auslegung aufgrund teleologischer Reduktion des § 75 Abs. 3 Nr. 1 BPersVG ergibt. Gleiches gilt für die entsprechenden landesrechtlichen Regelungen. Die einschränkende Auslegung führt dann bei den oben geschilderten Gemengelagen bei punktuellen Entscheidungen zur Mitbestimmungsfreiheit, bei dauernden Maßnahmen zu der Mitbestimmungsfreiheit des "ob" der Entscheidung.

Bei dauerhaften Maßnahmen (wie beispielsweise bei der Inkraftsetzung von Dienstplänen) könnte demgegenüber das "wie" der Entscheidung der vollen Mitbestimmung unterliegen. Dies wäre jedoch nur dann möglich, wenn dadurch nicht das "ob" gefährdet wäre. Um dem Mitbestimmungsrecht bei der Gestaltung der einzelnen Maßnahme zu möglichst weitgehender Geltung zu verhelfen, sind die Möglichkeiten vorläufiger Regelungen auszuweiten.

3. Verfassungskonforme Auslegung des § 69 Abs. 5 BPersVG

Wie oben gezeigt wurde, läßt der Wortsinn des § 69 Abs. 5 BPersVG eine vorläufige Regelung auch dann zu, wenn man hierunter nicht ein "Weniger" als einer vom Dienststellenleiter geplanten Maßnahme versteht. Vielmehr ist eine Regelung auch dann vorläufig, wenn sie schwebend, aufhebbar und abänderbar ist. Diese Wortlautauslegung läßt sich auch mit dem Zweck der Vorschrift vereinbaren. Bei § 69 Abs. 5 BPersVG handelt es sich um eine Ausnahmeregelung. Sie gibt einerseits dem Dienststellenleiter die Befugnis, bis zum Abschluß des Beteiligungsverfahrens vorläufige Regelungen zu treffen, soweit diese unabweisbar erforderlich sind um einem vorrangigen und unaufschiebbaren Allgemeininteresse Rechnung zu tragen. Andererseits soll die Regelung aber auch sicherstellen, daß die Mitbestimmung bei der endgültigen Maßnahme unter diesen besonderen Bedingungen gewährleistet bleibt. Sie dient also dem Schutz sowohl der Belange der Allgemeinheit als auch der Mitbestimmung der durch den Personalrat repräsentierten Beschäftigten.[116] Die hier vorgeschlagene Auslegung des § 69 Abs. 5 BPersVG läßt sich mit diesem Zweck nicht nur vereinbaren, sie dient vielmehr der Gewährleistung der Mitbestimmung, da andernfalls aus verfassungsrechtlichen Gründen das Mitbestimmungsverfahren abgebrochen werden müßte. Dies übersieht das Bundesverwaltungsgericht, wenn es vorläufige Regelungen dann nicht zuläßt, wenn ein geordneter Dienstbetrieb in der Dienststelle in Gefahr ist, und demgegenüber nur Zustände der Funktionsunfähigkeit als Rechtfertigung für eine vorläufige Regelung gelten läßt. Der Beurteilung des Bundesverwaltungsgerichts liegt nämlich die nicht notwendige Feststellung zugrunde, daß eine vorläufige Regelung, die den Vorstellungen des Dienststellenleiters entspricht, die Mitbestimmung der Beschäftigten gänzlich ausschalten würde. Wie oben gezeigt, ist dies gerade nicht der Fall, so daß die hier vorgeschlagene Auslegung sowohl nach dem Zweck der Vorschrift als auch aus verfassungsrechtlichen Gründen das mildere Mittel darstellt. Allein nach der hier vertretenen Auslegung des § 69 Abs. 5 BPersVG lassen sich verfassungswidrige Zustände verhindern. Auf diesem verfahrensrechtlichen Weg wird dann dem Letzentscheidungsrecht des Dienststellenleiters im Kernbereich der demokratischen Steuerung Geltung verschafft und gleichzeitig möglichst weitgehend Mitbestimmung ermöglicht.

III. Zusammenfassung

Der "Kernbereich der demokratischen Steuerung" stellt die Grenze der Mitbestimmung in Arbeitszeitfragen dar. Da die Grenzziehung unter möglichst weitgehender Berücksichtigung der Interessen und Belange der Mitarbeiter erfolgen soll, ergibt sich ein "abgestuftes System", innerhalb dessen sich Mitbestimmung vollzieht oder entfällt. Der Kernbereich der demokratischen Steuerung bleibt unberührt von personalvertretungsrechtlicher Mitbestimmung.

---

116 BVerwG, Beschluß vom 19.04.1988, PersV 1988, 528 (529).

Wie gezeigt wurde, hat der Gesetzgeber des Bundespersonalvertretungsgesetzes keine weiterreichenden Mitbestimmungsrechte vorgesehen als sie nach der Verfassung zulässig wären. Denn die Funktionsfähigkeit als Grenzmarke der Verfassungswidrigkeit ist nach der teleologischen Reduktion des Bundespersonalvertretungsgesetzes gewährleistet. Die verfassungskonforme Interpretation des § 69 Abs. 5 BPersVG eröffnet zudem die Möglichkeit weiterreichender personalvertretungsrechtlicher Mitbestimmung. Für die Landespersonalvertretungsgesetze gilt dies mit Ausnahme der Allzuständigkeitsregelungen entsprechend.

Zusammenfassung

I. Die Lösung der Rechtsprechungsbeispiele

Zu Beginn der Arbeit wurden zum Beweis für die restriktive Rechtsprechung des Bundesverwaltungsgerichts und für die extensive Rechtsprechung des Bundesarbeitsgerichts vier Beispiele aufgeführt[1] und danach gefragt, ob diese divergierende Rechtsprechung legitimiert ist. Beurteilt man die aufgeführten Fälle nunmehr an den Ergebnissen der vorangegangenen Untersuchung, so zeigt sich, daß die gegenläufigen Tendenzen grundsätzlich begründet sind. Dennoch ist allein der Beispielsfall a) zutreffend entschieden, während sich die Lösungen in den Fällen b), c) und d) als kritikwürdig erweisen.

Im Postamtsfall (Fall a)), wo es um die Mitbestimmung bei der Festlegung von einer Stunde Überzeit am Karnevalsdienstag ging, stellte das Bundesverwaltungsgericht zurecht fest, daß grundsätzlich das "ob" der Entscheidung mitbestimmungsfrei bleibt, während bei zeitlicher Dispositionsmöglichkeit das "wie" voll umfänglich der Mitbestimmung unterliegt. Wie gezeigt wurde, ist diese Trennung bei Arbeitszeitmaßnahmen mit Auswirkungen auf die öffentliche Aufgabenerfüllung verfassungsrechtlich geboten. Da im Postamtsfall jedoch die Voraussetzungen des § 75 Abs. 4 BPersVG vorlagen, beschränkte sich die Mitbestimmung auf die Grundzüge für die Aufstellung der Dienstpläne. Das Bundesverwaltungsgericht sieht in § 75 Abs. 4 BPersVG zurecht eine Einschränkung des § 75 Abs. 3 Nr. 1 BPersVG.

Zu den Möglichkeiten vorläufiger Regelungen nahm das Bundesverwaltungsgericht im Dienstplanfall (Fall b)) Stellung und entwickelte seine bis dahin unstreitige Rechtsprechung in dem Sinne fort, daß es eine Ausnahme von den strengen Anforderungen, die bis dahin an vorläufige Regelungen gestellt wurden, formuliert hat. Danach soll eine vorläufige Regelung des Dienststellenleiters, die seiner vorgeschlagenen Entscheidung entspricht, dann zulässig sein, wenn es andernfalls zu einer Schädigung "überragend wichtiger Gemeinschaftsgüter oder -interessen" komme. Da das Gericht dies jedoch erst bei zu befürchtenden Zuständen der Funktionsunfähigkeit der Dienststelle annimmt, ließ es im Dienstplanfall eine vorläufige Regelung nicht zu. Wie oben ausführlich dargelegt,[2] ist diese Rechtsprechung - gerade zur weitergehenden Gewährleistung der Mitbestimmung der Personalvertretungen - insoweit weiterzuentwickeln, daß den Dienststellenleitern umfassende Möglichkeiten zu vorläufigen Regelungen gegeben werden in den Fällen, in denen die Arbeits-

---

1 S.o. 1. Kap. II 4.
2 S.o. 6. Kap. I 4 f.

zeitmitbestimmung gleichzeitig die öffentliche Aufgabenerfüllung der Behörde tangiert. Andernfalls wäre das Mitbestimmungsverfahren zur Garantie der verfassungsrechtlich geforderten Mitbestimmungsfreiheit des Kernbereichs der demokratischen Steuerung in diesen Fällen erst gar nicht einzuleiten bzw. ab dem Zeitpunkt, der ein Einschreiten erforderlich macht, abzubrechen.

Bei der Frage nach der Lösung von Eilfällen im Bereich des Betriebsverfassungsgesetzes entschied das Bundesarbeitsgericht, daß auch bei dringlichen betrieblichen Angelegenheiten das Mitbestimmungsverfahren durchzuführen ist (Fall c)). Dies ist nicht kritikwürdig, solange damit nicht in den Kernbereich der unternehmerischen Entscheidungsfreiheit eingegriffen wird. Liegt jedoch in der mitbestimmten Maßnahme gleichzeitig eine unternehmerische Entscheidung, entfällt die Mitbestimmung in Arbeitszeitfragen in Kleinunternehmen; in Großunternehmen bleibt es zwar bei der Verpflichtung zur Durchführung des Mitbestimmungsverfahrens, jedoch mit den oben genannten Modifikationen[3]. Bis zur Entscheidung der Einigungsstelle müssen dem Arbeitgeber aus verfassungsrechtlichen Gründen Befugnisse zu vorläufigen Regelungen eingeräumt werden. Für diese Fälle bietet sich die Ausarbeitung einer Betriebsvereinbarung an, die für kurzfristige, eilbedürftige, nicht vorhersehbare Maßnahmen allgemeine Regelungen vorsieht. Andernfalls kommt eine analoge Anwendung der Grundsätze zur Notfallmitbestimmung in Betracht. Da im Rechenzentrumsfall voraussehbar war, daß Überstunden anfallen würden und auch der Zeitpunkt fest stand, hat das Bundesarbeitsgericht grundsätzlich zurecht entschieden, daß über deren Anordnung mitzubestimmen ist. Im Gegensatz zum öffentlichen Bereich erfordert die Mitbestimmungsfreiheit der "eigentlich unternehmerischen Entscheidung" nicht, daß das "ob" grundsätzlich mitbestimmungsfrei bleibt. Anders ist jedoch die Rechtslage bei kleinen Betrieben. Da das Rechenzentrum lediglich 70 Mitarbeiter beschäftigte, hat dem Betriebsrat - entgegen der Auffassung des BAG - kein Mitbestimmungsrecht bezüglich des "ob" der Überstunde zugestanden. Hinsichtlich des "wie" bleibt es jedoch auch bei kleinen Unternehmen bei der vollumfänglichen Mitbestimmung d.h. sie bezieht sich auf die Fragen, wann und von wem die Überstunden zu leisten sind. Dagegen sind Neueinstellung nicht per betriebsverfassungsrechtlicher Mitbestimmung in Arbeitszeitfragen erzwingbar, wie das Bundesarbeitsgericht jedoch angenommen hat.

Die Kritik an der Kaufhausentscheidung (Fall d)) des Bundesarbeitsgerichts soll hier nicht nochmals wiederholt werden. Zusammenfassend ist jedoch festzustellen, daß die Annahme des Bundesarbeitsgerichts, der Kernbereich der unternehmerischen Entscheidungsfreiheit - die "eigentlich unternehmerische Entscheidung" - sei allein durch die abgestuften Beteiligungsbefugnisse garantiert, nicht nachzuvollzie-

---

3 S.o. 4. Kap. I 4 und II 3.

hen ist. Wenn eine Arbeitszeitangelegenheit unmittelbar den unternehmerischen Bereich tangiert, kann es aufgrund teleologischer Reduktion des § 87 Abs. 1 Nr. 3 BetrVG in Kleinunternehmen nicht zu einer Mitbestimmung kommen. Selbst in Großunternehmen ist das Verfahren vor der Einigungsstelle zur Garantie des Kernbereichs der unternehmerischen Entscheidungsfreiheit zu modifizieren.

II. Ausblick

Wie die Untersuchung jedoch auch gezeigt hat, sind die gegenläufigen Entwicklungen im Bereich des Betriebsverfassungsgesetzes und des Personalvertretungsrechts grundsätzlich gerechtfertigt. Denn bei der Grenzziehung ist vor allem die verfassungsrechtliche Ausgangslage zu berücksichtigen. Während dem Mitbestimmungsbegehren der Arbeitnehmer im privatrechtlichen Bereich "lediglich" die Grundrechte der Arbeitgeber entgegenstehen, die zudem unter Gesetzesvorbehalt stehen und weitergehend eingeschränkt werden können, berufen sich die öffentlichen Arbeitgeber auf Staatsorganisationsprinzipien wie das Demokratieprinzip und das Rechtsstaatsprinzip[4]. Aufgrund der Tatsache, daß Mitbestimmung keine Grundrechtsausübung darstellt, können diese Prinzipien nur in geringem Umfang eingeschränkt werden.

Die restriktive Tendenz im Bereich des Personalvertretungsrechts im Gegensatz zur Rechtsprechung der Arbeitsgerichte spiegelt aber auch die tatsächliche Arbeitswirklichkeit wieder. Deshalb sind die gegenläufigen Entwicklungen im Grundsatz zu bejahen und Tendenzen der Gesetzgeber, die im öffentlichen Bereich Grundlagen schaffen, die in ihrer Mitbestimmungsfreundlichkeit den privatrechtlichen Bereich weit in den Schatten stellen, nicht gerechtfertigt. Sie sind nicht wirklichkeitsorientiert und privilegieren den öffentlichen Arbeitnehmer, dessen Arbeitsplatz ohnehin von Arbeitsplatzsicherheit gekennzeichnet ist, und der deshalb ohne persönliches Risiko Mitbestimmung einfordern kann - ganz abgesehen von den verfassungsrechtlichen Verwerfungen.

So überzeugt im Ergebnis am ehesten die verwaltungsgerichtliche Rechtsprechung, da sie die von der Verfassung für das Personalvertretungsrecht gezogenen Grenzen sieht, akzeptiert und beachtet. Tendenziell ist der arbeitsgerichtlichen Rechtsprechung insoweit zu folgen, als legitimerweise dem Mitbestimmungsbegehren zu weitergehender Geltung verholfen wird. Nicht zu legitimieren ist jedoch die Entwicklung, daß hierbei verfassungsrechtlich erforderliche Grenzen nicht konsequent eingehalten werden.

---

4 Vgl. Altvater, Wendeling-Schröder, RiA 1984, 73.

Die Vorstöße der Gesetzgeber im öffentlichen Bereich führen demgegenüber immer mehr von der Verfassung weg. Zudem darf bezweifelt werden, ob die dort kodifizierten Allzuständigkeitsregelungen mit ihren langen Verfahren in allen Angelegenheiten, die die Beschäftigten der Dienststelle betreffen, mit dem damit verbundenen Machtzuwachs der Personalräte und der hinter ihnen stehenden Gewerkschaften, auf Akzeptanz bei den Beschäftigten stoßen. Diese Regelungen widersprechen zudem sämtlichen zu beobachtenden neueren Tendenzen einer "postmodernen Entwicklung", bei der das Individualinteresse vor der Kollektivmacht steht, der kleinen Einheit der Vorrang vor der großen eingeräumt wird und langwierige Verfahren durch Verschlankung der Organisation abgebaut werden sollen.

MIX
Papier aus verantwortungsvollen Quellen
Paper from responsible sources
FSC® C105338

FSC
www.fsc.org

If you have any concerns about our products,
you can contact us on
ProductSafety@springernature.com

In case Publisher is established outside the EU,
the EU authorized representative is:
**Springer Nature Customer Service Center GmbH
Europaplatz 3, 69115 Heidelberg, Germany**

Printed by Libri Plureos GmbH
in Hamburg, Germany